생존교양

생존교양

초판 1쇄 발행 2020년 12월 30일
초판 3쇄 발행 2021년 1월 30일

지은이 이용택, 김경미

펴낸이 조기흠

편집이사 이홍 / **책임편집** 이수동 / **기획편집** 최진

마케팅 정재훈, 박태규, 김선영, 홍태형, 배태욱 / **디자인** 리처드파커 이미지웍스 / **제작** 박성우, 김정우

펴낸곳 한빛비즈(주) / **주소** 서울시 서대문구 연희로2길 62 4층

전화 02-325-5506 / **팩스** 02-326-1566

등록 2008년 1월 14일 제 25100-2017-000062호

ISBN 979-11-5784-475-3 03300

이 책에 대한 의견이나 오탈자 및 잘못된 내용에 대한 수정 정보는 한빛비즈의 홈페이지나
이메일(hanbitbiz@hanbit.co.kr)로 알려주십시오. 잘못된 책은 구입하신 서점에서 교환해드립니다.
책값은 뒤표지에 표시되어 있습니다.

⌂ hanbitbiz.com f facebook.com/hanbitbiz N post.naver.com/hanbit_biz
▶ youtube.com/한빛비즈 ⊙ instagram.com/hanbitbiz

지금 하지 않으면 할 수 없는 일이 있습니다.
책으로 펴내고 싶은 아이디어나 원고를 메일(hanbitbiz@hanbit.co.kr)로 보내주세요.
한빛비즈는 여러분의 소중한 경험과 지식을 기다리고 있습니다.

생 존

Starbucks

Starbucks was founded by Jerry Baldwin, Gordon Bowker, and Zev Siegl, opening its first store in 1971 near the historic Pike Place Market in Seattle. The three Starbucks founders had two things in common: they were all coming from academia, and they all loved coffee and tea. They invested and …

Black Swan

The black swan theory or theory of black swan events is a metaphor that describes an event that comes as a surprise, has a major effect, and is often inappropriately rationalised after the fact with the benefit of hindsight. The term is based on an ancient saying that presumed black swans did not exist - a saying that became …

일상에서 나를 살리고 살리는

Bluetooth

Bluetooth, technology standard used to enable short-range wireless communication between electronic devices. Bluetooth was developed in the late 1990s and soon achieved massive popularity in consumer devices. Bluetooth, named for Harald I Bluetooth, the 10th-century Danish king who unified Denmark and …

Guillotine

Guillotine, instrument for inflicting capital punishment by decapitation, introduced into France in 1792. The device consists of two upright posts surmounted by a crossbeam and grooved so as to guide an oblique-edged knife, the back of which is heavily weighted to make …

교

Friedrich Nietzsche

German classical scholar, philosopher, and critic of culture, who became one of the most influential of all modern thinkers. He thought through the consequences of the triumph of the Enlightenment's socialism, expressed in his observation that "God is dead," in a way that determined the agenda for many of Europe's most-celebrated intellectuals after his death.

Gaslighting

Gaslighting, an elaborate and insidious technique of deception and psychological manipulation, usually practiced by a single deceiver, or "gaslighter," on a single victim over an extended period. Its effect is to gradually undermine the victim's confidence in his own ability to distinguish truth from falsehood, right from wrong, or reality from appearance, thereby …

최소한의 지적무기

이용택
김경미
지음

Mona Lisa

Mona Lisa, also called Portrait of Lisa Gherardini, wife of Francesco del Giocondo, Italian La Gioconda, or French La Joconde, oil painting on a poplar wood panel by Leonardo da Vinci, probably the world's most famous painting. It was painted sometime between 1503 and 1519, when Leonardo was living in Florence, and it now hangs …

Boycott

Boycott, collective and organized ostracism applied in labour, economic, political, or social relations to protest practices that are regarded as unfair. The boycott was popularized by Charles Stewart Parnell during the Irish land agitation of 1880 to protest high rents and land evictions. The term boycott was coined after Irish tenants followed …

양

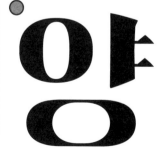

한빛비즈 Hanbit Biz, Inc.

원고를 쓰기 위해 이 신문, 저 신문을 뒤지고 인터넷 서핑을 하던 2018년 겨울 어느 날이었다. 우연히 누구나 다 아는 '멘토mentor'라는 단어를 접하고 엉뚱한 궁금증이 생겼다.

"왜 멘토라는 말이 신뢰할 수 있는 좋은 스승이나 조언자라는 뜻을 갖게 됐지?"

유래를 찾아봤다. 그랬더니 멘토는 그리스 신화의 전쟁 영웅 오디세우스가 트로이 전쟁에 참전하고 돌아올 때까지 무려 20년 동안 그의 아들을 돌봐준 친구 이름(그리스어로는 멘토르)이었다. 그는 그 긴 세월 동안 수많은 역경을 겪으면서도 친구 아들의 스승으로, 때론 아버지로 자신의 역할을 다하며 그 아들을 훌륭한 왕으로 키워낸다.

그동안 단순히 외운 영어 단어라고 생각해 무심결에 써왔던 이 말이 이런 역사와 깊은 의미를 담고 있고 긴 세월이 흐른 지금까지도 위대한 스승의 대명사로 남게 된 이유를 알게 됐다. 이를 안 뒤 지금은 웬만한 조언자에게는 이 단어를 쓰지 않는다.

그리스 수학자 아르키메데스가 목욕탕에서 골머리를 앓던 순금의 양을 파악할 수 있는 비결을 찾아낸 뒤 '유레카(알아냈다!)'를 외치며 알몸으로 거리로 뛰쳐나온 것처럼 멘토는 나에게 그런 단어였다. 이 책 《생존교양》을 쓰게 된 계기다.

멘토의 유래를 안 뒤 우리가 자주 쓰는 단어 중에 재미있는 역사와 문화, 그리고 애환이 녹아 있는 것들을 제대로 알리고 이해하기 쉽게 설명하는 것도 의미 있는 일이라는 생각에, 기자 생활 30여 년 동안 기록해온 내용물을 다시 폈다. 1989년 경제지 기자 생활을 시작한 이후 글쓰기 실력을 높이기 위해, 몰랐던 지식을 기록한 뒤 기억하기 위해 거의 매일 정리해온 나만의 비밀 참고서다. 다양한 정치·경제·문학 용어들과 선배 기자들이 쓴 명칼럼, 취재 현장에서 얻었던 내용을 정리한 기록이다. 그렇기에 A4 용지 2,000쪽에 달하는 이 비밀 참고서는 나에게 가장 소중한 자산이다.

여기에서 많이 알고 일반화된 용어이지만 그 속에 깊은 의미가 담긴 단어들을 추렸다. 그런 다음 윤동주 시인이 〈별 헤는 밤〉에서 별 하나에 아름다운 말 한마디씩 불러보듯 하루에 한 단어씩 뽑아 정리하고 관련 서적을 찾아 보완했다. 보이콧, 소금, 바로크, 더치페이 같은 단어들이다. 이렇게 해서 만든 게 《생존교양》이다.

《생존교양》은 역사와 다양한 의미를 갖고 있는 단어 가운데 그 내용을 꼭 알았으면 싶은 용어 150개를 선정했다. '생존'이라는 제목을 붙인 것도 그래서다. 단순히 지식을 뽐내기 위해서가 아니라 교양의 폭을 넓혀 경쟁사회에서 살아가기 위해 반드시 알아야 할 용어를 선정했다는 의미다. 상당수 단어가 어려서부터 학교에서 배운 것들이고, 성인이 되어서도 사회생활 속에서 보거나 들었던 것들이지만 그 속에 담겨 있는 사연에 대해선 잘 알지 못했던 것들이다.

책 구성은 파트 1 '나만 몰랐을 것 같은', 파트 2 '어디서 보고 들은 것 같은',

파트 3 '알아두면 쏠쏠할 것 같은'이라는 소제목으로 3개 파트로 구분해 관련 용어를 선정하고 역사와 의미를 담았다.

파트 1에서는 모나리자가 왜 그렇게 유명한 그림이 됐고 그 의미가 무엇인지를 소개했고, 세기의 천재 예술가 미켈란젤로가 어떤 고통 속에 〈천지창조〉를 완성했는지 등을 역사를 토대로 설명했다. 이탈리아에서 시작된 르네상스가 왜 프랑스어 이름을 갖게 됐는지도 흥미롭다.

파트 2에서는 결코 던져서는 안 되는 출사표의 의미, 에밀 졸라의 〈나는 고발한다〉에서 비롯된 앙가주망의 역사, 실패한 테러리스트인 가이 포크스가 저항의 상징이 된 사연 등을 소개했다. 요즘 자주 쓰는 더치페이라는 말이 가급적 사용하지 말아야 할 사연이 담긴 단어라는 내용도 역사적 사실을 통해 조명했다.

파트 3는 제목처럼 알아두면 쏠쏠할 것 같은 단어들의 의미와 역사를 담았다. 블랙홀과 빅뱅 등 우리가 단순히 알고 있는 과학 단어들의 깊은 유래를 찾았다. 찌그러진 진주라는 의미의 바로크와 조개껍데기란 뜻의 로코코 예술이 어떻게 당시의 시대적 비아냥을 이겨내고 예술의 한 사조로 자리잡게 됐는지도 흥미롭다. 아울러 수많은 의학 용어와 태양계 행성에 그리스 · 로마 신화에 나오는 신들의 이름이 붙여진 배경도 살펴봤다.

이 책에 소개된 내용은 먼저 300개 가까운 용어를 선정해 글을 쓴 뒤 후배 김경미 기자와 함께 추린 것이다. 너무 어렵거나 굳이 알아야 할 필요가 있나 싶은 용어들을 제외하면서 휴지통에 들어간 원고도 100쪽에 달한다. 문화 · 사회 · 증권부 등에서 10년 넘게 취재 활동을 해 이 분야에 지식이 많은 김경미 기자도 상당량의 원고를 책임졌다.

미국 명문 대학인 예일대 의대는 미술관 수업을 필수과목으로 이수토록 하는 것으로 유명하다. 전공 분야 공부만으로도 벅찬 의대생들에게 그림 수업을 시키는 것은 전공 못지않게 교양을 쌓는 것이 훌륭한 의사를 만드는 데 도움이 된다는 이유에서라고 한다.

《생존교양》을 읽는 독자들이 아르키메데스가 외친 '유레카' 정도는 아니더라도 '아하, 그렇구나' 하며 단어에 담긴 의미에 고개를 끄덕이게 됐으면 하는 바람이다. 나아가 단순히 지식 습득의 차원을 넘어 생각의 틀을 바꾸고 역사를 이해하는 데 도움이 된다면 더 바랄 게 없겠다.

이용택

차례

PART 1   나만 몰랐을 것 같은

PART 2 어디서 보고 들은 것 같은

PART 1
나만 몰랐을 것 같은

모나리자

다빈치가 아낀 아름다움, 모나리자는 왜 그렇게 유명할까?

프랑스 루브르 박물관을 처음 방문하는 사람이라면 누구나 그 유명하다는 '모나리자'를 만나기 위해 발걸음을 재촉할 것이다. 하지만 모나리자를 실제로 보는 순간 약간 실망할 가능성이 높다. 그림 손상을 막기 위해 쳐놓은 펜스 너머의 〈모나리자Mona Lisa〉가 생각보다 작고 소박하기 때문이다. 가로 53센티미터, 세로 77센티미터에 불과한 소품인 것이다. 게다가 모나리자를 보려고 몰려든 인파 탓에 제대로 감상하기도 어렵다. 그렇지만 이런 고통을 무릅쓰고라도 사람들은 그녀를 만나고 싶어 한다. 실제 매년 루브르를 찾는 관람객의 약 85퍼센트가 모나리자를 보러 온다고 할 정도다. 그녀를 향한 사람들의 열광은 대체 어디서 나오는 걸까.

우선 거론되는 것이 모나리자가 보여주는 불멸의 미소다. 옥스퍼드대학교의 교수이자 비평가였던 월터 호레이쇼 페이터Walter Horatio Pater는 〈모나리자〉를 향해 "수천 년에 걸쳐 인간이 원해온 것이며 세상의 모든 경험이 축적돼 있다"라고 극찬했다. 회화 역사상 가장 유명한 이 미소를 표현하기 위해 다빈치 Leonardo da Vinci는 '스푸마토sfumato'라는 기법을 사용했다. 스푸마토란 '흐릿한'이라는 뜻으로, 윤곽선을 강조하지 않고 색과 명암을 조절하여 형태를 나타내는 기법이다. 실제 모나리자의 입매에서는 경계선이 전혀 발견되지 않는데, 이런 묘사를 통해 신비로움이 한층 배가됐다. 모나리자의 시선도 관람객들을 매혹한다. 정면을 바라보고 눈을 마주치며 웃는 그녀에게서는 회화에서는 보기 드문 분위기가 감돈다.

그림을 둘러싼 미스터리도 한몫했다. 〈모나리자〉는 15세기경 그려진 것으로 추정되지만, 정확히 언제 그려졌는지는 알 수 없다. 또 세계에서 가장 유명한 초상화인데도 누구를 모델로 했는지도 알려지지 않았다. 다빈치가 작품에 서명도 하지 않았고, 주문서 같은 기록도 없기 때문이다. 모델로 유력하게 거론되는 인물은 피렌체의 부유한 상인 조콘도Francesco del Giocondo의 부인 '리자Lisa'다.《미술가 열전 Le Vite de' più eccellenti Architetti, Pittori, et Scultori Italiani, da Cimabue insino a' tempi nostri》의 저자 조르조 바사리Giorgio Vasari의 기록이 근거다. 그는 이렇게 썼다. "레오나르도는 프란체스코 델 조콘도를 위해 조콘도의 아내인 리자 부인의 초상화를 맡았다." 그녀가 모나리자라는 이름을 갖게 된 이유도 여기에 있다. 모나리자에서 '모나mona'는 이탈리아어로 부인을 의미하는 '마돈나madonna'의 준말이다. 프랑스에서는 같은 이유로 모나리자를 '조콩드Joconde'라고도 부른다. 하지만 '리자 부인'이 모나리자인지는 확실하지 않다. 리자 부인을 그린 초상화는 따로 있을 수 있다는 말이다. 바사리는 1511년에 태어났고, 다빈치는 1519년에 사망했다. 어린 바사리가 만년의 다빈치를 만나 작품 설명을 들었으리라 생각하기 어려워 그의 기록은 신빙성이 떨어진다.

다빈치에 대한 사람들의 애정이 작품에 투사됐다는 의견도 있다. 다빈치는 만능 재주꾼이었다. 인체를 연구해 해부도를 남겼고, 전함을 발명했으며, 의상과 보석을 디자인하기도 했다. 심지어 인품마저 훌륭했다. 다른 예술가처럼 괴팍하지 않고 다정해서 생전에도 사람들에게 사랑받았다고 한다. 〈모나리자〉는 이런 다빈치가 특별히 아껴 죽을 때까지 들고 다녔다고 전해지는 작품이다. 그래서 다빈치가 이상적인 미美로 여겼던 모든 것이 작품에 담겨 있다는 말도 나온다. 〈모나리자〉가 프랑스에 있는 이유도 다빈치가 이곳에서 여생을 보냈기 때문이다. 다빈치는 생애 마지막 3년을 프랑스에서 지냈는데, 그의 열렬한 팬이었던 프랑스 왕 프랑수아 1세François I가 그를 계속 후원했다. 다빈치는 죽기 전 고마움의 의미로 〈모나리자〉를 비롯해 소지하고 있던 작품 전부를 왕에게 선물했다.

레오나르도 다빈치 # 루브르 박물관 # 모나리자 # 불멸의 미소 # 스푸마토 # 리자 부인

미켈란젤로
세기의 천재가 고통 끝에 탄생시킨 걸작 〈천지창조〉

"내 턱수염은 하늘을 향하고 목덜미가 뒤통수에 달라붙는 것을 느끼네. 얼굴 위로 쉴 새 없이 움직이는 붓에서 뚝뚝 떨어진 물감 방울이 내 얼굴을 마룻바닥처럼 만들어버렸지. 앞쪽의 살은 팽팽하게 쫙 펴졌고 뒤로는 접혀 매듭을 이루니, 나는 시리아의 활처럼 휘어버렸다네."

땅에서 20미터 높이로 솟은 작업대에 올라 몸을 뒤로 젖혀 누운 것 같은 자세로 그림을 그려야 했던 예술가는 친구에게 이런 편지를 보낼 정도로 힘겨워했다. 4년 넘게 이어진 작업이 그의 육체를 서서히 파괴했기 때문이다. 관절염과 근육 경련이 시시때때로 찾아왔고, 척추는 활처럼 휘어버렸다. 얼굴에 떨어지는 안료 탓에 눈병까지 얻었던 화가는 정신까지 피폐해져 "너무도 비참해진 나는 이제 예술가도 아니라네"라며 괴로워했다. 하지만 천재의 뼈를 깎는 고통 덕분에 우리는 예술의 역사상 가장 경이로운 작품 중 하나를 만날 수 있게 됐다. 시스티나 성당 천장화 〈천지창조〉다.

〈천지창조〉의 작가는 이탈리아 르네상스의 정점을 찍은 화가이자 조각가이며 건축가인 미켈란젤로 부오나로티Michelangelo Buonarroti다. 그는 미술사를 수놓은 걸출한 예술가 가운데서도 '천재'라는 칭호가 가장 잘 어울리는 사람이다. 더 나은 예술적 성취를 위해 일생을 헌신한 예술가. 볼품없는 외모와 괴팍한 성격 탓에 인간적으로는 환영받지 못했지만 누구도 그의 재능만은 거부할 수 없었던 불세출의 천재. 프랑스의 소설가 로맹 롤랑Romain Rolland은 "천재가 무엇인지 모르는 사람, 천재를 믿지 않는 사람이라면 미켈란젤로를 보면 된다"라고 말했다.

〈천지창조〉는 이런 천재의 90년 인생 중 가장 길고도 고통스러운 시간을 거쳐 탄생한 작품이다. 1508년 5월 서른셋의 나이로 그리기 시작한 천장화는 4년 6개월 뒤인 1512년 10월 완성된다. 길이 40미터, 폭 13미터의 거대한 공간을 채우는 이야기는 《구약성서》 〈창세기〉에 나오는 아홉 장면이다. 이레 동안 빛과 어둠, 달과 해를 창조하는 신의 모습과 신의 손끝에서 아담Adam이 생명을 받는 장면, 아담과 하와Hawwāh가 원죄를 저지르고 낙원에서 추방되는 장면, 대홍수가 일어나 노아의 가족만이 살아남는 장면 등이 천장을 빼곡히 채운다. 550제곱미터 규모의 작품 속에는 등장하는 인물만 300명이 넘는다.

이토록 거대한 작업을 사실상 미켈란젤로 한 사람이 이뤄냈다는 점도 놀랍다. 〈천지창조〉는 프레스코 화법으로 그려졌는데, 미켈란젤로는 작업 전 프레스코화를 제대로 그려본 적도 없었다고 한다. 프레스코는 '신선하다'는 뜻으로, 벽에 석회를 바른 후 물기가 마르기 전에 물감을 입혀 그림을 완성하는 기법이다. 석회가 말라버리면 물감을 흡수할 수 없기에 쉼 없이 작업을 해야 한다. 실수가 있다면 석회를 아예 떼어내고 다시 그려야 하기에 정확성도 요구된다. 게다가 드높은 천장에서 작업했으니, 미켈란젤로가 고통을 호소하는 것도 당연한 일이었다. 그렇기에 후대의 평론가들은 천재를 질투했던 사람들이 미켈란젤로를 곤경에 빠뜨리려고 이 작업을 추천했다고도 말한다. 회화보다 조각에 몰두했던 미켈란젤로가 작업을 망치리라고 생각했던 것이다. 하지만 그는 고통의 시간을 넘어 스스로는 물론 모두를 만족시킨 작품을 만들어내고야 만다.

고통을 수도 없이 호소했지만 미켈란젤로는 약 30년 후 예순이 넘은 노구로 같은 장소에 또 다른 걸작 〈최후의 심판〉을 완성한다. 1541년 가을 첫선을 보인 〈최후의 심판〉은 약 167제곱미터 공간에 그려 넣은 391명의 인물로 인류의 종말을 표현한다. 가톨릭의 본산 바티칸에 그려진 성경 속 인류의 시작과 종말이 이렇게 한 예술가의 손에서 탄생했다.

#미켈란젤로 부오나로티 #시스티나 성당 #천지창조 #창세기 #프레스코 #최후의 심판

르네상스

이탈리아에서 시작된 르네상스가 프랑스어 이름을 얻은 까닭

레오나르도 다빈치Leonardo da Vinci, 미켈란젤로 부오나로티Michelangelo Buonarroti, 라파엘로 산치오Raffaello Sanzio. 미술에 특별히 관심이 없는 사람이라도 이름을 들어봤을 화가들이다. 14~15세기 중반 이탈리아에서 활약했던 이들은 보통 '르네상스 3대 거장'으로 불린다. 르네상스Renaissance란 프랑스어로 재생·부활 등을 의미하는 단어인데, 주로 14세기부터 약 200년간 이탈리아를 중심으로 번진 인간 중심의 문예 부흥 운동을 가리킨다. 이탈리아에서 시작된 운동에 프랑스 이름이 붙게 된 사연은 이렇다.

르네상스 시대의 화가이자 건축가였던 조르조 바사리Giorgio Vasari는 1550년 《치마부에로부터 우리 시대에 이르는 가장 탁월한 이탈리아의 건축가, 화가, 조각가의 생애Le Vite de' più eccellenti Architetti, Pittori, et Scultori Italiani, da Cimabue insino a' tempi nostri》라는 긴 제목의 책을 펴냈다. 오늘날 《미술가 열전》으로 불리는 책이다. 이 책은 이탈리아 르네상스를 가능하게 했던 위대한 미술가 200여 명의 생애를 집대성하고 있다. 바사리는 이 책에서 자신의 스승 미켈란젤로의 작품을 해설하면서 "고대 그리스와 로마의 재림"이라고 격찬하며 '리나시타renacita'라고 표현했다. 약 300년 후인 1855년 프랑스의 역사가 쥘 미슐레Jules Michelet가 《프랑스사Histoire de France》를 펴내며 이 인상적인 단어를 프랑스어 '르네상스'로 번역했고, 19세기 스위스 역사가이자 미술사의 학문적 체계를 완성하는 데 지대한 영향을 끼친 야코프 부르크하르트Jacob Burckhardt가 재인용했다. 르네상스사 연구의 결정적 명저로 꼽히는 부르크하르트의 《이탈리아 르네상스의 문화Die Cultur der Renaissance in Italien》가 출판된 후 르네상스는 이 시대를 가리키는 일반명사로 완전히 뿌리내렸다.

부르크하르트는 르네상스를 신이 중심이 되던 중세 종교적 세계관에서 벗어나 인간이 모든 것의 중심이 됐던 그리스 · 로마 시절로 돌아가려고 한 움직임이라고 정의했다. 즉, '인문주의humanism'가 중심이 된 시기다. 르네상스의 불을 댕긴 것은 단테Alighieri Dante의 《신곡La Divina Commedia》, 보카치오Giovanni Boccaccio의 《데카메론Decameron》 등 문학이었지만, 활짝 꽃을 피운 분야는 건축미술과 조각, 회화였다. 예컨대 피렌체 · 피사 · 베네치아 등 오늘날 눈으로 봐도 아름답기 그지없는 도시들의 원형이 바로 이때 만들어졌다. 즉, 당장 보고 즐길 수 있는 시각예술 계열이 유달리 발전했던 셈인데, 이는 당연한 결과였다. 당시 유럽은 인구의 3분의 1을 죽음으로 몰고 간 흑사병의 끔찍함을 겪은 후 신이 가져다줄 불확실한 미래가 아닌 오늘을 살아가는 인간의 기쁨에 주목했다. 르네상스에서 다시 태어난 것은 다름 아닌 찬란한 현재와 인간 육체의 아름다움이었다.

그런데 숱한 유럽 국가들 가운데 왜 하필 이탈리아에서 르네상스가 시작된 것일까. 이탈리아가 과거 로마제국의 중심지였기에 관련 자료가 풍부했다는 점도 있었겠지만, 좀 더 직접적인 이유가 있다. 한마디로 당시 돈과 자유가 가장 넘쳐났던 곳이 이탈리아였기 때문이다. 십자군 전쟁을 계기로 시작된 동방무역은 지중해를 끼고 있던 이탈리아를 중심으로 활짝 열렸다. 동서양의 중계무역을 통해 막대한 부를 얻은 시민계급이 속출했고, 이들은 이탈리아 곳곳에 도시국가를 형성하기 시작했다. 도시국가의 초기 부흥을 이끈 것은 북부의 피렌체다. 메디치 가문은 무역과 더불어 성장한 금융업을 독점하며 피렌체의 지배자가 됐고, 역사상 가장 유명한 예술 후원자로 이름을 남겼다. 피렌체가 르네상스의 요람이자 배경이다. 단테, 페트라르카Francesco Petrarca, 보카치오가 피렌체에서 태어나 피렌체의 언어로 걸출한 작품들을 내놓으며 르네상스의 문을 열었다. 오늘날 이탈리아 표준어가 로마어가 아닌 피렌체어가 된 것도 그래서다.

#르네상스 #재생, 부활 #조르조 바사리 #리나시타 #야코프 부르크하르트 #피렌체

메디치

4차 산업 시대에 부활한 가문

단테Alighieri Dante, 보카치오Giovanni Boccaccio, 마키아벨리Niccolò Machiavelli, 미켈란젤로Michelangelo Buonarroti, 다빈치Leonardo da Vinci……. 걸출한 작가나 예술가로 역사에 이름을 날린 이들은 공교롭게도 동시대 사람일 뿐 아니라 같은 도시에서 활동했다. 어떻게 이게 가능했을까. 또 아무리 재능이 뛰어난들 이들도 분명 무명 시절이 있었을 텐데 무슨 돈으로 예술혼을 불태울 수 있었을까. 이 시대에는 천재만 태어나고 집안도 모두 갑부였을까. 물론 아니다. 상당수는 집안도 어렵고 오랜 무명 시절도 거쳤다. 그런데도 불세출의 예술가로 역사에 이름을 남길 수 있었던 것은 이들을 후원한 권력자가 있었기 때문이다. 바로 이탈리아의 메디치 가문이다. 이탈리아에서 르네상스Renaissance가 꽃피울 수 있었던 것도 이 가문이 있었기에 가능했다. 피렌체에서 섬유업으로 사업을 시작한 메디치 가문은 금융업을 통해 유럽 최고의 부호가 되었고, 피렌체를 지배하는 정치 가문으로 거듭난다. 이렇게 번 돈을 예술인 후원에 씀으로써 피렌체를 르네상스가 발원한 위대한 도시로 만든다. 르네상스를 논할 때 메디치 가문을 빼놓을 수 없는 이유다.

이 가문에 대한 일화는 무수히 많다. 마키아벨리는 저서 《군주론Il Principe》을 메디치 가문의 최전성기를 이끈 로렌초 데 메디치Lorenzo de' Medici에게 헌정했다. 후원자에 대한 경의의 표시였다. 로렌초 데 메디치는 '일 마그니피코 Il Magnifico', 즉 '위대한 자'로 통한 인물인데, 지금도 '위대한 로렌초'라고 불린다. 만약 미켈란젤로가 로렌초를 만나지 않았다면 삶 자체가 바뀔 수도 있었다. 소년 미켈란젤로의 실력은 남이 만든 고대 신화의 목신들을 따라 하는 수준이었다. 미켈란젤로의 조각 작품을 우연히 본 로렌초는 미켈란젤로를 아예 집 안에 들이고 아들처럼 대했다. 체계적인 예술가 교육도 이때부터 시작된다. 로렌초는 자신의 저택에 '대리석 정원'을 갖춰놓고 맘껏 조각 솜씨를 기르도록 했다. 또 철학자, 시인, 예술가들을 피렌체에 모여들게 해 수시로 이들과 식사를 함께 하고 후원도 했다. 그 식사 자리의 한 자리는 어린 미켈란젤로의 차지였다. 그러기를 4년. 미켈란젤로는 이곳에서 최고의 조각가로 거듭날 수 있는 토대를 닦는다. 로렌초만 그랬던 게 아니다. 메디치 가문의 부를 일군 그의 할아버지 코시모 데 메디치 Cosimo de' Medici는 그리스·로마의 고문서를 수집해 번역하고, 피렌체에 플라톤 아카데미와 메디치 도서관도 열었다. 그 역시 최고의 예술가와 학자들을 피렌체로 끌어모았다.

이런 메디치 가문이 '메디치 효과 Medici effect'라는 이름으로 4차 산업 시대에 다시 주목을 받고 있다. 메디치 가문의 지원 덕에 예술가, 과학자, 철학자, 시인 등이 서로 교류하고 소통하면서 융복합을 통해 르네상스 시대를 연 것처럼 4차 산업 시대에도 융복합이 그 무엇보다 중요하기 때문이다. 메디치 효과는 서로 다른 분야의 요소들이 결합해 각 요소들이 갖는 에너지의 합보다 더 큰 에너지를 분출하게 되는 것을 말한다. 수많은 정보 기술 기기에 인문학 감성이 접목되는 것도 이런 효과 때문이다.

물론 메디치 가문에 대한 평가가 좋은 것만은 아니다. 부를 무기로 권력을 장악했다는 비판에다 프랑스의 침공에 굴복하면서 피렌체 시민들로부터 저택을 약탈당하기도 했다. 하지만 역사에 남긴 업적이 워낙 크기에 비판은 수면 아래로 잠겼다.

#피렌체 #메디치 가문 #로렌초 데 메디치 #위대한 로렌초 #코시모 데 로렌초 #메디치 효과

메세나 & 패트런
위대한 예술에는 위대한 후원이 필요하다

어떤 예술이 융성하기까지는 그 예술의 가치를 이해하고 힘을 보태는 후원자의 역할이 필연적이다. 오죽하면 예술의 시작은 후원자의 등장과 함께 시작한다고도 할까. 일례로 러시아의 위대한 작곡가인 차이콥스키Pyotr Il'ich Chaikovskii는 나데즈다 폰 메크Nadezhda von Meck 부인을 만나고서야 비로소 거장의 반열에 올랐다. 러시아 광산왕의 미망인 폰 메크 부인은 1876년부터 1890년까지 약 15년 동안 차이콥스키에게 매년 6,000루블의 연금을 조건 없이 지원했다. 당시 하급 공무원 연봉이 1년에 300루블 정도였다고 하니 그야말로 '통 큰' 후원인 셈이다. 레오나르도 다빈치Leonardo da Vinci와 산드로 보티첼리Sandro Botticelli 등 르네상스의 거장이라 불리는 수많은 예술가 역시 중세 피렌체의 통치자 메디치 가문이 없었다면 탄생할 수 없었다.

이렇게 문화 예술을 지원하는 활동을 메세나mécénat라고 한다. 메세나는 보상을 바라지 않는 순수한 후원을 상징하는 단어다. 유래는 제정 로마의 초대 황제 아우구스투스Augustus 때의 정치가 '가이우스 클리니우스 마에케나스Gaius Clinius Maecenas'의 이름에서 찾는다. 마에케나스의 프랑스식 이름이 바로 메세나다. 마에케나스는 아우구스투스 황제의 정치적 조력자로서 외교와 행정에서 탁월한 능력을 보인 인물이지만, 예술 애호가로 더 유명했다. 그의 통 큰 후원은 제정 로마에 문화 예술을 융성시킨 힘으로도 꼽힌다. 본인도 시인이었던 마에케나스는 주로 문학 분야를 후원했는데, 그의 후원으로 탄생한 대표 작품이 바로 베르길리우스Publius Vergilius Maro의 걸작 《아이네이스Aeneis》다.

《아이네이스》는 베르길리우스가 11년에 걸쳐 완성한 총 12권에 이르는 대서사시다. 트로이 최고의 영웅 헥토르Hektor에 버금가던 영웅 아이네이아스Aeneias

가 트로이 패망 후 그리스를 탈출해 7년간 바다를 헤매다 훗날 로마가 되는 헤스페리아Hesperia, 지금의 이탈리아에 도착하기까지의 모험담을 담고 있다. 아이네이아스는 델로스섬의 아폴론으로부터 "옛 어머니를 찾아 그곳에 정착하라"라는 신탁을 받은 후 크레타섬, 카르타고, 시칠리아 등을 거쳐 헤스페리아에 정착해 새로운 나라를 세운다. 아이네이아스의 혈통은 약 500년 후인 기원전 753년 늑대의 젖을 먹고 자라 로마를 건국한 영웅 로물루스Romulus, 다시 500여 년 후 제정 로마를 구축한 아우구스투스 황제로 이어진다. 즉, 《아이네이스》는 트로이 전쟁으로 끝나는 고대 그리스의 역사와 로마의 세계관을 연결하며 제정 로마에 신성함과 정당성을 불어넣은 일종의 '로마 건국 신화'인 셈이다. 역사가들이 마에케나스의 후원을 정치적 목적을 가진 행위였다고 해석하는 것도 그래서다.

오늘날 메세나는 기업들의 문화 예술 후원 활동을 지칭하는 용어로 굳어졌다. 유래는 1967년 설립된 미국 기업예술후원회Business Committee for the Art: BCA에서 찾는다. BCA는 당시 체이스 맨해튼 은행Chase Manhattan Bank 회장이던 데이비드 록펠러David Rockefeller가 기업의 사회 공헌 예산 중 일부를 문화 예술에 할당할 것을 장려하는 기관 설립을 제안해 만들어졌는데, 이 기관이 발족할 때 메세나라는 단어가 처음 쓰였다.

참고로 차이콥스키를 지원한 폰 메크 부인 같은 개인 후원자는 '패트런patron'이라고 부른다. 패트런은 아버지라는 의미의 라틴어 '파드레Padre'에 어원을 두고 있다고도 하고, 로마의 귀족 제도 중 하나인 '파트로네스Partrones'에서 유래됐다는 설도 있다. 파트로네스는 그를 지지하는 평민 세력인 '클리엔테스clientes'를 보호하고 후원하는 역할을 했다. 오늘날 고객을 칭하는 클라이언트의 어원이 바로 이 클리엔테스다.

#폰 메크 부인 #차이콥스키 #메디치 가문 #메세나 #마에케나스 #아이네이스 #베르길리우스 #데이비드 록펠러 #패트런

노블레스 오블리주

귀하게 태어났다면 귀하게 행동하라

"로마가 천 년간 세계 최강국이 될 수 있었던 것은 상류층이 솔선수범해 전쟁에 나가 피 흘리고 남을 위해 자신의 재산을 환원하는 노블레스 오블리주 덕분이었다." 일본의 작가 시오노 나나미塩野七生가 쓴《로마인 이야기》에 나오는 문장이다. 시오노 나나미는 로마인의 지성은 그리스인만 못하고, 체력은 게르만인보다 부족하며, 경제력은 카르타고인에게 밀린다고 봤다. 하지만 사회 지도층의 솔선수범, 즉 노블레스 오블리주noblesse oblige는 그런 로마인의 근본적 열세를 뒤집을 정도로 큰 힘을 발휘했다고 해석한다.

노블레스 오블리주는 프랑스어로 '고귀한 신분'이라는 '노블레스noblesse'와 '책임이 있다'는 뜻의 '오블리주oblige'의 합성으로 만들어진 용어다. 귀족들이 여러 가지 특권을 누리는 만큼 그에 상응하는 도덕적 임무를 다해야 한다는 뜻이다. 귀족 신분이 사라진 오늘날에는 사회 지도층의 도덕적 의무 정도로 풀이된다. 용어 자체는 1808년 프랑스 정치가 피에르 마르크 가스통 드 레비Pierre-Marc-Gaston de Lévis가 처음 사용해 대중에 각인됐다고 전해진다. 하지만 단어에 담긴 가치는 유럽의 유구한 전통으로, 그 역사가 매우 길다. 예컨대 고대 그리스에는 "방패 하나에 투표권 하나"라는 말이 있었다. 권리를 행사하려면 조국의 안전을 우선 책임져야 한다는 의미다. 그리스 최고最古의 서사시인, 호메로스Homeros의 〈일리아스Ilias〉에도 노블레스 오블리주에 관한 일화가 담겨 있다. 트로이 전쟁 당시 "제일 먼저 트로이 땅을 밟은 자는 죽는다"라는 예언 때문에 병사들이 주저하자 테살리아 지방의 국가 필라카이의 왕족인 프로테실라오스Protesilaos는 솔선수범하여 트로이 해안에 상륙한다. 예언대로 그는 가장 먼저 전사하지만, 트로이 전쟁을 승리로 이끈 일등공신 중 한 명으로 기록된다.

시오노 나나미가 말했듯, 로마제국 귀족들은 노블레스 오블리주를 불문율로 여겼다. 자신들이 노예와 다른 이유를 사회적 의무를 실천할 수 있다는 데서 찾았고, 자부심마저 가졌다. 예컨대 귀족들은 서지중해 패권을 놓고 로마와 카르타고 사이에 일어난 세 차례의 포에니 전쟁에 앞다퉈 참여했다. 특히 16년에 걸친 2차 전쟁에서는 로마의 최고직인 '집정관Consul'만 무려 13명이 전사했다. 또 로마 귀족들은 자신의 재산을 들여 공공시설을 신축하거나 재보수하는 걸 자랑으로 여겼다. 그런 시설물에는 '누구누구의 길'이라는 식으로 이름을 붙여줬는데, 이를 최고의 영광으로 여겼다.

프랑스에서는 '칼레의 시민들'에 관한 일화가 노블레스 오블리주의 상징으로 기억된다. 14세기 백년전쟁 당시 프랑스령인 칼레시는 1년에 걸쳐 영국에 저항했지만 끝내 패배해 학살의 위기에 놓인다. 칼레시는 영국에 자비를 베풀어줄 것을 요청하지만, 영국 왕 에드워드 3세Edward III는 나머지를 살려주는 조건으로 여섯 명이 대표로 처형될 것을 요구한다. 누구를 처형대로 보낼 것인가를 두고 혼란에 빠진 칼레시의 분위기를 반전시킨 사람은 도시의 최고 부자였던 외스타슈 드 생 피에르Eustache de Saint Pierre였다. 그가 먼저 처형을 당하겠노라 나서자 시장과 법률가 등 귀족들도 자진해 뒤를 따랐다. 그렇게 칼레 최고위층으로 구성된 여섯 명이 스스로 목에 밧줄을 감고 에드워드 왕 앞에 출두했다. 다행히 이들 모두는 목숨을 구하게 되는데, 그 이유는 당시 임신을 한 영국 왕비가 아이에게 해가 될지도 모른다며 처형하지 말기를 당부해서다. 칼레시는 이들의 숭고한 정신을 기억하기 위해 500년이 지난 1884년 조각가 오귀스트 로댕Auguste Rodin에게 기념상 제작을 의뢰했다. 여섯 명의 시민들은 1895년부터 지금까지 칼레 시청 앞을 지키고 있다.

#노블레스 #고귀한 신분 #오블리주 #책임 있다 #호메로스 #일리아스 #로마 귀족 #칼레의 시민들

톨레랑스
틀린 게 아니라 다름을 인정하는 말

1572년 8월 24일 새벽을 알리는 교회 종소리가 울리자 프랑스 왕실의 근위병들이 살생부 명단을 들고 시내를 수색하기 시작했다. 그 대상은 루브르성에 머물고 있던 프랑스 신교도(위그노) 귀족들이었다. 근위병들은 이들을 성 밖으로 내쫓은 뒤 길거리에서 집단 학살을 벌였다. 위그노의 지도자 격인 가스파르 드 콜리니 Gaspard de Coligny 제독은 침대에서 끌려 나와 죽임을 당한 뒤 시체는 창밖으로 내던져졌다. 프랑스가 30년 넘도록 치른 구교와 신교 간 종교전쟁, 일명 위그노 전쟁 중 일어난 가장 참혹한 사건으로 평가되는 '성 바르톨로메오 축일의 학살'이다. 이때 죽은 사람이 2,000명이라는 주장과 7만 명이라는 주장이 엇갈린다. 가톨릭 측에서는 2,000명이라고 하고, 위그노 측에선 7만 명이라고 주장했다. 이날은 예수의 12제자 중 하나인 성 바르톨로메오Bartholomaeus의 축일이었다. 그래서 이 사건을 '성 바르톨로메오 축일의 학살'이라고 부른다.

사건은 궁정의 음모와 종교적 갈등에서 시작되었다. 프랑스 국왕 샤를 9세Charles IX의 어머니 카트린 드 메디시스Catherine de Medicis는 막내 딸 마르그리트를 나바라왕국의 왕자 앙리와 결혼시켰다. 나바라왕국은 피레네산맥 서쪽에 있는 바스크족의 소왕국이었는데, 앙리 왕자는 당시 신교도였다. 카트린은 신교도와 화해도 하고 나중에 아들 쪽 혈통이 끊어지면 사위를 왕으로 이어가려는 계획을 갖고 있었다. 가톨릭 세력과 로마교황청은 이 결혼을 반대했다. 그러나 가톨릭 세력의 반대에도 이 결혼식은 8월 18일 예정대로 치러졌고, 왕실에서는 두 종파의 화해를 위해 위그노 귀족들을 결혼식에 초청했다. 왕실의 요청도 있었지만, 신교도를 사위로 받아들이는 결혼식이었기에 전국의 위그노 귀족들이 파리로 집결했다. 하지만 샤를 9세는 위그노들이 반란을 일으켜 파리를 점령할까 봐 두려워 어머니 카트린과 공모해 위그노를 살해하라고 지시한다. 성 바르톨로메오 축일의 학살이 일어난 배경이다.

구교와 신교의 갈등은 이 사건 이후에도 26년이나 더 이어져 나라를 만신창이로 만들었지만 새로운 전환점이 마련된다. 프랑스 공주와 결혼한 나바라왕국의 앙리 왕자가 프랑스 왕 앙리 4세Henri IV가 되어 지긋지긋한 종교전쟁을 끝내기 위해 1598년 신교도인 위그노에게 신앙의 자유를 인정하는 낭트 칙령을 발표한 것이다. 본인은 가톨릭으로 개종했다. 이로써 36년간 진행되던 위그노 전쟁이 막을 내린다. 주로 '관용'이라고 번역되는 프랑스어 '톨레랑스tolerance'의 시발점이었다. 톨레랑스는 자기와 다른 신앙과 사상, 행동 방식을 가진 사람을 용인한다는 의미로 사용된다. 즉, 나와 다른 생각과 행동을 용인하는 것, 틀렸다고 하지 않고 다를 뿐이라고 받아들이는 것을 뜻한다. 이후 톨레랑스 정신은 프랑스 대혁명에서 자유·평등·박애의 구호를 낳았고, 유럽 전역에 퍼졌다.

톨레랑스와 관련된 샤를 드골Charles De Gaulle 프랑스 대통령의 재미있는 일화가 있다. 작가 홍세화의 《쎄느강은 좌우를 나누고 한강은 남북을 가른다》에 소개된 내용이다. 알제리 독립 운동이 한창일 때 프랑스 철학자 장 폴 사르트르Jean-Paul Sartre가 스스로 알제리 독립 자금 전달책 역할을 했다. 프랑스의 대표적인 지성이 프랑스에 살고 있는 알제리인들이 갹출한 독립 자금이 들어 있는 돈 가방의 전달책을 한다는 것은 문자 그대로 반역 행위였다. 당연히 사르트르를 제재해야 한다는 말이 나왔지만, 드골의 말이 감동적이다. "그냥 놔두게. 그도 프랑스야."

#위그노 #신교도 #성 바르톨로메오 축일의 학살 #앙리 4세 #낭트 칙령 #위그노 전쟁 #톨레랑스 #관용

부르주아

성안의 사람들은 왜 부르주아가 됐을까?

요즘이야 경제적으로 안정된 상류층을 '금수저'라고 지칭하곤 하지만, 불과 얼마 전까지만 해도 이들을 대표하는 단어는 '부르주아bourgeois'였다. 경제적으로 여유롭고 풍족해서 힘들게 일하지 않아도 되는 사람들을 부르주아라고 불렀다. 언제부터 그랬을까. 19세기 독일 출신의 사상가 카를 마르크스Karl Marx가 1848년 펴낸 〈공산당 선언Manifest der Kommunistischen Partei〉에서 소득과 재산이 많은 부자 혹은 자본가를 부를 때 쓰는 용어로 이 단어를 선택하면서부터다. 〈공산당 선언〉은 당대를 통틀어 가장 널리 읽힌 것은 물론 세계 정치의 향방에 심각한 영향을 준 문서 중 하나로 꼽힌다. 부르주아라는 단어 역시 그만큼의 유명세를 타며 우리 일상 속으로 파고들었다. 또 마르크스의 글 자체가 부르주아를 비판하는 내용을 담고 있기에 부르주아라는 단어는 긍정적이기보다는 부정적인 뉘앙스를 담아 사용되는 경우가 대다수였다.

하지만 부르주아의 원뜻은 조금 다르다. 원래 부르주아는 '성城안에 사는 사람'이라는 의미로 사용됐다. 부르주아라는 단어는 중세 무렵 프랑스에서 만들어졌는데, 이때 '부르지bourge'는 고대 프랑크어로 '큰 마을'을 의미하는 '부르그brug'에서 유래됐다. 부르그는 중세 중기인 11세기부터 성곽도시, 요새화된 성城이라는 의미도 담게 됐다. 그 유래는 왕으로부터 땅을 받은 영주가 그 땅을 보호해줄 가신들과 주종 계약을 맺고 살아가는 봉건제도에서 찾을 수 있다. 봉건제도의 틀이 확립되면서 유럽의 마을들은 성곽도시로 진화해갔다. 영주가 사는 성을 외부 침입으로부터 보호하기 위해 높은 성벽을 쌓으면서 자연스레 성 안쪽과 바깥쪽이라는 경계가 형성됐는데, 바깥쪽은 아무래도 외부 공격에 쉽게 노출될 수밖에 없었기에 사람들은 성내에 거주하는 것을 선호했다. 당연히 집값이나 물가가 비싸져 귀족과 성직자들을 제외하고는 부유한 상인이나 직인,

신흥 지주 정도만이 성내에서 살 수 있었다. 바로 이들이 부르주아라고 불리기 시작했다.

부르주아는 세습 귀족도 아니고 농노도 아닌 중간계급의 평범한 자유민이었다. 하지만 16세기 무렵부터 유럽 역사에서 존재감을 드러낸다. 바로 '부르주아 혁명'을 통해서다. 부르주아 혁명은 영주와 성직자, 귀족 등 소수 상류층의 배만 불리는 방향으로 변질된 봉건제의 모순을 타파하기 위해 이들 중간계급이 일으킨 혁명이다. 1648년과 1688년 일어난 영국의 시민혁명과 1789년 프랑스 대혁명이 부르주아 혁명의 대표 사례다.

참고로 마르크스 사회학에서 부르주아의 반대편에 선 계급은 프롤레타리아Proletarier라고 한다. 마르크스는 프롤레타리아를 자신의 몸을 통한 노동력 외에 자본 등 다른 생산수단을 소유하지 못한 무산계급으로 분류했다. 프롤레타리아라는 용어는 자식 말고는 가진 재산이 없는, 즉 정치적 권리나 병역 의무도 없고 '어린이proles'만 가진 사람을 낮춰 부르던 라틴어 '프롤레타리우스proletarius'에서 파생됐다.

마르크스는 부르주아 혁명이 자본에 의한 기존의 착취 구조를 그대로 둔 채 지배계급만 귀족에서 부르주아로 바뀐 것에 지나지 않았다고 비판했다. 그렇기에 〈공산당 선언〉은 반복되는 지배-피지배 구조를 소멸시키려면 프롤레타리아가 주체가 되는 혁명이 필요하다는 주장을 핵심으로 하고 있다.

#카를 마르크스 #자본가 #부르주아 #성안에 사는 사람 #부르주아 혁명 #영국 시민혁명 #프랑스 대혁명 #프롤레타리아 #무산계급

009

군주
빵을 구해오는 사람

중국의 대표적인 태평성대 기간으로 요순시대를 꼽는다. 요堯와 순舜 두 임금이 치세했던 기간이다. 한번은 요임금이 천하가 얼마나 잘 다스려지고 있는지 궁금해 몰래 혼자 평복 차림으로 민정 시찰을 나갔다. 어느 네거리에 다다르니 아이들이 춤을 추며 노래를 부르고 있었다. "우리가 이처럼 잘사는 것은 모두 다 임금님의 지극한 덕이지요. 우리는 아무것도 알지 못해요. 임금님이 정하신 대로 살 뿐이죠." 요임금은 흐뭇해하며 마을 끝에 다다랐는데, 노인이 나무 그늘에 드러누워 먹을 것을 입에다 물고서 배를 두드리고 흙덩이를 치면서 한가하게 노래를 부르고 있었다. "해가 뜨면 일하고 해가 지면 쉬며, 농사를 지어 먹고 우물 파서 물을 마시니, 임금의 힘이 내게 무슨 소용인가."

워낙 너그럽고 어진 요임금은 한낱 백성이 임금의 권위 따위는 전혀 의식하지도 않고 배를 두드리며 흥거워하는 모습이야말로 자기가 선정을 베풀고 있고 그것이 백성들에게 고루 혜택을 주고 있는 증거라고 보고 즐거워했다. 여기서 유래된 고사성어가 '고복격양鼓腹擊壤'이다. 배를 두드리고 땅을 친다는 뜻으로 태평성대를 의미한다. 정치의 근본은 백성을 배부르게 하는 것이라는 맹자孟子의 말과 일맥상통한다. 맹자는 "정치가 뭐냐"라고 묻는 제齊나라 선왕宣王의 물음에 "백성이 배불리 먹고 따뜻하게 지내면 왕도의 길은 저절로 열린다"라고 설명했다.

동양만 그런 게 아니다. 군주를 뜻하는 '로드lord'는 고대 영어 '빵을 구해오는 사람loaf-guardian'에서 유래했다. 군주의 아내는 '반죽하여 빵을 만드는 사람loaf-kneader'으로, '레이디lady'의 어원이 됐다. 빵을 구해오는 군주가 백성에게 먹을 것을 제공하지 못하면 군주의 자리를 지키지 못했다. 수많은 혁명의 역사가 이를 말해준다. 빵은 지금의 의미로 경제다. 그 빵이 많고 적음에 따라 수많은 역사의 물줄기가 바뀌었다.

1917년 상트페테르부르크에 집결한 러시아 대중은 차르에게 빵과 자비를 달라며 호소하다 유혈 사태를 빚었고, 결국 러시아 혁명으로 이어졌다. 30년 동안 장기 집권한 오마르 알바시르Omar al-Bashir 수단 대통령은 빵 값을 한꺼번에 세 배나 올리겠다고 발표했다가 분노한 국민들의 반정부 시위로 권좌에서 쫓겨났다. 1992년 미국 42대 대통령 선거에서는 당시 젊은 애송이였던 빌 클린턴Bill Clinton이 "바보야, 문제는 경제야!It's the economy, stupid!"라는 대선 캐치프레이즈를 들고나와 아버지 부시 대통령을 물리쳤다.

빵을 구해오는 게 군주의 의무이지만, 이를 무기로 국민을 유혹하기도 한다. 권력을 유지하기 위한 우민정책愚民政策과 포퓰리즘으로 활용하는 것이다. 고대 로마는 시민들에게 빵과 콜로세움 입장권을 무료로 배급해주기도 했다. 시민권자 모두에게 한 달에 30킬로그램의 밀을 배급하고 검투 · 전차 경주 티켓, 공중목욕탕 입장권 등을 무상 제공했다. 배급받으려는 줄이 하도 길어서 몇 시간을 기다리는 일이 다반사였다고 한다. 고대 로마의 시인 유베날리스Decimus Junius Juvenalis가 이를 두고 '빵과 서커스'로 버티는 제국이라고 비판한 것도 그래서다. 권력자가 무상으로 음식과 오락을 제공하는 대신 로마 시민을 정치적 장님으로 만들었다는 것이다. 무상 뒤에 숨어 있는 '무상의 함정'인 셈이다. 세상에 '공짜 점심free lunch'은 없다.

#요순시대 #태평천하 #고복격양 #로드 #빵을 구해오는 사람 #레이디 #반죽하여 빵을 만드는 사람 #빌 클린턴 #바보야, 문제는 경제야

010

멘토

고마운 사람으로 영원히 기억되는 이름

그리스 신화에 나오는 전쟁 영웅 오디세우스Odysseus는 '트로이의 목마'로 스파르타를 비롯한 그리스 도시국가 연합군과 트로이 간의 10년 전쟁을 승리로 이끈 전략가다. 호메로스Homeros가 쓴 장편서사시 〈오디세이아Odysseia〉의 주인공으로, 〈오디세이아〉는 '오디세우스의 노래'라는 뜻이다. 그는 무武와 지智를 겸비한 전쟁 영웅으로 그려지지만, 말로 다하기 힘든 고초도 겪는다. 트로이 전쟁 10년, 귀향길의 모험 10년 등 집으로 돌아가기까지의 20년은 그야말로 온갖 고생으로 점철된 시기였다. 장편서사시 〈오디세이아〉도 오디세우스가 트로이 전쟁이 끝난 뒤 귀향하기까지 10년 동안 겪은 모험담을 그리고 있다.

오디세우스는 단지 무장武將이 아니라 고대 그리스 이타카Ithaca 왕국의 왕이었다. 트로이와의 전쟁을 승리로 이끌지만, 처음 전쟁에는 자의 반 타의 반으로 참여했다. 트로이와의 전쟁에 참여하지 않으려고 미친 척까지 했다. 하지만 전쟁에 참가한 뒤에는 뛰어난 무장으로 맹활약한다. 아킬레스건의 어원이 된 아킬레우스Achilleus가 전쟁 중 사망한 뒤 그가 쓰던 무구武具를 가장 용감한 사람에게 물려주게 되었을 때, 오디세우스는 당당히 경쟁자와 겨뤄 그것을 차지하기도 했다.

그러면 오디세우스가 고향을 떠난 그 기나긴 20년간 가족은 어떻게 됐을까. 사랑하는 아내 페넬로페Penelope는 남편이 돌아올 때까지 정절을 지키며 그를 기다린다. 오디세우스가 죽은 줄 알고 페넬로페 주변에는 수많은 구혼자가 득실거렸으나 페넬로페는 이를 모두 물리쳤다. 이후 오디세우스는 갖은 고생 끝에 귀향한 뒤 아들과 함께 이들을 처단한다. 그때 함께한 아들이 텔레마코스Telemachos인데, 아버지가 집을 떠난 20년 동안 어머니를 괴롭히는 구혼자들을 상대하면서 당당하고 용기 있는 젊은이로 성장했다. 그뿐만 아니라 여러 곳을 모험하면서 제왕으로서의 덕목도 익혔다. 이 모험담은 프랑스 작가 페늘롱 François Fénelon이 《텔레마코스의 모험Les Aventures de Télémaque》이라는 제목으로 소설화하기도 했다.

텔레마코스는 홀어머니 아래서 어떻게 이렇게 늠름하게 성장했을까. 그것은 때로는 아버지로, 때로는 선생님으로, 때로는 친구로 그를 돌봐준 사람이 있었기에 가능했다. 그가 바로 멘토르Mentor다. 경험이 없는 사람에게 지식이나 경험을 전수해주는 스승으로 일반화된 '멘토'의 어원이 된 오디세우스의 친구다. 오디세우스는 트로이 전쟁에 참전하면서 친구 멘토르에게 자신의 아들을 보살펴 달라고 맡긴다. 멘토르는 오디세우스의 부탁을 사심 없이 훌륭히 수행했다. 사실 멘토르는 사람의 모습을 한 아테나 여신의 화신이었다. 수없이 멘토르의 모습으로 변장해 텔레마코스를 돕는다.

아버지 없이 자란 텔레마코스는 약하고 소심한 사람이었다. 오디세우스의 유일한 후계자로 아버지의 나라를 지키고 싶었지만 성격 탓에 할 수 있는 일이 없었다. 이런 그가 모험을 떠나고 용맹한 사람으로 거듭나게 한 사람이 바로 아테나가 변신한 멘토르였다. "너는 이제 어린아이가 아니다. 그러므로 용감해라. 사람들이 앞으로 너의 이름을 칭송할 날이 올 것이다." 이 말에 힘을 얻은 텔레마코스는 모험을 떠나 아버지도 만나고 나라도 지킨다. 이후 멘토르라는 이름은 한 사람의 지혜와 신뢰를 이끌어주는 훌륭한 선생님, 또는 조언자라는 의미의 '멘토'로 영원히 남았다.

#호메로스 #오디세이아 #오디세우스 #페넬로페 #텔레마코스 #멘토르 #아테나의 화신

011

유토피아
아무 데도 존재하지 않는 곳

일반적으로 파라다이스, 이상향理想鄕으로 알고 있는 유토피아utopia의 본뜻
은 다르다. '아무 데도 존재하지 않는 장소'라는 의미다. 영국의 정치가이자 인
문주의자인 토머스 모어Thomas More가 쓴 공상 사회 소설 《유토피아Utopia》는
모어가 그리스어의 '없는ou-'과 '장소toppos'라는 말을 결합해 만든 말이다. 하
지만 접두사 'u'가 '없는ou-'이 아니라 '좋은eu-'이라는 뜻도 연상하게 해서 '좋
은 장소'라는 이중적 의미를 지니게 됐다. 유토피아가 현실적으로는 아무 데도
존재하지 않는 이상향을 가리키는 말이 된 이유다.

제목 자체가 이중적이듯 소설 내용도 모순적이면서 이중적이다. 이 소설에서
모어는 실명으로 등장해 소설의 화자인 라파엘 히슬로다이우스라는 가상의 인
물과 대화를 나누는데, 히슬로다이우스라는 이름도 '무의미', '허튼소리'라는 뜻
이다. 소설 《유토피아》는 모어가 어디에도 없는 곳에서 무의미한 자와 나눈 대
화가 주 내용이라고나 할까. 2편으로 구성된 이 소설의 1편은 유럽 사회를 비판
하는 내용으로 이루어져 있고, 2편은 히슬로다이우스가 들려주는 유토피아섬에
대한 이야기다. 유토피아섬의 내용은 이렇다.

이곳에는 화폐가 없다. 사유재산도 존재하지 않는다. 불요불급한 사치품은
아예 생산하지 않는다. 유토피아 사람들은 누구나 시장에서 농산물을 자기가
필요한 만큼 가져다 쓰면 된다. 농산물을 무료로 제공하기에 누구나 2년 동안
농사를 지을 의무가 있다. 공동 생산과 공동 분배로 먹는 문제를 해결한다. 집도
제공된다. 누구나 같은 크기와 모양의 집이고 자물쇠는 없다. 이 집에 사는 사람
들은 누구나 10년에 한 번씩 이사를 가야 한다. 일하는 시간도 하루 6시간으로
공평하다. 일을 한 다음에는 누구나 정신적이고 지적인 쾌락을 추구한다. 공동

생산, 공동 분배 방식이 공산주의를 연상케 하지만, 이는 단지 지적 쾌락과 행복을 얻기 위한 방법일 뿐이다.

여기까지는 그럴듯해 보이지만 다음 내용을 보면 이것이 진정 이상향인지 의문이 든다. 유토피아 사람들은 최소한의 노동을 하는 대신 최소한의 상품에 만족해야 한다. 누구나 똑같은 모양과 색깔의 옷을 1년에 한 벌씩만 공급받고 마을 회관 같은 공공장소에서 공동으로 식사해야 한다. 가족 식사는 금지된다. 간통이 드러나면 노예가 되고, 재발할 경우 사형에 처한다. 여행은 사실상 불가능하고, 허락 없이 떠나면 벌을 받는다. 모든 사람은 오후 8시에 취침하고 새벽 4시에 일어나 공부를 해야 한다. 소설 속에서 모어도 유토피아섬의 이런 제도에 대해 의문을 제기하고 고민한다. 특히 소유욕이 없어지면 누구도 열심히 일하려 하지 않기 때문에 사회 전체가 빈곤에 빠질 우려가 있고, 화폐가 없고 모두 평등하다면 통치자의 권위도 사라져 사회질서가 흔들릴 수 있다는 것이다. 그래서 어디에도 없는 곳이라는 의미의 《유토피아》라는 제목을 단 것일까.

유토피아의 반대 개념으로 사용되는 단어는 디스토피아dystopia다. '나쁘다'라는 뜻을 가진 'dys-'가 붙어 있지만, 유토피아의 원래 의미하고는 다소 뉘앙스가 다르다. 주로 전체주의적인 정부에 의해 억압받는 사회를 얘기하는데,《자유론On Liberty》의 저자 존 스튜어트 밀John Stuart Mill이 의회 연설에서 처음 사용했다. 디스토피아 사회를 그린 대표 소설로는 조지 오웰George Orwell의 《1984》가 꼽힌다.

#토머스 모어 #유토피아 #어디에도 없는 곳 #이상향 #디스토피아 #조지 오웰 #1984

012

판도라
신의 선물과 프로메테우스의 경고

그리스 신화에 나오는 인류 최초의 여성 판도라Pandora. '모든 선물을 받은 자'라는 뜻이다. 신들로부터 온갖 재능을 선물로 부여받은 데서 유래됐다. 대장장이 신 헤파이스토스는 제우스의 지시를 받아 흙으로 아름다운 처녀의 모습을 만든 뒤 생명을 불어넣었고, 지혜의 여신 아테나는 직접 만든 옷을 선물했다. 미의 여신 아프로디테는 아름다움과 고혹적인 매력을 주었고, 전령의 신 헤르메스는 교활한 심성을 심어주었다. 그 밖에 다른 신들도 자신이 보유한 재능을 제공했다.

신들로부터 재능을 부여받았기에 판도라는 아름다운 외모에다 지적 재능까지 겸비한 팜파탈femme fatale이었다. 공교롭게도 그녀의 이런 매력에 에피메테우스Epimetheus가 푹 빠졌다. 인간에게 불을 가져다준 프로메테우스Prometheus의 동생이다. 형 프로메테우스의 충고를 무시하고 판도라와 결혼하면서 인류의 재앙이 시작됐다. '프로메테우스'는 '앞서 생각하는 자', 즉 선지자라는 뜻이고, '에피메테우스'는 '나중에 생각하는 자'라는 의미. 항상 나중에 생각하는 에피메테우스는 제우스가 보내는 선물은 인간에게 화를 미칠 테니 받지 말고 돌려보내라는 형의 경고를 무시하고 판도라에게 홀딱 반해 신혼살림을 차렸고, '판도라의 상자'가 열리는 계기를 만들었다.

이 모든 게 제우스의 치밀한 계략이었다. 프로메테우스가 제우스 몰래 불을 훔쳐 인간에게 전달하면서 인류는 이때부터 큰 발전을 이뤄내지만, 그 대가로 프로메테우스는 혹독한 형벌을 받는다. 코카서스산의 바위 벽에 묶인 채 매일 독수리에게 간을 쪼이는 고통의 벌을 받았다. 훗날 헤라클레스가 구해낼 때까지 무려 3000년이나. 그런데도 제우스는 화가 풀리지 않았다. 인간들도 괘씸했다. 자신이 금지한 불을 사양하지 않고 프로메테우스로부터 넙죽 받았기 때문이다. 궁리 끝에 인간에게 판도라를 선물하기로 마음먹었다. 불을 받은 대가로 인간이 평생 불행을 껴안고 살아가게 할 심산이었다. 제우스는 판도라를 선물로 주며 상자 하나도 딸려 보냈다. 이 상자에는 질병, 재난, 원한, 복수 등 모든 재앙이 담겨 있었다. 에피메테우스와 결혼한 판도라가 호기심에 이 상자를 열면서 인간은 그때부터 지금까지 온갖 재앙으로 괴로워하게 됐다고 한다. 뒤늦게 이를 안 판도라가 허둥대며 상자를 닫았지만, 이미 모든 해악은 풀려나고 희망만 그 안에 남게 됐다는 것이 '판도라의 상자'의 내용이다.

이 이야기는 앞을 내다보지 않은 채 단순히 '아름다운 선물'로만 생각해 덜컥 받아들이는 것에 대한 위험성을 경고한다. '앞서 생각하는 자'인 프로메테우스가 '나중에 생각하는 자'인 에피메테우스에게 제우스의 선물을 받지 말라고 경고했지만 이를 무시했다가 결국 인류에게 큰 재앙을 안겼기 때문이다. 원자폭탄이 그런 경우다. '원자폭탄의 아버지'로 불리는 로버트 오펜하이머 Robert Oppenheimer는 주변의 칭송과 달리 본인은 이 문제로 괴로워했다. 그는 1945년 7월 연구 팀과 함께 플루토늄 폭탄 두 개와 우라늄 폭탄 한 개를 제조하는 데 성공한다. 이 중 하나는 테스트용으로 폭파됐고, 남은 두 발은 나가사키와 히로시마에 각각 떨어졌다. 전쟁이 끝난 후 '현대판 프로메테우스'라는 칭송이 이어졌지만, 정작 그는 "이제 나는 세상의 파괴자, 죽음의 신이 되었다"라며 더 이상 전쟁 관련 연구를 하지 않았다. 프로메테우스가 아니라 에피메테우스일지도 모른다는 두려움 때문이었다.

#판도라 #인류 최초의 여성 #모든 선물을 받은 자 #프로메테우스 #앞서 생각하는 자 #에피메테우스 #나중에 생각하는 자 #판도라의 상자 #로버트 오펜하이머

013

복마전 & 아수라장
혼란한 세상의 다른 이름

'복마전伏魔殿'은 '마귀가 숨어 있는 전각'이라는 뜻이다. 나쁜 일이나 음모가 끊임없이 일어나는 악의 근거지인 셈이다. 부정부패나 권모술수, 비리가 일상화되어 있는 장소를 비유할 때 복마전이라고 하는 것도 그래서다. 그 유래는 중국 4대 기서奇書 중 하나인 《수호지水滸誌》에 나온다. 시내암施耐庵의 무협 소설 《수호지》는 부정부패와 비리가 만연해 백성이 도탄에 빠진 난세의 시기에 산둥성 량산포梁山泊로 모여든 호걸 108명의 이야기다. 복마전은 바로 이 소설의 첫회에 등장한다.

북송北宋 인종仁宗 때 역병이 온 나라에 창궐하자 왕은 태위인 홍신洪信을 시켜 룽후산龍虎山에 있는 도사를 찾아 기도를 부탁하라고 지시한다. 홍신이 룽후산에 도착했을 때 도사는 외출 중이었다. 홍신은 이곳저곳을 구경하다가 '복마지전伏魔之殿'이라는 간판이 걸린 전각을 발견한다. 안내인은 "마왕을 봉인해놓은 곳이어서 절대로 문을 열면 안 된다"라고 했지만, 홍신은 객기를 부려 전각문을 열고 안에 있던 석비石碑를 들춘다. 그러자 세상을 어지럽힌다는 마왕 108명이 뛰쳐나왔다. 이들은 사람으로 환생한 뒤 량산포를 중심으로 도적질을 하며 큰 소동을 일으키고 나라를 혼란에 빠뜨린다. 복마전이라는 말이 만들어진 배경이다. 《수호지》의 주인공도 마왕인 셈이지만, 단순히 악인들의 이야기로 치부하기는 어렵다. 이들은 나라를 위해 싸우기도 하고 부패한 관료에게 맞서기도 한다.

서양에도 복마전과 유사한 말이 있다. '팬더모니엄Pandemonium'이다. 팬더모니엄은 1667년 영국에서 간행된 존 밀턴John Milton의 대서사시 《실낙원Paradise Lost》에 처음 등장한다. 신과의 싸움에서 패해 지옥에 떨어진 사탄이 모든 악마를 모아 천국에 맞서 싸울 준비를 하면서 지은 건축물의 이름이 바로 팬더모니엄이다. 밀턴은 이 단어를 모든 영혼이 모이는 곳, 지옥이라는 뜻을 지닌 그리스어 '판 다이모니온pan daimonion'에서 따왔다. 악마들이 날뛰는 곳이라 현대 영어에서는 '대혼란' 또는 '무법 지대'라는 뜻으로도 쓰인다.

우리가 자주 쓰는 '아수라장阿修羅場'도 복마전이나 팬더모니엄과 의미가 상통한다. 전쟁이나 화재로 야기된 참혹한 현장이나 혼란에 빠진 곳을 의미하는 이 말은 불교 용어에서 나왔다. 아수라는 얼굴이 셋이고 팔이 여섯인 악신惡神이다. 싸우기를 좋아해 '전쟁의 신'으로도 불린다. 원래는 불교에 융화된 고대 인도에서 최고신 중 하나였는데, 나중에 선신善神인 제석천과 싸우면서 악신이 됐다고 한다. 제석천은 하늘의 신으로, 불법佛法을 지키는 신이다. 이 둘 간의 싸움은 천계를 들썩거리게 하는 전쟁이 됐고, 이들이 싸울 때마다 아수라의 시체가 질펀하게 널려 있는 참혹한 광경이 펼쳐졌다고 한다. 여기서 아수라장이라는 말이 나왔다. 만약 이 전쟁에서 아수라가 이겼다면 빈곤과 재앙이 왔겠지만, 아수라는 제석천과의 싸움에서 패해 사라지고 만다. 그래서 이 세상에 풍요와 평화가 찾아왔다는 것이다. 제석천은 전쟁에 나가는 신들에게 "마음의 평정을 유지하라. 그리하면 싸움터가 아수라장이 되는 것을 막을 수 있을 것"이라고 말했다고 전해진다.

#복마전 #마귀가 숨어 있는 전각 #시내암 #수호지 #팬더모니엄 #존 밀턴 #실낙원 #제석천 #선신 #아수라 #악신 #아수라장

014

이판사판 공사판
조선 시대 숭유억불의 잔재

고려에서 조선으로 왕조가 바뀌면서 불교도 급전직하한다. 고려 때는 국가 종교였고 승려는 특권층이었다. 사회적으로 가장 중요한 기관도 불교 사찰이었다. 하지만 조선 시대가 되면서 불교는 중심부에서 밀려나고 승려의 신분도 나락으로 떨어진다. 유교를 건국이념으로 삼은 조선이 의도적으로 불교를 밀어낸 탓이다. 도성에서 쫓겨나 멀리 산중에만 머무는 처지가 됐고, 성종成宗 때는 아예 출가 자체가 금지되기도 한다.

시인이자 소설가인 정동주가 쓴 《부처, 통곡하다》에 따르면, 조선 시대 사찰에 부과된 부역의 종류는 100가지가 넘었다. 이를 감당해야 하는 승려들에게는 또 다른 부역도 부과됐다. 산성과 왕릉, 궁궐을 짓는 공사에 동원되는 것이었다. 더구나 승려들은 삯조차 제대로 받을 수 없어 빌어먹거나 굶어야 하는 경우가 많았고, 급기야 이런 고통을 참지 못해 도망가는 승려도 많았다. 물론 돈이 많으면 돈으로 이를 대체할 수도 있었지만, 이미 사찰 소유의 토지나 기물을 유생들에게 빼앗겨버린 승려들은 엄두도 내지 못할 형편이었다.

승려들의 이런 처지에서 나온 말이 '이판사판'인데, 이는 이판승理判僧과 사판승事判僧을 합쳐서 만든 말이다. 이판승은 산중에 은거하며 경론을 공부하고 참선을 수행하는 승려이고, 사판승은 마을에 시주를 얻으러 다니고 농사도 지어 사찰 살림을 꾸리는 승려다. 사찰을 유지하며 명성을 얻으려면 이판승도 사판승도 필요한데, 조선 시대에 이 중 어떤 승려가 되건 인생의 막다른 상황에서 하는 선택으로 비쳤다. 오늘날의 '이판사판'의 의미가 만들어진 배경이다.

'이판사판 공사판'의 의미도 변색됐다. 불교에서는 어떤 사안을 논의하고 중요한 결정을 내려야 할 때 대중의 참여 속에 공개회의를 하는데, 이를 대중공사大衆供辭라고 했다. 줄여서 공사供辭나 공사판供辭判이라고도 불렀다. 즉, 이판사판 공사판은 이판승과 사판승이 함께하는 회의인 셈이다. 그런데 그 의미가 바뀌어 막다른 처지에 몰리거나 일이 뒤죽박죽 섞여버린 상황을 나타내는 비속어가 됐다. 조선 시대 숭유억불崇儒抑佛 정책의 잔재인 셈이다.

이판사판처럼 의미가 변색된 불교 용어가 이 밖에도 의외로 많은데, 대표적인 게 '야단법석'이다. 일반적으로 여러 사람이 한데 모여 소란스럽게 떠드는 모양을 떠올리겠지만, 사실은 두 가지 의미가 있다. 불교 용어 '야단법석'은 '야단野壇(야외에 세운 단)'과 '법석法席(불법을 펴는 자리)'이 합쳐진 말이다. 즉, '야외에 자리를 마련해 부처님의 말씀을 듣는 자리'라는 뜻이다. 설법을 듣는 엄숙한 자리다. 그런데 법당이 좁아 야외에 단을 펴고 자리를 마련해 많은 사람을 수용하다 보니 시끌벅적하고 어수선할 수밖에 없다. 우리가 알고 있는 야단법석이라는 말이 만들어진 유래다. 믿기 힘든 얘기지만 석가釋迦가 영취산에서 설법하는데 약 300만 명이 모여서 설법을 들었다고 한다. 원효대사도 들 언덕에서 설법하는데 수천 명이 모였다고 전해진다.

그래서 야단법석이라는 말은 여러 사람이 한데 모여 서로 다투고 떠드는 시끄러운 판을 나타내는 단어가 됐지만, 야외에서 베푸는 설법의 자리를 뜻하는 야단법석의 '야단野壇'과 떠들썩하고 어수선한 것을 가리킬 때의 '야단'은 한자가 다르다. 이때는 '야단惹端'이다. 한글로는 같지만 어느 한자를 쓰느냐에 따라 그 의미가 전혀 달라진다.

#조선 시대 #숭유억불 #이판승 #사판승 #대중공사 #이판사판 공사판 #이판승과 사판승이 함께하는 회의 #야단법석 #야외에서 베푸는 설법의 자리

015

속죄양

왜 순하디순한 양을 속죄양으로 만드나?

디아스포라diaspora는 '흩어진 사람들'이라는 뜻이다. 팔레스타인을 떠나 온 세계에 흩어져 살면서 유대교의 규범과 생활 관습을 유지하는 유대인을 의미한다. 이들은 1945년까지 히틀러Adolf Hitler에 의해 유럽 전역에서 600만 명 이상이 학살됐다. 히틀러가 이처럼 유대인을 증오하며 몰살한 이유에 대해서는 여러 가지 설이 있지만 확인된 것은 없다. 확실한 것은 민족주의를 내세운 히틀러가 정권을 장악하고 국민들의 단결을 꾀하기 위해 유대인을 미움의 대상으로 정해 대학살을 자행했다는 것이다. 유대인을 정권 창출의 속죄양贖罪羊으로 삼은 것이다.

그런데 왜 속죄하는 동물로 순하디순한 양이 선택됐을까. 속죄양의 영어는 '스케이프고트scapegoat'다. '스케이프scape(달아나다)'와 '고트goat(염소)'의 합성어다. 염소를 모습이 비슷한 양으로 잘못 표기했다는 분석도 있고, 산양을 가축화한 동물이 염소이기에 양으로 표기했다는 주장도 있다. 속죄양이나 희생양이 아닌 속죄 염소나 희생 염소로 쓰이는 것도 그래서다. 양이나 염소를 희생시켜 죄를 구원받는 행위는 유대 풍습에서 비롯됐다.

구약시대 유대인들은 첫 번째 염소를 잡아 신에게 바치고, 두 번째 염소에게 사람들의 죄를 실어 사막으로 도망가게 하는 의식을 치렀다고 한다. 사막으로 도망간 염소는 먹을 것이 없어 굶어 죽었을 것이다. 지금 그렇게 하면 동물 애호가들이 기겁해 반발하겠지만, 유대인들은 염소를 이렇게 희생시키면 자신들의 죄가 없어진다고 믿었다. 가톨릭에서는 예수 그리스도가 하느님의 어린 양이다. "하느님의 어린 양, 세상에 죄를 없애시는 주님, 자비를 베푸소서." 가톨릭은 물론 기독교는 예수 그리스도가 자신을 희생해서 사람들을 구원했다고 믿는다.

물론 서양만 그런 건 아니다. 유교의 영향을 받고 한자를 사용하는 동아시아 문화권에서도 양은 제사 지낼 때 제물로 올리는 신성한 동물이었다. 양羊이 들어가는 한자어에 나쁜 말이 별로 없고, 제사와 희생을 의미하는 것도 그런 연유에서다. 착할 선善, 아름다울 미美, 의로울 의義, 상서로울 상祥, 바다 양洋 등에 모두 양이 들어가고, 희생犧牲의 '희' 자, 의식儀式의 '의' 자에도 양이 들어 있다.

이성계가 조선을 세우기 전 꾼 꿈도 양 꿈이었다. 이성계가 산속에서 양을 잡으려 하자 양의 뿔과 꼬리가 떨어져 버렸다고 한다. 화들짝 놀라 깨어보니 꿈이었다. 하도 괴이해 무학 대사에게 물었더니 "양羊의 뿔과 꼬리가 떨어져 나갔으니 왕王이 될 꿈"이라며 파자破字 풀이를 해줬다는 속설이 전해진다.

그런 착한 양이 악용되는 사례가 너무 많다. '양의 탈을 쓴 늑대'라든가, '양두구육羊頭狗肉'과 같은 사자성어도 그래서 생겨났을 듯싶다. 양두구육은 양의 머리를 걸어놓고 개고기를 판다는 뜻으로, 겉보기만 그럴듯하게 보이고 속은 변변하지 아니함을 이르는 말이다.

털과 가죽, 고기와 젖, 뼈와 내장까지 인간에게 모든 것을 다 주고 있는데, 인간은 자신의 죄마저 양에게 뒤집어씌우고 있다.

#디아스포라 #유대인 #속죄양 #유대 풍습 #이성계의 꿈 #양두구육

016

루비콘강

이 강을 건너면 황제가 될 수 있을까?

"루비콘강을 건너다"라는 말은 돌이킬 수 없는 상황을 강조할 때 쓰인다. 좀 더 의미를 보태자면, 위험을 무릅쓰고 돌이킬 수 없는 일을 저질렀으니 반드시 무언가를 얻어내겠다는 각오로 밀고 나갈 수밖에 없다는 뜻이다. 기원전 49년 1월 10일에 벌어진 실제 사건에서 유래됐다. 이날 로마의 정치가 율리우스 카이사르Gaius Julius Caesar가 루비콘강을 건넜던 것이다.

한 사람이 강을 건넌 사건이 대체 뭐라고 이토록 오랜 기간 사람들의 입에 오르내리는 것일까. 당연히 이 사건이 역사적으로 매우 중요했기 때문이다. 카이사르는 이날을 기점으로 로마의 최고 권력자인 종신 독재관 '딕타토르 페르페투아' 자리에 오른다. 독재자를 뜻하는 영어 '딕테이터dictator'의 어원이기도 한 '딕타토르dictator'는 길어야 6개월짜리 임시직이었다. 권력이 분산돼 있던 로마 공화국에서 외적의 침략 등 비상사태가 발생할 경우 권력을 한 사람에게 몰아줘 국론을 일치시키고 긴급 상황에 신속히 대응하도록 고안된 한시적 직책이었다. 하지만 카이사르는 비상사태를 해결하면 물러난다는 전통을 깨고 처음으로 종신 독재관이 됐다. 그리고 이런 그의 결단은 카이사르가 황제를 꿈꾼다는 의심을 사고, 끝내 원로원 공화파에 암살되는 계기가 된다.

하지만 이런 역사적 중요성보다 호사가들의 마음을 좀 더 사로잡은 건 사건이 품고 있는 극적인 스토리가 아닌가 싶다. 이날의 이야기는 다음 세대의 역사가 가이우스 수에토니우스Gaius Suetonius Tranquillus가 쓴 《황제 열전De vita Caesarum》에 상세히 나와 있는데, 내용인즉 이렇다.

로마 공화정의 최고 관직 중 하나인 집정관을 지내며 뛰어난 업적을 남긴 카이사르는 오늘날 프랑스 지역인 갈리아 지방의 총독으로 부임해 8년을 근무했다. 그리고 탁월한 군사적 재능으로 로마 영토를 갈리아 전역으로 확장하는 데 성공하여, 막강한 영향력을 얻은 동시에 로마 시민들에게도 인기를 끌었다. 하지만 원로원 보수파 귀족들은 예전부터 자신들과 대립하던 카이사르를 눈엣가시처럼 여겼다. 원로원은 카이사르와 함께 '삼두정치'를 이끌던 폼페이우스Gnaeus Pompeius Magnus를 포섭해 카이사르를 제거하려는 계획을 꾸몄고, 갈리아 원정을 마친 카이사르에게 "군대를 해산하고 로마로 돌아올 것"을 명령했다. 무장을 해제한 카이사르에게 여러 죄목을 씌워 제거할 심산이었다.

이런 상황에서 로마로 귀향하던 카이사르는 갈리아와 로마 본국의 경계인 루비콘 강변에 도착한다. 군대를 해산하라는 명령을 어기고 강을 건너면 국가의 명을 어긴 반역 죄인이 될 게 뻔하다. 하지만 명령을 그대로 따를 경우도 목숨을 잃을 게 틀림없다. 운명의 갈림길에서 카이사르는 소수 기병과 5,000명 안팎의 보병으로 이뤄진 1개 군단을 이끌고 루비콘강을 건너는 일생일대의 승부수를 던진다. 폼페이우스의 군은 보병의 숫자만 카이사르 군대의 두 배였다. 하지만 카이사르군은 하루 60킬로미터를 이동하는 초강행군을 감행하며 폼페이우스의 허를 찌른다. 폼페이우스와 원로원은 카이사르의 기습을 피해 이탈리아 영토 밖으로 도망갔지만, 그리스에서 따라잡혀 죽음을 맞이한다.

루비콘강을 건넌 끝에 로마의 일인자가 된 카이사르. 그때 강을 건너며 그가 했다는 말이 바로 "주사위는 던져졌다"다. 그리스 극작가 메난드로스Menandros의 작품에서 인용했다는 이 말을 카이사르가 진짜 했는지는 알 수 없다. 역사책에 따르면 실제 루비콘강은 이탈리아 북동부를 동류東流하여 아드리아해海로 흘러 들어가는 작은 강이라고 기술돼 있다.

#루비콘강을 건너다 #카이사르 #종신 독재관 #갈리아 #폼페이우스 #주사위는 던져졌다

017

디데이
D-day에서 D의 정체는?

한국에서 가장 유명한 '디데이D-day'를 골라보자면 단연 대학수학능력시험일(수능일)이다. 매년 봄 그해의 수능일이 발표되면 전국 고등학교 3학년 교실에는 'D-250' 등의 문구가 어김없이 붙는다. 디데이에 가까워질수록 숫자는 하나씩 줄어드는데, 열흘 전인 D-10일부터는 학생들의 긴장감이 최고조에 달한다. 비단 수능일뿐 아니라 결혼기념일, 출산일, 연인의 생일 등 각종 기념일을 기억하기 위해 우리는 디데이라는 단어를 일상적으로 쓴다.

하지만 디데이는 원래 군사 용어였다. 작전상 공격을 시작하는 예정일이라는 의미다. 실제로 디데이라는 단어가 유명세를 탄 시작점이자 역사상 가장 유명한 디데이로 꼽히는 날이 있으니, 바로 1944년 6월 6일이다. 이날은 사상 최대의 군사작전으로 불리는 노르망디 상륙 작전이 개시된 날이다.

노르망디 상륙 작전은 제2차 세계대전을 연합군의 승리로 이끈 결정적 작전으로 꼽힌다. 당시 작전명은 넵튠Neptune이었다. 넵튠은 로마 신화에 나오는 해신海神 넵투누스Neptunus의 영어 이름이다. 연합군은 1년여에 걸쳐 북서 유럽을 탈환하려는 '오버로드Overload' 작전을 세웠는데, 넵튠은 바로 그 첫 단계였다. 워낙 중요한 작전이었기에 모든 것은 극비였고 개시일은 디데이로 불렸다. 원래 연합군이 계획한 디데이는 6월 5일이었는데, 예기치 못한 악천후로 24시간 지연됐다고 한다.

마침내 디데이인 1944년 6월 6일 자정, 2만 4,000명에 이르는 공수부대원의 공수작전이 전개됐다. 그리고 오전 6시 30분 보병과 기갑부대로 구성된 연합군의 상륙부대가 독일이 점령하고 있던 프랑스령 노르망디 해안을 오르기 시작한다. 이날에만 수송기 2,316대, 항공기 1만 3,000대, 함선 6,000척이 동원됐고, 악전고투 끝에 7개 사단이 해안가에 상륙하는 데 성공했다. 치열한 전투를 치른 연합군은 약 20여 일 뒤인 6월 30일 노르망디 교두보를 완전하게 확보하고 파리까지 진격한다. 같은 해 8월 두 달의 전투 끝에 프랑스를 나치 독일군으로부터 해방시킨 연합군은 기세를 몰아 독일 심장부까지 나아간다. 연합군이 독일을 무찌르고 전쟁을 종식시킨 것은 디데이로부터 약 1년 후인 1945년 5월이다.

노르망디 상륙 작전은 많은 사상자를 낸 치열한 전투였지만 수많은 영웅을 낳기도 했다. 대표적인 인물이 당시 연합군의 총사령관이었던 드와이트 아이젠하워Dwight Eisenhower다. 훗날 그는 참모총장, 북대서양조약기구NATO 최고사령관을 거쳐 1952년 미국의 34번째 대통령에 당선되기도 했다.

디데이가 이런 역사적 사건에서 비롯됐다는 사실은 많이 알려져 있다. 하지만 대체 D가 무엇을 의미하는지는 명확히 밝혀진 바가 없다. 여러 가지 설이 있는데, 제2차 세계대전 당시 연합군의 폭격으로 초토화된 도시 드레스덴Dresden에서 따왔다는 설, 결정적Decisive 혹은 지정된Designated 날이라는 설, 출발한Departed 날이라는 설 등 다양하다. 그중에서 가장 유력한 것은 '데이Day'의 D라는 설이다. 즉, 'Day-Day'의 약자라는 말인데, 정해지지 않은 특정일Day의 개시 날짜Day라는 의미를 담고 있다고 한다. 비슷하게 작전 개시 예정 시각을 의미하는 군사 용어로, 시간Hour에서 따온 'H-Hour'라는 표현도 있다는 점에서 D 역시 '데이Day'라는 해석이 설득력을 얻고 있다.

#디데이 #작전상 공격을 시작하는 예정일 #노르망디 상륙 작전 #드와이트 아이젠하워 #Day-Day #H-Hour

018

마지노선
허망하게 무너진 최후의 보루

아무도 쳐들어올 수 없는 방어선. 제1차 세계대전이 끝난 뒤인 1930년 프랑스는 이런 원대한 꿈을 갖고 2억 달러가 넘는 비용을 들여서 무려 10년 가까이 국경을 따라 지하의 철옹성을 구축했다. 길이도 스위스 국경에서 벨기에 국경에 이르기까지 총연장 750킬로미터에 이른다. 길이만 긴 게 아니었다. 지하 시설 구축에는 당시로선 최첨단 기술이 동원됐다. 두께 30미터가 넘는 콘크리트 벽 안에는 기관총과 대전차포를 배치했고, 병력이 드러나지 않고 자유롭게 이동할 수 있는 길도 만들었다. 요새화된 지하 시설은 통신 시설과 에어컨 등을 갖추고, 지하 통로와 레일을 통해 서로 연결됐다. 국민들도 전폭적으로 지지했다. 제1차 세계대전 때 수십만 명의 사상자를 내는 아픔을 겪은 프랑스 국민들에게는 본토에서의 전쟁을 피할 수 있는 난공불락의 이 방어선이 너무도 매력적이었다. 이 방어선이 '마지노선Maginot line'이다. 프랑스 육군 장관 앙드레 마지노André Maginot의 제안으로 구축되기 시작해 이 지하의 철옹성은 마지노선으로 명명됐다.

그래서 프랑스는 안전했을까. 천만의 말씀이다. 제2차 세계대전이 발발하고 33일 만에 수도 파리는 독일군에 의해 점령당했다. 난공불락을 자랑하며 10년에 걸쳐 튼튼하게 지었건만 어떻게 이런 일이 벌어졌을까. 의외로 독일의 전략은 단순했다. 막히면 돌아가면 된다. 히틀러Adolf Hitler의 독일군은 우회 전략을 택했다.

전략은 크게 두 가지였다. 하나는 마지노선이 끊긴 지역을 통해 침투하는 전략이었다. 마지노선은 국경 지역인 벨기에 아르덴 지역에서 끊겨 있었다. 같은 편이기에 프랑스와 벨기에 사이의 국경에 굳이 요새를 구축할 필요가 없다는 생각에다 대공황 여파에 따른 경제 침체로 비용 절감도 고려됐다. 고심 끝에 프랑스와 벨기에 사이에는 비교적 단순한 방어선만 구축했다. 1940년 독일군은 탱크 부대를 앞세워 이곳의 울창한 숲을 밀어내고 진군했다. 다른 하나는 하늘이었다. 고성능 폭약과 화염방사기로 무장한 특수부대가 글라이더에 나눠 타고 벨기에 후방에 침투했다. 독일은 프랑스와 국경을 맞대고 있는 벨기에를 먼저 친 뒤 프랑스로 진군했다. 끊긴 마지노선 지역으로 우회하고 하늘에서 침투하니, 아무리 지하에 철옹성을 갖췄어도 마지노선은 무용지물일 수밖에 없었다.

이런 실수를 그대로 답습한 이가 사담 후세인Saddam Hussein 이라크 대통령이다. 1991년 1차 걸프전 당시 후세인 대통령은 다국적군이 사우디아라비아를 통해 진격해 올 것으로 판단했다. 그래서 사우디아라비아 접경지대에 지뢰밭, 기름 도랑, 모래 방벽 등을 설치하며 나름대로 철벽이라고 자랑한 '사담 라인'을 구축했다. 하지만 다국적군은 이 라인을 우회해 쿠웨이트 서쪽에서 이라크로 진입했다. 성공적인 작전으로 평가받는 '사막의 폭풍Desert Storm' 작전이었다. 다국적군은 이라크 군사시설에 첨단 무기를 동원해 공습을 퍼부은 뒤 쿠웨이트를 통해 이라크 공화국수비대의 뒤쪽으로 지상 공격을 감행했다. 허를 찔린 이라크는 속수무책으로 당할 수밖에 없었다. 대규모 공습으로 이미 초토화된 이라크는 다국적군의 지상군이 투입된 지 나흘 만에 항복하면서 전쟁은 싱겁게 끝났다. 1차 걸프전의 전말이다.

마지노선의 진실은 결코 뚫리지 않을 것이라는 믿음과 달리 정작 전쟁이 터졌을 때 아무 역할을 하지 못했다는 것이다.

#마지노선 #앙드레 마지노 #프랑스 육군 장관 #아돌프 히틀러 #사담 후세인

019

피로스의 승리
상처뿐인 영광

성능이 비슷한 적군 전투기 다섯 대와 아군 전투기 세 대가 공중전을 벌인다. 과연 적국 전투기 몇 대를 떨어뜨릴 수 있을까.

물론 아군 전투기는 다 떨어진다. 단순하게 세 대라고 말하면 당연히 틀린 답이다. 현실은 훨씬 더 냉혹하다. 적군 전투기는 네 대나 살아남고 단 한 대만 떨어진다. 성능이 비슷하면 수적 차이의 제곱만큼이 살아남는다. 수많은 공중전의 승패와 비행기 숫자를 일일이 분석, 조사한 것을 토대로 만들어진 이론이다.

영국의 과학자 프레더릭 란체스터Frederick Lanchester는 제1차 세계대전 때 벌어진 공중전을 일일이 분석해 이런 결과를 도출해냈다. 이른바 '란체스터의 법칙Lanchester's Laws'이다. 그조차도 이렇게 차이가 날 거라곤 짐작도 하지 못했다. 이 결과는 이후 그룹 전투를 벌일 때 승리를 최대화하거나 피해를 최소화하는 방법을 찾는 데 활용됐다. 수적으로 월등히 우세하면 밀어붙일 수 있지만, 병력이 열세라면 맞대결은 무조건 피해야 한다는 것이다. 하지만 고대 그리스 에페이로스의 왕이었던 피로스Pyrros는 이런 원칙을 무시하고 연거푸 로마 원정에 나선다. 물론 당시에는 고도로 계산된 전쟁 전략이 부재했던 탓이었을 수도 있다.

기원전 280년, 그리스 도시국가들로부터 원정 지원 요청을 받은 피로스는 2만 5,000명의 병력과 코끼리 20마리로 첫 원정대를 꾸렸다. 피로스는 이 출병에서 아직 동네 싸움에만 익숙했던 한 수 아래의 로마군을 상대로 대승을 거둔다. 로마군은 8,000명의 전사자를 냈고, 피로스군은 3,000명의 전사자를 냈다. 피로스는 이후 5년간 이탈리아에서 벌어진 많은 전투에서 로마군과 맞서 연전연승했으나 끝내 이탈리아에서 물러나 에페이로스로 돌아가야만 했다.

싸우면 항상 이겼는데 왜 그랬을까. 수적 열세를 감당할 재간이 없었기 때문이다. 피로스의 군대는 계속되는 병력 손실로 전체 병력의 3분의 2 이상이 죽었다. 로마군은 이보다 더 많은 사상자를 냈지만, 전쟁터 옆에 있는 본군에서 신병을 계속 충원할 수 있었다. 반면 원정에 나선 피로스군은 병력 충원이 어려웠다. 로마군은 연전연패를 하면서도 전쟁을 소모전으로 끌고 갔고, 결국 피로스는 전투에서는 대부분 이겼지만 전쟁에서는 지고 말았다.

피로스의 실패는 이뿐만이 아니었다. 종국에는 나라마저 패망했다. 너무 잦은 전투로 유능한 장수와 병졸들을 모두 소모시켜 나라를 유지할 수가 없었다. 이후 '피로스의 승리 Pyrrhic victory'는 '패전이나 다름없는 의미 없는 승리', '상처뿐인 영광' 등을 상징하는 관용어가 됐다. 전투에서 연전연승하면서 피로스는 한때 알렉산드로스 대왕 Alexandros the Great의 재림이라는 평가까지 받았지만, 결말은 무의미한 승리자라는 낙인만 찍혔다. 전쟁의 기본 원칙을 무시한 탓이다.

기업 인수 합병 M&A 경쟁에서는 이겼지만 승리를 위해 과도한 비용을 치름으로써 오히려 위험에 빠지거나 커다란 후유증을 겪는 상황을 가리키는 '승자의 저주 winner's curse'나 '피로스의 승리'나 그 의미가 일맥상통한다. 피로스와 같은 리더십은 전투에서는 이길지 모르지만 나라나 기업, 부하들을 사지 死地로 내몬다.

#프레더릭 란체스터 #란체스터의 법칙 #피로스의 승리 #의미 없는 승리 #상처뿐인 영광 #승자의 저주

020

투키디데스의 함정

고대 전쟁, 미·중 마찰로 재연되다

고대 그리스는 수백 개의 도시국가로 이루어져 있었다. 폴리스Polis라고 불리는 작은 도시국가들이다. 대표적인 도시국가는 아테네와 스파르타였는데, 그리스 연합을 위해 서로 힘을 합치기도 하고 다투기도 하면서 다른 폴리스들을 이끌었다. 사회체제는 확연히 달랐다. 아테네에선 귀족은 물론 평민들도 투표를 할 수 있는 권리가 주어졌다. 민주정치를 얘기할 때 아테네를 꼽는 것도 그래서다. 시민이 참여하는 민회民會를 통해 법도 만들고 관리도 뽑았다. 반면 스파르타는 나라 전체가 커다란 군대 같았다. 시민보다 노예가 많은 탓에 엄격한 관리가 필요했기 때문이다. 아이가 일곱 살이 되면 군대에 보내져 서른 살이 될 때까지 훈련을 받았다. 폴리스 중에 가장 강한 군대를 갖고 있었던 것도 이 덕분이다. 당연히 폴리스들 사이에서 목소리가 가장 컸다.

이런 큰 차이로 아테네와 스파르타는 그다지 사이가 좋지 않았지만, 어쩔 수 없이 힘을 합쳐야 할 때도 많았다. 페르시아의 침공이 그런 때였다. 페르시아는 그리스를 눈엣가시로 여겨 호시탐탐 그리스를 노렸다. 사소한 침략도 많았지만 대군을 이끈 침략만 세 차례에 달했다. 마라톤의 유래가 된 마라톤 전투는 대대적인 1차 침략 때다. 페르시아는 아테네를 공격하기 위해 10만 대군을 이끌고 마라톤 평원에 상륙했는데, 여기서 아테네까지는 불과 42킬로미터 남짓한 거리였다. 하지만 아테네와 스파르타를 중심으로 한 그리스 연합군은 수적 열세에도 페르시아의 허점을 노리는 전략으로 페르시아를 무찌른다. 그리스 연합군은 싸움에 능한 병사들을 양 날개에 두고 나머지 병사들이 적의 가운데를 공격해 페르시아군의 대열을 흐트러뜨렸다. 페르시아는 정면에서 공격할 것을 예상해 대비했는데, 허리를 자르듯 양면에서 공격하니 제대로 된 반격을 할 수 없었다. 이 전쟁의 승리 소식을 전하려고 그리스 연합군의 한 병사가 아테네까지 뛰어간 거리가 42.195킬로미터여서 이를 기리기 위해 마라톤 거리로 정한 것이다. 페르시아는 이후에도 두 차례 더 큰 침략을 감행했지만 모두 패퇴했다.

하지만 이 전쟁에서 아테네가 혁혁한 공을 세우면서 폴리스 내 위상이 커진 게 문제였다. 기존 맹주였던 스파르타는 급격히 성장한 아테네를 견제하기 시작했고, 급기야 전쟁으로 치달았다. 폴리스들도 아테네를 중심으로 한 델로스 동맹과 스파르타를 중심으로 한 펠로폰네소스 동맹으로 갈리었다. 여기서 유래된 게 '투키디데스의 함정Thucydides trap'이다. 급부상한 신흥 강대국이 기존의 세력 판도를 흔들면 결국 양측의 무력충돌로 이어진다는 뜻이다. 고대 그리스 역사가 투키디데스Thucydides가 기술한 '펠로폰네소스 전쟁'을 하버드대학교 정치학 교수였던 그레이엄 앨리슨Graham Allison이 급부상하는 아테네와 이를 견제하려는 스파르타 간 갈등의 결과라고 설명하면서 생겨난 용어다. 앨리슨은 이를 '투키디데스의 함정'이라고 명명했다.

그러면 이 전쟁의 결과는 어땠을까? 27년 동안 이어진 전쟁에서 스파르타는 아테네의 항복을 받아내지만, 이로 말미암아 국력이 쇠퇴해 동맹국이었던 테베에 그리스 지배권을 빼앗기고 결국에는 마케도니아에 정복당한다. 아테네와 스파르타가 이뤄냈던 찬란했던 그리스의 영광도 여기서 끝났다.

아테네와 스파르타 간 전쟁을 야기한 '투키디데스의 함정'이 21세기 들어 재연될 조짐이다. 중국과 미국, 즉 G2 간 마찰이다. 중국의 세력이 커지면서 세계의 맹주 미국을 위협하고 있는 탓이다. 결과는 알 수 없지만 이들이 '투키디데스의 함정'에 빠지지 않기만 바랄 뿐이다.

#고대 그리스 #아테네 #델로스 동맹 #스파르타 #펠로폰네소스 동맹 #투키디데스의 함정 #펠로폰네소스 전쟁 #미국과 중국

021

포비아
공포의 신은 두려움의 신과 쌍둥이 형제

그리스 신화에서 전쟁의 신 아레스는 살육이 벌어지는 전쟁 현장에 늘 쌍둥이 아들들을 데리고 다녔다. 포보스Phobos와 데이모스Deimos다. 미의 여신 아프로디테와 불륜을 맺어 낳은 자식들이다. 포보스는 '공포의 신'이고, 데이모스는 '불안·두려움의 신'이다. 공포증을 말하는 '포비아phobia'는 포보스에서 유래됐다. 아레스가 전투에 나갈 때마다 이 둘을 항상 데리고 다닌 것은 적군에게 공포와 두려움을 심어주면 싸움이 벌어지기도 전에 승패가 결판이 나기 때문이다.

우리가 화성이라고 말하는 행성은 영어로 '마스Mars'라고 부르는데, 이 말의 어원 마르스는 로마 신화에 나오는 명칭이고 그리스 신화에서는 아레스다. 붉은빛을 띤 화성의 모습이 전쟁을 나타내는 것 같아 붙여진 이름이다. 이 화성을 중심으로 두 개의 위성이 돌고 있는데, 이 위성들 이름도 포보스와 데이모스다. 화성에 가까이 있으면서 크기가 큰 위성이 포보스, 크기가 작은 위성이 포보스의 동생인 데이모스다. 천체망원경으로 관찰하면 포보스가 작은 데이모스를 엄폐하기도 한다.

공포를 심어주는 포보스의 이런 역할 때문인지 전쟁에 나갈 때 포보스에게 제사를 지내기도 했다. 마케도니아의 위대한 왕 알렉산드로스 대왕Alexandros the Great도 마찬가지였다. 알렉산드로스가 페르시아 원정을 할 때다. 알렉산드로스와 페르시아 왕 다리우스 3세Darius III가 가우가멜라 근처에서 일전을 앞두고 있었다. 알렉산드로스는 전쟁을 치르기 전날 포보스에게 제사를 지냈다. 그는 포보스가 다리우스에게 공포를 심어줄 것을 기원했다. 알렉산드로스의 제사가 통했는지 다리우스는 전쟁에서 패했고 페르시아도 멸망했다.

포보스에서 유래된 '포비아'는 특정 물건, 환경 또는 상황을 지나치게 두려워하고 피하려는 불안 장애의 일종이다. 경우에 따라서는 일상생활이나 직업적·사회적 기능에 심각한 지장을 초래하기도 한다. 심각한 병적 증상을 제외하고 상당수가 비합리적인 공포인 경우가 많고 이를 부추기는 사람도 있다. 1999년 널리 퍼졌던 Y2K(밀레니엄 버그) 공포나 미국산 쇠고기의 광우병 공포 등이 대표적이다. Y2K는 1990년대 말에 컴퓨터가 2000년을 1900년으로 인식해 산업 현장이 마비되는 것은 물론 핵폭탄까지 잘못 발사될 수도 있다는 공포로 전 세계를 떨게 했지만, 과장된 공포였다.

흑사병을 겪은 중세 유럽인들은 전염병이 돌 때마다 유대인들이 우물에 독을 탔다는 소문을 퍼뜨리기도 했다. 1975년 6월 미국 전역에서 영화 〈죠스Jaws〉가 개봉됐을 때에는 미국인들이 상어 공포증에 걸려 바닷물에 몸을 담그길 두려워한 적도 있다. 그래서 해변 휴양지들이 "해변까지 차를 몰고 오다 교통사고로 사망할 확률이 바다에서 상어에게 물릴 확률보다 훨씬 높습니다. 안심하고 바닷가에 놀러 오세요"라는 홍보까지 해야 할 정도였다.

우리를 공포로 휘감았던 포비아는 늘 어느 순간 종적도 남기지 않고 사라졌다. 누구나 이미 그런 경험을 수없이 했을 것이다. 그런데도 비이성적인 공포에 휩싸여 허둥지둥하다가 위기를 자초하곤 한다. 페르시아가 망한 것도 그래서다. 전쟁 당시 페르시아군은 15만 대군이었고 마케도니아군은 5만 명에 불과했다.

#아레스 #전쟁의 신 #포보스 #공포의 신 #데이모스 #두려움의 신 #화성 #알렉산드로스 대왕
#마케도니아 #다리우스 3세 #페르시아 #포비아

022

야누스

두 얼굴의 야누스에 대한 오해

헨리 지킬 박사는 학식이 높고 자비심이 많은 사람으로, 사람들로부터 존경을 받는다. 그런데 그는 인간이 잠재적으로 가진 선과 악의 모순된 이중성을 약품으로 분리할 수 있을 것이라고 생각해 새로운 약을 만들어 복용한다. 그랬더니 자신이 포악한 괴물 인간 하이드 씨로 변신한다. 그는 낮에는 예전과 마찬가지로 학식이 깊고 점잖은 신사인 지킬 박사로, 밤에는 폭력·강간·살인 등 온갖 악행을 저지르는 하이드 씨로 이중인격의 삶을 살아간다. 종국에는 하이드 씨의 행동이 날로 난폭해지고 통제할 수 없는 상황에 이르자 유서 한 장을 남기고 목숨을 끊는다.

영국의 시인이자 소설가인 로버트 스티븐슨Robert Stevenson이 1886년 발표한 소설 《지킬 박사와 하이드 씨The Strange Case of Dr. Jekyll and Mr. Hyde》의 줄거리다. 지킬 박사와 하이드 씨는 한 몸이면서도 두 얼굴을 가진 야누스적 인간의 전형인 셈이다. 로마 신화에 나오는 야누스Janus는 두 얼굴을 가진 신이라는 이유만으로 악마의 탈을 쓴 인간, 표리부동한 인간 등을 의미하는 부정적인 말로 자주 쓰인다. 하지만 이는 현대에 와서 만들어진 의미일 뿐 신화에 나오는 내용은 전혀 다르다.

그리스 신화와 로마 신화에 나오는 신들은 대부분 겹치지만 야누스는 로마 신화에만 있는 몇 안 되는 신 중 하나다. 경계선을 지키는 신이자 '문門의 신'이다. 모든 사물과 계절의 시초를 주재한다. 안과 밖, 각기 반대 방향을 바라봐야 하기에 얼굴이 두 개다. 공간적으로는 문의 앞과 뒤를, 시간적으로는 과거와 미래를 동시에 보기 위함이다. 영어로 '1월January'과 '문지기·수위janitor'라는 단어가 야누스에서 왔다. 로마인들은 1월을 '야누스의 달'로 정해 새해 첫날 정성껏 제사를 올렸다. 한 얼굴은 지난해를 되돌아보고 다른 얼굴은 새로운 해를 내다보는 그런 달이기 때문이다. 그래서 로마인들은 야누스가 허락해야 모든 일이 술술 풀려나간다고 믿었다.

로마인들에게 야누스는 전쟁의 신인 동시에 수호의 신이기도 했다. 로마의 초대 왕인 로물루스Romulus가 로마를 세우고 얼마 지나지 않아 적들이 로마를 공격하자 야누스가 나타나 뜨거운 샘물을 뿜어내 적들을 쫓아냈다는 전설이 있다. 그때부터 로마인들은 평상시에는 야누스 신전의 문을 닫아놓았다가 전쟁이 터지면 문을 열었다고 한다. 야누스가 나타나 도와주기를 바란 것이다.

이런 야누스에 대해 철학자나 정치학자들이 단지 두 얼굴을 가졌다는 이유만으로 이중성을 나타내는 뜻으로 사용하면서 그 의미가 변색됐다. 하지만 야누스의 두 얼굴은 과거를 통찰하면서 미래를 준비하는 지혜를 뜻한다.

#지킬 박사와 하이드 씨 #로버트 스티븐슨 #로마 신화 #야누스 #두 얼굴을 가진 신 #경계선을 지키는 신 #문의 신 #1월 #야누스의 달 #로물루스

023

미다스

경고는 사라지고 부러움만 남은, 미다스의 손

어떤 남자가 그의 전 재산인 금화가 가득 찬 커다란 가방을 들고 배를 탔다. 그런데 항해가 시작된 지 며칠 후 엄청난 폭풍이 몰려오자 배를 버리고 물속으로 뛰어들라는 경고가 터져 나왔다. 그 남자는 가방을 허리에 동여매고 갑판으로 올라 바다로 뛰어들었고, 그의 몸은 곧장 바다 밑으로 가라앉아 버렸다. 여기서 러스킨John Ruskin은 질문을 던진다. "자, 그는 바닷속으로 가라앉았다. 그러면 그가 금을 소유한 것이었을까, 아니면 금이 그를 소유한 것이었을까?"

미국의 경제학자이자 투자자문가인 피터 L. 번스타인Peter L. Bernstein이 쓴 《금, 인간의 영혼을 소유하다The Power of Gold: The History of an Obsession》라는 책의 서문에 나오는 내용이다. 영국의 비평가이자 사회사상가인 존 러스킨이 100여 년 전에 남긴 이야기다. 황금에 눈이 멀었던 전형적인 인물이 그리스 신화에 나오는 미다스Midas 왕이다. 그는 금을 향한 탐욕 탓에 사랑하는 딸마저 잃는 인물로 그려진다. 이야기의 줄거리는 이렇다.

산야의 요정 실레노스가 술에 취해 프리기아의 왕인 미다스의 장미 정원에 쓰러진다. 이를 발견한 미다스는 그를 데려다 열흘간 극진히 모시는데, 이에 감복한 실레노스의 양아들 디오니소스는 미다스에게 소원을 하나 들어주겠다고 한다. 그러자 미다스가 자신이 손을 대는 무엇이든 황금으로 변하는 능력을 달라고 요청해 소원이 이뤄진다. 이후 미다스의 손이 닿는 모든 물체는 황금으로 변했다. 나무를 만지면 황금 나무로, 사과를 만지면 황금 사과로 변했다. 미다스는 미친 듯이 좋아하며 닥치는 대로 눈에 보이는 것을 황금으로 만들었다.

그러나 기쁨은 잠시뿐이었다. 손에 닿는 모든 것이 금으로 변하니 정작 음식을 먹을 수가 없었다. 주변의 모든 것이 황금이었지만 정작 자신은 쫄쫄 굶을 수밖에 없었다. 심지어 사랑하는 딸까지 그의 손이 닿자마자 황금으로 변했다. 결국 미다스는 디오니소스를 다시 찾아가 자신의 탐욕을 반성하고 용서를 구했다. 이에 디오니소스는 파크톨루스 강물에 손을 씻으면 그의 능력이 씻겨 없어질 것이라고 알려준다. 미다스가 디오니소스의 말대로 하자 파크톨루스 강바닥의 모래가 모두 금으로 바뀌면서 정말로 그의 능력은 사라졌다.

그리스 신화에 나오는 '미다스의 손'은 저주를 의미한다. 탐욕과 과욕은 결국 화를 부른다는 경고가 숨어 있다. 그런데 현대에 와서 그 의미가 바뀌었다. 손대는 일마다 족족 성공하는 이를 빗대어 미다스의 손이라고 한다. 돈 버는 재주가 탁월하다는 의미다. 그래서 능력이 뛰어난 경영인에게 따라붙는 단골 수식어가 됐다. 하지만 미다스의 손이라는 수식어가 붙었던 경영인들 중에 말로가 좋지 않은 경영인이 의외로 많다. 미다스의 손에 숨어 있는 경고는 무시한 채 미다스 왕처럼 과한 탐욕을 부린 탓이다. 짧은 기간에 대재벌을 일궜다가 실패한 경영인들이 대부분 그렇다.

황금만능의 시대여서 그럴까. 미다스의 손은 부러움의 대상이 아니라 경고의 대상인데, 어느 순간 부러움만 남아 있다.

#그리스 신화 #미다스 왕 #디오니소스 #미다스의 손 #황금 #저주

024

패닉

그리스 신 판이 만든 비이성적 공황

주식시장을 단순히 보면 단 두 가지 심리에 의해 움직인다고 한다. 하나는 탐욕greed이고, 다른 하나는 두려움fear이다. 시장에 탐욕이 커지면 돈을 더 벌려는 사람이 몰리면서 주가가 오르고, 두려움이 커지면 손실이 날까 봐 주식시장에서 돈을 빼면서 주가도 떨어진다는 것이다. 주식시장에 어떤 심리가 더 크게 작용하고 있는가를 판단하면 주가의 흐름도 어느 정도 예측할 수 있다. 탐욕이 커지면 어느 순간 버블bubble을 만들고, 두려움이 팽배하면 공포나 공황 상태panic에 빠진다. 주가가 폭등했다가 바늘에 찔린 것처럼 다시 주저앉는 것도 그래서다. 버블과 패닉이 반복된다고나 할까.

하지만 이런 반복 속에서도 주식시장은 꾸준히 전진했다. 긴 기간을 보면 주가지수 그래프는 항상 우상향이다. 미국 뉴욕 증시의 다우 지수는 물론이고 한국의 코스피 지수도 마찬가지다. 그사이 버블뿐 아니라 패닉도 수없이 시장을 지배했는데, 주가는 왜 올랐을까. 이 기간 동안 경제가 발전한 것을 차지하고 심리적인 요인으로만 보면, 패닉이 비이성적 '가짜 공포'라는 사실을 이젠 투자자들이 알았기 때문이 아닐까.

패닉이라는 말의 유래를 살펴보면 십분 이해가 간다. 패닉은 가축의 번식을 주관한다는 그리스 신 '판Pan'에서 유래했다. 목축의 신이다. 얼굴은 사람 형상이지만 머리에 뿔이 나고 수염과 털, 발굽이 있는 산양의 모습을 하고 있어 사람들에게 공포심을 준다는 신이다. 목축의 신답게 피리를 잘 불지만 목소리도 엄청났다. 판은 버럭 소리치는 것을 좋아해서 그리스인들은 가축들이 놀라 날뛰는 것을 판의 장난으로 여겼다. 제우스는 판의 이런 능력을 거인족과의 전쟁 때 활용했다. 판이 소리를 버럭 질러 거인족을 혼비백산하게 만들었다. 거인족에 비해 훨씬 키가 작은 판의 소리에 놀라 허겁지겁 도망치는 거인족의 모습을 봤다면 얼마나 우스꽝스러웠을까. 여기서 만들어진 말이 바로 패닉이다. 합리적인 대응과는 거리가 먼 비이성적인 공포라는 얘기다.

마라톤 전투 때 판이 아테네를 도와 페르시아를 퇴치했다는 얘기도 있다. 기원전 490년 마라톤 전투가 벌어진 마라톤 평원은 사실 페르시아가 선택한 전장戰場이었다. 페르시아 병력 규모는 2만여 명으로, 아테네 연합군보다 두 배나 많았다. 평원을 사이에 두고 9일간 대치하던 페르시아군이 본토 후위 공격을 위해 병력 일부를 바다로 뺀 틈을 타 아테네 연합군이 전투를 개시해 대승을 거두는데, 이때 판이 소리를 쳐 아테네 연합군을 도왔다는 것이다. 판의 소리에 놀란 페르시아 군인들이 공포에 휩싸여 도망갈 수밖에 없었다는 것이다. 아테네에 판을 모시는 신전이 세워진 것도 그 덕분이라고 한다.

1996년 인터넷 기업을 중심으로 주가가 급등할 때 앨런 그린스펀Alan Greenspan 전 연방준비제도이사회Federal Reserve Board: FRB 의장은 투자자들이 '비이성적 과열irrational exuberance'에 빠졌다고 경고했지만, 패닉도 비이성적 공포라는 점을 생각하면 이 역시 경계해야 할 말이다. 패닉이 주는 교훈이 '공연히 놀라서 일을 그르치지 말라'는 의미를 내포하는 것을 감안하면 더욱더 그렇다. 주가가 패닉에 빠져 급락하는 것은 어쩌면 판의 장난질에 기겁했기 때문인지도 모른다.

#그리스 신화 #판 #목축의 신 #판의 장난 #패닉 #비이성적 공포

025

페르소나
가면을 쓴 인간이여!

애니메이션 영화 〈인사이드 아웃Inside Out〉에 나오는 주인공 라일리의 감정 콘트롤 본부인 머리에는 기쁨이, 슬픔이, 까칠이, 소심이, 버럭이라는 다섯 감정이 공존해 산다. 이 중 기쁨이가 전면에 나서면 라일리의 표정이 즐거워지고, 슬픔이가 다른 감정을 이기고 앞에 나오면 한없는 슬픔에 빠져든다. 이들이 수없이 싸우면서 라일리의 감정은 하루에도 몇 번씩 변한다. 사람들은 누구나 수많은 다른 모습을 갖고 있다. 지킬 박사와 하이드 씨 같은 모습을 얘기하는 게 아니다. 집 안에 있을 때와 집 밖에서가 다르고, 근무시간과 퇴근 후도 다르다. 자신이 처한 상황과 감정에 따라 또 변한다. 이런 변화에 따라 소비 행태도 달라진다. 김난도 교수가 이끄는 서울대학교 소비트렌드분석센터가 소비 트렌드를 전망하는 책 《트렌드 코리아 2020》에서 10가지 새로운 소비 행태의 하나로 '멀티 페르소나multi-persona'를 꼽은 이유다.

그러면 페르소나persona는 무슨 뜻일까. 원래는 고대 그리스에서 배우들이 사용했던 가면을 뜻했다. 그러나 요즘에는 타인에게 외적으로 보이고 싶은 자기 모습을 의미한다. 스위스의 정신과 의사 칼 구스타프 융Carl Gustav Jung이 사용하면서 일반화됐다. 그는 사회적 지위나 가치관에 의해 타인에게 투사된 성격을 페르소나라고 칭했다. 페르소나는 남들에게 좋은 인상을 주려 하거나 자신을 은폐시키려고 하기 때문에 진정한 자아와 갈등을 일으키기도 한다. 융은 "인간은 상황에 따라 적절한 페르소나를 쓰고 사회적 관계를 맺는다"라고 말했다.

정치인들은 이런 페르소나를 정치적 도구로 이용하기도 한다. 자유 투사인 척하거나 개방주의자인 것처럼 행동하는 식이다. 미국 대통령 존 F. 케네디John Fitzgerald Kennedy는 자유민주주의 페르소나를 사용했고, 덩샤오핑鄧小平은 개혁

개방의 페르소나로 신중국을 이끌었다. 미치광이 페르소나로 성공을 거둔 정치인도 있다. 미국의 리처드 닉슨Richard Milhous Nixon 전 대통령은 과거 구소련과의 정상회담에서 자신이 언제든 핵무기를 사용할 수 있는 불안정하고 성급한 사람이라는 점을 강조하는 미치광이 페르소나를 활용했다.

멀티 페르소나는 이런 가면이, 그리고 남들에게 보이고 싶은 모습이 많다는 뜻으로 해석할 수 있다. 그 모습도 장소와 상황에 따라 수시로 바뀐다. 매 순간 변하는 이런 다중 정체성이 새로운 소비 트렌드를 만들어간다는 것이다. 하지만 가면 뒤에 숨겨져 있는 이런 다중성이 어쩌면 인간의 진짜 모습일지도 모른다. 아이러니하게도 페르소나가 후에 인간을 의미하는 명사 '퍼슨person'이 됐기 때문이다. 즉, 가면을 쓴 동물이 인간이라는 얘기다. '성격personality'의 어원도 페르소나다. 가면으로 가려진 성품이라고나 할까.

국가 간 외교 관계에서 쓰는 용어 '페르소나 논 그라타persona non grata'라는 말은 '환영받지 못하는 사람'이라는 뜻이다. 1964년 발효된 '외교 관계에 관한 빈 협약'에 따라 각국은 자국에 파견된 외교관의 전력에 문제가 있거나 정상적인 외교 활동을 벗어난 행동을 할 경우 페르소나 논 그라타로 선언할 수 있도록 돼 있다. 통보를 받은 파견국은 외교관을 소환하거나 해임하는 게 관례다. 해당 외교관은 정해진 시간 내에 주재국을 떠나야 한다.

다른 의미도 있다. 영화에서는 감독이 자기 생각을 드러내기 위해 반복적으로 출연시키는 배우를 뜻하기도 한다. 영화 〈기생충〉으로 감독상과 작품상 등 아카데미 4관왕을 거머쥔 봉준호 감독은 자신의 영화 세계를 대변하는 페르소나로 배우 송강호를 꼽았다.

#페르소나 #가면 #칼 구스타프 융 #멀티 페르소나 #퍼슨 #페르소나 논 그라타

026

아프로디테
아름다움은 반짝이는 거품

여성의 아름다움과 사랑의 욕망을 관장하는 미의 여신 아프로디테Aphrodite. 이름이 주는 뜻이 의미심장하다. 아프로디테는 그리스어로 '거품'을 뜻하는 '아프로스aphros'와 '반짝이는 것'을 뜻하는 '디테dite'의 합성어다. 의역하면 아름다움은 한순간에 사라지는 반짝이는 거품과 같다는 뜻이 되는 셈이다. 그녀의 이름에 '거품'이라는 단어가 붙은 것은 거품에서 태어난 출생 신화에서 비롯된다. 그리스 신화에 나오는 신들이 올림포스의 최고신인 제우스와 형제자매, 자식, 아내 등 어떤 식으로든 혈연관계를 맺고 있지만, 아프로디테는 다르다.

신화 탄생 배경이 독특한데, 그 내용은 다소 음란하고 괴기스럽기까지 하다. 하늘의 신 우라노스는 어머니이자 아내인 대지의 여신 가이아에게서 낳은 자식들을 지옥에 가두는 횡포를 부린다. 이에 화가 난 가이아가 아들 크로노스로 하여금 아버지를 거세하게 한 뒤 거세물을 바다에 버리도록 했다. 그렇게 해서 바다를 수백 년 동안 떠돌던 거세물 주위에 하얀 거품이 모이고 그 거품 속에서 아름다운 처녀가 생겨났는데, 이 처녀가 바로 아프로디테다. 이 얘기는 그리스 시인 헤시오도스Hesiodos의 설이다. 호메로스Homeros는 아프로디테가 제우스의 딸로 태어났다고 주장하지만, 탄생의 신비 탓인지 헤시오도스의 설이 더 많은 지지를 받고 있다.

그렇게 태어난 아프로디테가 로마 신화에서는 '베누스Venus', 영어로는 '비너스Venus'다. 주로 긴 옷을 입고 있어 맨살이 적게 노출되도록 묘사되는 제우스의 아내이자 여신 중의 최고인 헤라와 달리, 아프로디테는 주로 옷을 벗고 있는 모습으로 그려진다. '아프로디테 포르네Aphrodite Porne'라는 말도 그래서 생겼다. '음란한 아프로디테'라는 말이다. 그런 미의 여신인 탓에 그녀는 많은 신과 불륜 관계를 맺고 그 사이에서 자식도 여럿 낳는다. 전쟁의 원인이 되기도 한다. 대표적인 것이 트로이 전쟁이다. 전쟁의 표면적인 이유는 트로이의 왕자 파리스Paris가 그리스에 갔다가 그리스 최고의 미인인 스파르타 왕의 부인 헬레네Helene를 유혹해 몰래 트로이로 데려오면서 촉발되지만, 그 이면에는 여신들 간 질투가 있었다.

불화의 여신 에리스가 '가장 아름다운 여신께'라는 글귀가 새겨진 황금 사과를 놓고 떠나자 헤라, 아테나, 그리고 아프로디테가 서로 자신이 주인이라고 주장한다. 이에 파리스에게 심판을 맡기기로 하고 헤라는 권력과 부를, 아테나는 명예와 명성을, 아프로디테는 인간 세상에서 가장 아름다운 여인을 선물로 줄 것을 약속한다. 그리고 결정권을 가진 파리스가 아프로디테에게 사과를 바치면서 전쟁이 야기됐다는 것이다. 아프로디테는 약속대로 파리스가 헬레네를 트로이로 데려가도록 도와줬기 때문이다.

영국 시인 T. S. 엘리엇Thomas Stearns Eliot이 '잔인한 달'이라고 했던 '4월April'은 '아프로디테의 달'이라는 의미이고, 그녀가 흘린 눈물에서 장미가 생겨났다는 얘기도 전해진다. '반짝이는 거품'이라는 뜻을 가진 아프로디테의 이름이 왠지 열흘 붉은 꽃이 없다는 의미의 '화무십일홍花無十日紅'이라는 동양 고사와 맥이 닿아 있는 듯하다.

#미의 여신 #아프로디테 #반짝이는 거품 #베누스 #비너스 #트로이 전쟁 #파리스 #사과 #4월 #아프로디테의 달

027

카산드라
아무도 믿어주지 않는 비운의 여성

양 치는 소년이 "늑대가 나타났다"라고 외쳤다. 이 소리를 들은 동네 어른들이 무기를 들고 부랴부랴 소년에게 달려갔다. 하지만 아무 일도 없어 어른들은 그냥 돌아와야만 했다. 늑대가 나타나지도 않았는데 소년이 심심해서 한 거짓말이었기 때문이다. 양치기 소년은 이런 거짓말을 세 번이나 반복했다. 그때마다 동네 어른들이 번번이 속았다. 그런데 어느 날 정말로 늑대가 나타났다. 소년이 깜짝 놀라 소리쳤지만 아무도 도우러 가지 않았다. 또 거짓말을 한 것으로 생각했기 때문이다. 결국 양치기 소년의 양은 모두 늑대한테 물려 죽었다.《이솝우화》에 나오는 〈양치기 소년〉 얘기다.

양치기 소년은 거짓말을 너무 많이 해서 나중에 진실을 말할 때에도 아무도 믿어주지 않지만, 진실만을 말하는데도 아무도 믿어주지 않은 비운의 여성이 있다. 그리스 신화에 나오는 트로이의 마지막 공주 카산드라Cassandra다. 카산드라는 빼어난 미모를 자랑했다. 서양사는 물론 동양사에도 여성의 아름다운 미모 때문에 자신과 가족은 물론 나라까지 위태로워지는 경우가 많다. 경국지색傾國之色이라는 고사성어가 생긴 것도 그래서다. 나라를 기울게 할 만큼 아름다운 미인이라는 뜻이다. 카산드라가 그랬다.

태양의 신 아폴론은 카산드라를 보자마자 사랑에 빠졌다. 아폴론은 올림포스 신들 중 최고의 미남이었다. 하지만 아무리 능력이 뛰어나고 미남이어도 카산드라의 마음을 움직이지 못한 게 문제였다. 지속된 구애에도 카산드라가 넘어오지 않자 아폴론은 특별한 제안을 한다. 자신의 사랑을 받아들이면 신의 영역인 예언 능력을 주겠다는 것이었다. 그런데 카산드라는 이 능력만 받고 아폴론의 사랑을 끝내 거부해버렸다.

그녀의 불행은 여기서 시작됐다. 카산드라는 그토록 원했던 예언 능력을 가졌지만 자신의 경고를 믿고 따를 지지자를 가지지 못한다. 아폴론이 그녀에게 작별의 키스를 하면서 그녀의 입술에서 예언자의 무기인 '설득력'을 앗아가 버렸기 때문이다. 이것이 아폴론이 그녀에게 내린 저주이자 복수였다.

카산드라는 '트로이의 목마'가 조국 트로이의 멸망을 초래할 것이라고 예언하고 절규했지만 아무도 그녀의 말을 믿지 않았다. 카산드라는 그리스가 남기고 간 목마를 성안으로 들이지 말라고 울부짖었으나, 트로이 사람들은 목마를 그리스의 선물이라고 판단해 성문을 열어 안으로 들였다. 그 결과 목마에서 쏟아져 나온 그리스군이 트로이를 멸망시킨다. 결국 나라를 잃은 카산드라는 그리스군 사령관인 아가멤논Agamemnon의 차지가 되어 미케네로 가게 되지만 비운은 끝나지 않는다. 질투를 느낀 아가멤논의 부인에게 아가멤논과 함께 살해당하면서 비참한 최후를 맞는다. 자신이 살해당할 것이라는 사실도 예언했지만 아무도 귀를 기울이지 않았다.

'카산드라 신드롬Cassandra syndrome'은 카산드라의 이런 불행에서 유래된 말이다. 명백한 진실이지만 세상이 알아주지 않는 것을 말한다. 경영 분야에서는 혁신적인 아이디어가 너무 앞서 세상에 나와 빛을 보지 못할 때 사용된다. 분명히 좋은 제품인데도 세상이 알아주지 않아 실패했기 때문이다.

#카산드라 #트로이의 마지막 공주 #경국지색 #아폴론 #트로이의 목마 #아가멤논 #카산드라 신드롬

028

아틀라스

언제 그 무거운 짐을 내려놓나

머리와 목을 이어주는 첫 번째 목뼈(경추 1번)를 '아틀라스Atlas'라고 부른다. 아틀라스는 4킬로그램이 넘는 머리를 지지하는 역할을 한다. 이 아틀라스가 잘 못되면 그 아래를 받치는 다른 목뼈와 등뼈(척추)가 틀어지게 되고 뇌 혈액의 70 퍼센트 이상을 공급하는 척추 동맥에도 악영향을 미친다. 특히 목뼈 주변에는 근육의 양이 적어 아틀라스의 역할이 무엇보다 중요하다. 그런데 왜 경추 1번을 아틀라스라고 했을까. 머리를 받치고 있는 모습이 그리스 신화에 나오는 아틀라스가 하늘을 떠받치고 있는 모습과 흡사하기 때문이다.

아틀라스는 그리스 신화에 나오는 거신巨神이다. 인간에게 불을 가져다준 프로메테우스와는 형제지간으로, 올림포스 신들이 세상을 지배하기 전에 세상을 다스렸던 티탄Titan 신족의 후예다. 티탄 신족과 제우스를 중심으로 한 올림포스 신들이 세상 지배권을 놓고 전쟁을 벌일 때 아틀라스는 당연히 티탄 신족 편을 들었다. 전쟁의 결과는 제우스 측의 승리였다. 제우스는 아틀라스가 티탄 신족 편을 들었다는 이유로 형벌을 가한다. 그 형벌은 평생 동안 지구의 서쪽 끝에서 손과 어깨로 하늘을 떠받치고 있는 것이었다. 창공과 지구를 메고 있는 아틀라스의 형상이 만들어진 이유다.

그런 아틀라스에게도 이 무거운 짐을 벗을 기회가 있었다. 헤라클레스가 이 형벌을 잠시 대신해서 짊어졌기 때문이다. 헤라클레스는 여신 헤라의 질투로 인해 12가지의 과업을 부여받는데, 그중 하나가 아틀라스의 도움이 필요한 '요정 헤스페리데스의 황금 사과'를 훔쳐 오는 것이었다. 이 황금 사과는 헤라가 결혼 선물로 받은 것으로, 요정 헤스페리데스 세 자매가 돌보고 머리가 100개나 되고 불도 뿜는 용 라돈이 지키고 있었다. 어느 누구도 이 황금 사과를 훔쳐 오는 게 불가능했다. 하지만 아틀라스만은 달랐다. 아틀라스가 세 자매의 아버지였기 때문이다. 이를 안 헤라클레스는 아틀라스에게 황금 사과를 가져올 것을 부탁하고 하늘을 자신의 어깨에 짊어진다. 아틀라스가 황금 사과만 놓아둔 채 떠났다면 그 무거운 형벌에서 벗어날 수 있었다.

하지만 여기서 헤라클레스의 꾐에 넘어간다. 헤라클레스가 하늘을 짊어지고 있기가 너무 무겁다며 잠깐 들어달라고 애원한다. 이 말을 곧이곧대로 믿은 아틀라스는 하늘을 짊어진다. 하지만 그것으로 끝이었다. 하늘을 아틀라스에게 넘긴 헤라클레스는 황금 사과만 들고 그 자리를 떠나버렸다. 아틀라스의 신화가 여전히 이어지고 있는 이유다.

아틀라스의 그 무거운 형벌이 인간의 삶과 닮아서였을까. 아틀라스라는 이름에서 많은 용어가 탄생했다. 서구 문화권에서 아틀라스는 세계지도를 뜻하는 명사로 사용되고 있고, 대서양Atlantic Ocean도 아틀라스에서 유래했다. '아틀라스의 바다'라는 뜻이다. 또 모로코·알제리·튀니지에 걸쳐 있는 아틀라스산맥Atlas Mountains은 신화 속 아틀라스가 돌이 돼 만들어졌다는 전설에서 명명됐다.

'아틀라스 증후군Atlas syndrome'이라는 말도 생겨났다. 소위 '슈퍼 아빠 증후군'이다. 현대의 남성들이 직장 생활과 육아 및 가사도 병행하는 완벽한 아버지와 남편의 역할을 요구받으면서 마치 '하늘을 짊어진 것처럼' 극심한 스트레스를 받는 것을 말한다. 그런데 이런 스트레스가 어찌 남성들뿐이랴.

#아틀라스 #목뼈 #티탄 신족 #헤라클레스 #대서양 #아틀라스 증후군

029

시시포스 콤플렉스

만족도 기쁨도 없이 고군분투하는 삶

하루 종일 무거운 바윗돌을 낑낑대면서 높은 산 정상에 밀어 올려놓아야 한다면 얼마나 싫을까. 하루도 그런데 이 일을 영원히 반복해야 한다면 그 삶은 정말 상상하기조차 싫다. 그리스 신화에는 이런 사람이 나온다. 코린토스의 왕이었던 시시포스Sisyphos다. 그는 왜 그런 굴레를 짊어지게 됐을까.

시시포스는 머리가 영특하고 꾀도 많았다. 여기에 욕심까지 많아 여행객들을 죽이고 물건을 빼앗는 것도 즐겼다. 그런 그가 매일 무거운 바윗돌을 굴려 올려야 하는 형벌을 받게 된 사연은 이렇다. 신들의 왕 제우스는 요정 아이기나에게 반해 그녀를 납치하는데, 이를 목격한 시시포스가 아이기나의 아버지인 강의 신 아소포스에게 딸의 위치를 알려주어 무사히 귀가할 수 있도록 한다. 물론 자신의 부탁을 들어줄 것을 조건으로 걸었다. 화가 난 제우스가 죽음의 신 타나토스를 보내 그를 데려오도록 했는데, 교활한 시시포스는 꾀를 내어 타나토스에게 족쇄를 채워 감금해버린다. 시시포스가 타나토스를 감금하면서 세상에 큰 이변이 벌어졌다. 요리를 하려고 잡아놓은 닭이 도망치고 전쟁에서 창에 찔린 병사가 죽지 않고 멀쩡히 걸어 다녔다. 또 곧 죽을 것 같았던 사람이 앓기만 하고 숨이 넘어가지 않았다. 죽음의 신 타나토스가 갇히면서 죽음을 주관할 수 없게 돼 죽음이 사라져버린 것이다.

이제 시시포스에 대한 분노는 제우스 개인의 분노에서 신들 전체의 분노로 번졌다. 신들은 회의 끝에 전쟁의 신 아레스를 보내어 타나토스를 풀어주고 시시포스를 저승의 신 하데스가 있는 저승 세계로 데려간다. 하지만 시시포스는 여기서도 꾀를 내어 저승 세계에서 탈출한다. 아내에게 절대 자신의 제사를 지내지 말라고 미리 일러뒀던 사실을 감추고 하데스가 제사를 지내지 않는 것을 의아해하자 아내를 혼내주고 돌아오겠다고 하데스를 설득해 지상으로 올라온다. 물론 거짓말이었다. 지상으로 탈출한 시시포스는 하데스와의 약속을 어기고 저승으로 돌아가지 않았다. 신들을 기만한 것이다. 이에 화가 머리끝까지 난 제우스는 시시포스에게 엄청난 형벌을 내린다. 익히 알고 있는 '시시포스의 형벌'이다.

다시 저승에 갇힌 시시포스는 있는 힘을 다해 바위를 산 정상에 밀어 올린다. 하지만 그렇게 바위를 올려놓으면 얄궂게도 바위는 반대편으로 데굴데굴 굴러가 버린다. 다시 있는 힘껏 바위를 밀어 산 정상에 올리면 또다시 반대편으로 바위가 굴러 내려간다. 시시포스는 영원히 바위를 밀어 올려야 한다. 이것이 그에게 내려진 형벌이었다.

여기서 탄생한 말이 '시시포스 콤플렉스'다. 1960년대 정신신체의학의 선구자로 불리는 스튜어트 울프 Stewart Wolf가 처음 사용했다. 끊임없이 노력하고 고군분투하지만, 만족과 기쁨 없이 살아가는 것을 말한다. 이에 대한 알베르 카뮈 Albert Camus의 해석은 다르다. 그는 저서 《시시포스의 신화 Le Mythe de Sisyphe》에서 "결코 좌절하지 않고 정상을 향한 투쟁 정신으로 충만한 시시포스가 돼야 한다"라고 설파한다. 올림포스 신이 만든 부조리한 현실에 맞서야 한다는 것이다. 그게 우리네 인간의 운명이라는 얘기다.

#시시포스 #코린토스의 왕 #제우스의 분노 #타나토스 #죽음의 신 #하데스 #저승의 신 #시시포스의 형벌 #시시포스 콤플렉스

030

프로크루스테스의 침대
침대에 몸을 맞춰 죽이는 악당

프로크루스테스Procrustes는 그리스 신화에 나오는 포악한 악당이다. 그의 이름 프로크루스테스는 '잡아당겨 늘이는 자'라는 뜻이다. 왜 이런 이름이 붙여졌을까. 그는 아테네 교외의 언덕에서 여인숙을 하면서 길을 지나가는 사람들을 상대로 강도짓을 일삼았다. 특히 여인숙에 묵거나 붙잡아온 사람을 쇠침대에 눕혀 키가 침대보다 크면 머리나 발을 잘랐다. 반대로 키가 침대보다 작으면 침대 길이에 맞춰 다리를 잡아 늘였다. '잡아당겨 늘이는 자'라는 이름이 붙은 이유다. 문제는 키가 큰 사람에게는 작은 침대를 내주고 작은 사람에게는 큰 침대를 내주었다고 하니, 어떤 사람도 침대의 길이에 딱 들어맞을 수가 없었다. 잡혀온 사람 모두 억울하게 죽음을 맞았다.

이 이야기에서 탄생한 말이 '프로크루스테스의 침대Procrustean bed'다. 내 기준에 무조건 맞추도록 상대방에게 무리하게 요구할 때 쓴다. 이것이 다른 개인이나 집단에 피해를 준다면 독단을 넘어 횡포나 다름없다. 만약 이런 기업 조직이라면 어떤 사업을 해도 실패할 확률이 높다. 몸에 옷을 맞춰야 하는데, 옷에다 몸을 맞추라는 격이니 제대로 될 리 만무하다.

그러면 프로크루스테스는 어떻게 됐을까. 그 역시 자신의 침대에서 죽음을 맞는다. 아테네의 영웅 테세우스Theseus는 나라에 횡행하는 도적과 괴물을 퇴치해 이름을 날리기 위해 이곳저곳 여행을 하는데, 여행 중 쇠침대를 가지고 여행객을 괴롭히던 프로크루스테스를 만난다. 크레타섬에서 다이달로스Daedalos가 만든 미궁에 들어가 황소 머리에 사람 몸을 가진 괴물 미노타우로스를 죽인 게 바로 테세우스다. 프로크루스테스에게 테세우스와의 만남은 불운이었다. 테세우스가 여행 중 만난 괴물은 미노타우로스뿐이 아니었다. 그는 소문난 악당들을 만나 모두 물리친 불세출의 영웅이었다. 숲에 숨어 있다가 지나가는 사람을 커다란 곤봉으로 두들겨 죽이는 페리페테스Periphetes를 만나 그를 같은 방법으로 물리쳤고, 두 그루의 소나무를 휘어서 그 사이에 행인을 묶어둔 뒤 소나무를 이어주던 끈을 끊어 행인의 사지를 찢어 죽인 시니스Sinis도 같은 방법으로 처단했다. 또 행인에게 절벽을 등지고 자신의 발을 닦게 한 뒤 행인을 발로 차 절벽에서 떨어뜨리는 악당 스키론Sciron도 마찬가지로 절벽 아래로 떨어뜨려버렸고, 행인을 번쩍 들어 내팽개쳐 죽이는 케르키온Cercyon도 같은 방법으로 죽였다. 산전수전을 다 겪은 테세우스가 마지막으로 만난 악당이 프로크루스테스였다. 테세우스는 프로크루스테스와의 혈투에서 이긴 뒤 그를 침대에 눕혀 똑같은 방법으로 죽였다.

'프로크루스테스의 침대'가 던지는 경고가 엄중한데도 안타깝게도 우리 주위에는 여전히 이 침대가 존재한다. 과거의 잣대나 법률로 모든 것을 재단하는 행정편의주의적 발상이 대표적이다. 4차 산업 혁명으로 대표되는 21세기에 맞지 않는 게 너무도 많다. 그런데도 과거 침대 길이에 맞추려고만 한다. 이런 상황이 반복되면 우리 스스로가 '프로크루스테스의 침대'에 누어야 하는 화를 자초할 수 있다.

#그리스 신화 #프로크루스테스 #잡아당겨 늘이는 자 #악당 #테세우스 #아테네 영웅

031

피그말리온 효과
고래도 춤추게 한다는 효과

하버드대학교 심리학과 교수 로버트 로젠탈Robert Rosenthal은 재미있는 심리학 실험을 했다. 교사들에게 지적 능력이 뛰어난 아이들이라며 명단을 보낸 뒤 8개월이 지나 이 아이들의 학업성적을 평가하도록 했다. 하지만 거짓말이었다. 지적 능력이 뛰어난 아이들이 아니라 그냥 무작위로 뽑은 아이들이었다. 8개월 뒤 이들의 학업성적을 평가한 결과, 놀랍게도 평균 점수가 높게 나왔다. 명단에 오르지 않은 아이들보다 성적이 월등히 좋았다. 이들도 명단에 오르지 않은 다른 아이들과 별반 다를 바 없었는데 왜 이런 결과가 나왔을까. 교사들이 이 아이들을 지적 능력이 뛰어난 아이들로 생각해 이에 맞춰 큰 관심과 기대를 갖고 열성을 보였기 때문이다. 교사들의 이런 기대가 아이들 성적에 긍정적인 영향을 미친 것이다.

이런 효과를 그리스 신화에 나오는 조각가 피그말리온Pygmalion의 이름을 따 '피그말리온 효과Pygmalion effect'라고 한다. 긍정적인 기대나 관심이 사람에게 좋은 영향을 미치는 효과다. 로젠탈 교수의 실험에 의해 증명된 만큼 '로젠탈 효과Rosenthal effect'라고 부르기도 한다.

피그말리온은 그리스 신화에서 키프로스섬에 살던 조각가다. 키프로스섬은 미의 여신 아프로디테의 성도聖島였다. 피그말리온은 이 섬에서 사람이 아닌 조각상과 결혼하기 전까지 평생 독신으로 살았다. 뭇 사내들에게 몸을 파는 매춘을 하면서도 부끄러운 줄 모르는 여인들을 혐오했기 때문이다. 그래서 그는 현실의 여인들을 외면한 채 자신이 가장 이상적으로 생각하는 여인상을 조각하기 시작했다. 혼신을 다했다. 이렇게 만든 조각상은 너무나 완벽했다. 키프로스섬의 살아 있는 여인 이상이었다. 피그말리온은 이 조각상과 끝내 사랑에 빠졌다. 그녀를 연인으로, 그리고 아내로 맞고 싶었다. 그래서 미의 여신 아프로디테에게 제물을 바치며 정성스럽게 기도했다. 그의 이런 진심이 아프로디테의 마음에도 닿은 것일까. 아프로디테는 이 조각상을 사람으로 만들어 피그말리온의 소원을 들어준다. 소원만 들어준 게 아니다. 자신이 맺어준 이 커플의 결혼식에 친히 참석해 축하도 해준다. 이후 피그말리온의 삶은 해피엔딩이다. 자신이 만든 조각상 여인과의 사이에서 자식도 낳고 더없이 행복한 삶을 누린다. 간절히 믿고 행동하면 그 기대가 현실로 이루어질 수 있다는 '피그말리온 효과'가 만들어진 배경이다.

2000년대 초 출간돼 베스트셀러에 올랐던 《칭찬은 고래도 춤추게 한다Whale Done!》도 피그말리온 효과에 관한 얘기다. 몸무게 3톤이 넘는 범고래가 관중 앞에서 멋진 쇼를 펼쳐 보일 수 있는 것은 고래에 대한 조련사의 긍정적 태도와 칭찬이 있기에 가능하다는 것이다.

그 반대는 '낙인 효과'로도 불리는 '스티그마 효과Stigma effect'다. 한 번 나쁜 사람으로 찍히면 계속 나쁜 행동을 하게 되는 효과다. 주변 사람들에게 한 번 범죄자로 낙인찍힌 사람이 결국 또다시 범죄를 저지르는 경우가 많은 것도 그 때문이다. 피그말리온 효과처럼 칭찬과 긍정의 힘은 무한한데, 사람들은 수없이 낙인 효과의 오류를 반복하고 있다.

#로버트 로젠탈 #피그말리온 효과 #로젠탈 효과 #조각상 #아프로디테 #칭찬은 고래도 춤추게 한다 #스티그마 효과 #낙인 효과

플라세보

플라세보가 만병통치약?

제2차 세계대전이 한창일 때였다. 병원마다 부상병들로 넘쳐나면서 의약품이 턱없이 부족했다. 특히 수술할 때 필요한 강력한 마취제인 모르핀이 귀했다. 모르핀이 없으면 부상병들이 수술의 고통을 이겨내기 힘들뿐더러 심장 쇼크도 우려됐다. 그래서 모르핀은 부상병들 사이에서 '신의 은총'으로 불릴 정도로 인기를 끌었다. 하지만 모르핀 수요를 도저히 맞출 수가 없자 유럽 전선에 의무병으로 참전했던 하버드 의대 출신의 한 의사가 꾀를 냈다. 모르핀을 놔준다고 말하고 식염수 주사를 놓아준 것이다. 그런데 놀라운 일이 벌어졌다. 부상병 가운데 35퍼센트 정도가 통증이 가라앉았다고 말했다. 식염수를 맞은 부상병들이 모르핀 주사를 맞은 것으로 믿으면서 모르핀 효과가 나타난 것이다.

의약품이 부족했던 제2차 세계대전 때 자주 썼던 플라세보placebo(가짜 약) 처방이다. 플라세보는 원래 '좋아지게 하다, 만족스럽게 하다'라는 뜻의 라틴어 '플라케보placebo'에서 왔다. 14세기에는 '죽은 사람들을 위한 저녁기도'라는 뜻으로 쓰였다. 이 가짜 약, 즉 위약僞藥 처방은 젖당·우유·식염수 등을 약으로 속여 환자에게 투입해 실제 약을 투입한 것과 같은 효과를 내는 것인데, 의외로 효과가 높게 나타나면서 '플라세보 효과placebo effect(위약 효과)'라는 말이 생겼다. 가짜 약을 줘도 진짜라고 믿는 사람들의 믿음과 의지에 따라 결과가 크게 달라졌기 때문이다. 병 치료에 직접적인 영향을 미치지는 못하더라도 세 명 중 한 명 꼴로 증상 완화 효과가 나타났다.

이런 연구 결과도 있다. 2015년 초 미국 신시내티대학교 연구진이 파킨슨병 환자 12명을 대상으로 한 실험이다. 100만 원이 넘는 약과 10만 원 상당의 약 두 종류를 처방한 뒤 환자에게 나눠주고 효과를 분석했다. 그 결과 100만 원 넘는 고가 약이 저렴한 약보다 두 배의 효과가 나왔다. 하지만 실제로 두 약은 가격을 속인 동일한 약이었다. 단순히 비싼 약이 더 잘 치료될 것이라고 믿는 데서 비롯된 플라세보 효과였다.

반면 아무리 좋은 약을 먹어도 환자가 '나는 틀렸다'라고 생각한다면 실제 약효가 반감될 수 있다. 알맞은 약을 처방했는데도 환자가 의심을 품으면 약효가 나타나지 않는 현상이다. 플라세보 효과와는 정반대의 개념으로, '노세보 효과nocebo effect'라고 한다. '해를 입게 되다'라는 라틴어에서 유래했다.

플라세보 효과가 의외의 결과를 내면서 경제적·정치적으로도 광범위하게 통용된다. 플라세보 소비도 그중 하나다. 가격 대비 마음의 만족이 큰 제품을 선택하는 소비다. 지금까지 물건을 살 때 가격 대비 성능이 좋은 가성비에 주목했다면, 이젠 심리적 만족을 중시하는 가심비로 소비 형태가 변하고 있다고 한다. 플라세보 정치라는 말도 있다. 실속은 없는데도 국민들에게 헛된 믿음을 심어주는 정치를 비꼬는 말이다. 일종의 우민愚民 정치다.

#제2차 세계대전 #모르핀 #식염수 #가짜 약 #플라세보 효과 #노세보 효과 #플라세보 소비 #플라세보 정치

리플리 증후군
모든 것이 가짜인 사람

지난 2015년 한 한인 천재 소녀가 국내외 언론으로부터 스포트라이트를 받았다. 미국의 대학수학능력시험인 SAT에서 만점을 받아 하버드대학교와 스탠퍼드대학교에 동시에 입학하게 됐다는 소식이 알려졌기 때문이다. 더구나 동시합격이 아닌 동시 입학으로 각 대학을 2년씩 다녀본 후 원하는 대학에서 졸업할 수 있도록 제안을 받았다는 것이다. 이 대학들 역사상 전무후무한 일이었다. 그뿐만 아니라 고교 재학 중 매사추세츠공과대학교MIT에 응모한 논문 덕분에 페이스북Facebook 창업자가 직접 스카우트 제의를 했다는 보도도 나왔고, 스탠퍼드대학교와 하버드대학교 학위를 모두 딸 계획이라는 인터뷰 기사까지 소개됐다. 이 소식을 접한 한국인들은 자긍심을 가질 만한 내용이었다.

하지만 그런 자긍심은 오래가지 않았다. 기사가 보도된 뒤 얼마 지나지 않아 모든 게 거짓으로 탄로 났기 때문이다. 해당 대학 담당자에게 문의한 결과 SAT 만점, 스탠퍼드대학교와 하버드대학교 합격 및 입학, MIT 논문 응모까지 단 하나도 사실인 게 없었다. 오히려 이전부터 남들에게 인정받고 싶어 성적표 위조를 일삼았던 것까지 드러났다. 그런데도 그녀는 모든 게 진짜인 것처럼 너무도 뻔뻔하고 태연하게 행동해 주위를 놀라게 했다. 그녀의 이런 행위와 심리 상태에 대해 전문가가 내린 진단은 '리플리 증후군Ripley syndrome'이었다. 허구의 세계를 진실로 믿어 상습적으로 거짓된 말과 행동을 일삼는 반사회적 인격 장애를 의미한다.

이 말은 미국의 소설가 패트리샤 하이스미스Patricia Highsmith가 1955년에 쓴 《재능 있는 리플리 씨The Talented Mr. Ripley》라는 범죄소설의 주인공 이름에서 유래했다. 야망이 크고 머리가 좋은 리플리는 낮에는 호텔 종업원, 밤에는 피아노 조율사로 일하는 가난한 청년이었다. 하지만 재벌의 아들인 친구 디키 그린리프를 우발적으로 살해하면서 모든 게 바뀐다. 상류층을 동경했던 리플리는 그린리프의 사체를 숨겨놓고 그의 삶을 대신해서 살아간다. 초호화 생활을 하며 그린리프인 척하기 위한 거짓 행동을 일삼는다. 하지만 그런 생활은 오래가지 못한다. 완전범죄를 꿈꿨지만 그린리프의 사체가 발견되면서 모든 진실이 드러난다. 1960년 알랭 들롱Alain Delon이 주연한 〈태양은 가득히 Plein soleil〉는 이 소설을 원작으로 삼은 영화다. 소설에서 리플리는 친구를 죽였으면서도 전혀 죄의식을 느끼지 않는다. 또한 자신이 실제로 재벌 아들 그린리프인 것처럼 착각하며 산다.

소설이나 영화가 아니라 실제로 죽을 때까지 자신의 신분을 속이고 공주로 산 사람도 있다. 1922년 애나 앤더슨Anna Anderson이라는 여성은 자신이 러시아 황실의 마지막 공주 아나스타시야 니콜라예브나Anastasiya Nikolayevna라고 주장했다. 실제 외모가 흡사했고 러시아 황실에 대해 자세히 알고 있어 많은 사람이 이를 믿었다. 앤더슨은 러시아 황실에서 남긴 유산을 돌려달라고 소송을 걸었다. 진실이 밝혀진 것은 앤더슨이 죽고 23년이 지난 2007년이었다. 그녀의 사체에서 DNA를 채취해 검사한 결과, 신분은 물론 그녀가 행한 행위 모두가 거짓으로 드러났다.

리플리 증후군에 빠진 사람을 단순히 거짓말을 많이 하는 거짓말쟁이와 혼동할 수 있으나 분명한 차이가 있다. 거짓말쟁이는 거짓이 탄로 날까 봐 불안해하는 모습을 보이는 반면, 리플리 증후군 환자는 자신이 내뱉은 거짓말을 완전히 진실이라고 믿는다. 더구나 단순히 개인의 거짓말로 끝나는 게 아니라 타인에게까지 심각한 금전적·정신적 피해를 입힌다.

#리플리 증후군 #거짓 #퍼트리샤 하이스미스 #재능 있는 리플리 씨 #알랭 들롱 #태양은 가득히

스톡홀름 신드롬

나를 납치한 테러범이 사랑스러워

1973년 8월 스웨덴 스톡홀름의 한 은행에 무장 강도 두 명이 침입했다. 범인들은 은행 직원 네 명을 인질로 붙잡고 무려 6일 동안 경찰과 대치했다. 그런데 날이 갈수록 인질로 감금돼 있었던 직원들에게서 이상행동이 나타났다. 직원들은 자신들을 인질로 잡았던 강도들이 선처받을 수 있도록 경찰과 직접 협상하는가 하면, 범인들이 경찰에 항복하기로 결정한 후에는 혹시 경찰이 강도들을 사살하지 않을까 걱정돼 인간 방패를 자처하며 이들을 보호했다. 급기야 강도들에게서 풀려날 때 그들과 포옹을 하거나 키스를 나누는 모습을 보여 사람들을 충격에 빠뜨리기도 했다. 사건이 마무리된 후 법정에서도 범인들에게 불리한 증언은 하지 않겠다며 거부하기도 했다.

상황을 지켜본 스웨덴의 범죄심리학자 닐스 베예로트Nils Bejerot는 이러한 현상에 '스톡홀름 증후군Stockholm syndrome'이라는 이름을 붙였다. 극한 상황이 유발한 공포심으로 혼란에 빠진 인질이 자신을 위험에 빠뜨린 인질범의 편을 들게 되는 비합리적인 현상이다.

스톡홀름 증후군은 이듬해 미국에서 벌어진 한 사건으로 더욱 유명해진다. 1974년 2월 미국의 신문왕 윌리엄 허스트William Hearst의 손녀이자 허스트가의 유일한 상속녀인 퍼트리샤 허스트Patricia Hearest가 과격 좌파인 공생해방군Symbionese Liberation Army: SLA에게 납치된 사건이다. 그런데 당시 19세였던 상속녀는 납치된 지 두 달여 뒤인 4월 직접 총을 들고 샌프란시스코의 은행을 습격해 미국 사회에 충격을 안긴다. 그는 테러범과 사랑에 빠져 임신한 뒤 결혼했고, 돈 많은 부모를 부정해 이름까지 바꿨다. 또 자신이 SLA의 정식 단원이며 대의를 위해 죽을 때까지 싸우겠다는 성명을 녹음해 방송국에 배포하기도 했다. 퍼트리샤가 납치범인 SLA에 오히려 감화됐던 것이다.

결국 FBI의 수배 명단에 이름을 올리게 된 퍼트리샤는 1975년 9월 체포됐다. 하지만 이후 법정에 선 퍼트리샤는 180도 태도를 바꿔 또 한 번 눈길을 끌었다. 강압에 못 이겨 범행에 동조한 것이며 테러범의 아이를 임신한 것도 강간에 의한 것이라고 진술한 것이다. 변호인단도 스톡홀름 증후군을 거론하며 무죄를 항변했다. 변호가 효과를 발휘했는지 처음에는 징역 35년의 판결이 나왔지만 7년형으로 감형됐다. 퍼트리샤는 2년간 징역살이를 한 후 가석방됐고, 테러범과 이혼한 후 1979년 다른 사람과 결혼했다.

스톡홀름 증후군의 반대편에는 '리마 증후군Lima syndrome'이 있다. 인질범이 포로나 인질 등 약자에게 동정심을 보이며 폭력성을 거두는 이상 현상을 일컫는 용어다. 1996년 12월 페루의 수도 리마에서 반정부 조직인 투팍 아마루 혁명운동Movimiento Revolucionario Túpac Amaru: MRTA이 일본 대사관을 점거해 400여 명을 인질로 삼고 4개월간 정부와 대치한 사건에서 비롯됐다. 반군 14명은 처음에는 폭력적으로 굴었지만 시간이 흐를수록 인질들에게 자신들의 고민을 털어놓는가 하면 가족들에게 편지를 보내는 것도 허락해주는 동정심을 보였다. 급기야 인질 대부분을 풀어준 후 자신들은 결국 사살된다. 심리학자들은 이 현상을 사건이 일어난 지역 이름을 따서 리마 증후군이라고 명명했다.

스톡홀름 증후군과 리마 증후군이 나타나는 이유를 한마디로 설명하기는 힘들다. 보편적인 해석은 생존이 위협받는 극한 상황에서 발생하는 스트레스와 공포심, 한 공간에서 장시간 함께 지내며 나누게 되는 강한 정서적 교감이 복합적으로 얽히면서 발생한다는 것이다.

#은행 강도 #인질 #스톡홀름 증후군 #윌리엄 허스트 #퍼트리샤 허스트 #리마 증후군

035

고슴도치 딜레마
너무 가까이 가면 찔린다

사람이나 동물이나 추우면 서로 몸을 최대한 붙여 온기를 나눈다. 특히 남극 펭귄의 혹한 피하기는 가히 장관을 이룬다. 수백 마리가 한꺼번에 뭉쳐 서서 번갈아가며 안쪽과 바깥쪽을 드나들며 추위를 피한다. 바람도 등지고 선다. 이른바 펭귄의 허들링huddling이다.

그러면 고슴도치는 어떻게 추위를 피할까. 몸에 수많은 바늘이 붙어 있어 몸을 밀착할 수도 없다. 이를 두고 독일 철학자 쇼펜하우어Arthur Schopenhauer는 '고슴도치 딜레마hedgehog's dilemma'라는 우화를 남겼다.

추운 겨울날 고슴도치들은 서로의 온기가 절실해서 모였지만 가까이 다가설 수 없었다. 몸에 달린 바늘이 서로를 찔렀기 때문이다. 하지만 추위가 다시 서로를 가까이 불렀고, 바늘로 찔리는 통증은 서로를 또 갈라놓았다. 이러한 과정을 반복하면서 고슴도치들은 나름의 방법을 찾았다. 추울 땐 모이기는 하지만 몸을 맞대지는 않는다. 서로 최소한의 간격을 둔다. 그 대신 바늘이 없는 머리를 맞대어 체온을 유지하며 잔다. 수많은 시행착오 끝에 추위도 피하고 바늘에도 찔리지 않는 최선의 방법을 찾은 것이다.

고슴도치 딜레마는 철학적 논의에서 시작됐지만 심리학에서 더 많이 사용된다. 인간관계에서 서로 친밀함을 원하면서 동시에 적당한 거리를 두고 싶어 하는 욕구가 공존하는 모순적인 심리 상태를 대변할 때 자주 쓴다. 불가근불가원不可近不可遠의 심리 상태인 셈이다.

누구나 삶을 살아가면서 이런 딜레마에 수없이 빠져든다. 매 주말 등산을 가려 할 때마다 혼자 갈 것인지, 친구들과 어울려 같이 갈 것인지를 놓고 고민하게 된다. 혼자 가면 외롭고, 친구들과 가면 서로 보폭을 맞춰 올라가는 것부터 식사 메뉴 선택 등 고려해야 할 게 많아 고민스럽다. 여행도 마찬가지다. 혼밥족 · 혼행족 · 혼술족 등이 늘어나는 것도 이런 연유에서다.

사회생활에는 이런 고민이 더 심하다. 수많은 상하 관계가 뒤섞이는 권력 구조 속에서 권력자의 측근이나 라인으로 분류되면 당장은 좋을지 모르지만 권력이 바뀌는 순간 바늘에 찔릴 위험이 다가온다. 상사와의 거리를 어떻게 얼마나 유지하느냐가 늘 고민이다. 상사라고 다를 게 없다. 가까이 한 측근들이 자신과 가깝다는 이유로 매너리즘에 빠지거나 위세를 부릴 수 있기 때문이다. 자칫 측근 때문에 조직이 망가질 수도 있다.

이런 점을 우려해 샤를 드골Charles De Gaulle 전 프랑스 대통령은 참모들을 오래 곁에 두지 않았던 것으로 유명하다. 재직했던 10년 동안 2년 넘게 자리를 유지한 참모가 거의 없었다. 적당한 시일이 흐르면 아무리 가까운 참모라도 다른 부서로 재배치했다. 물론 부작용도 있었다. 드골이 거리두기에 집착하면서 참모진과 친밀한 정서적 유대 관계를 쌓지 못했다고 전해진다.

너무 멀면 남이 되고, 너무 가까우면 바늘에 찔릴 수 있는 고슴도치 딜레마. 인간人間이라는 단어의 한자에 '사이 간間' 자가 들어 있는 것을 보면 거리두기 문제는 동서고금을 막론하고 삶의 큰 딜레마인 모양이다.

#펭귄의 허들링 #쇼펜하우어 #고슴도치 딜레마 #불가근불가원 #샤를 드골

036

필리버스터

마이크는 양보 못 해!

1957년 스트롬 서먼드Strom Thurmond 미국 상원 의원이 국회 단상에 올라 연설을 시작했다. 그는 마이크 앞에서 천천히 독립선언서를 낭독한 뒤 인권법과 조지 워싱턴George Washington의 퇴임 연설문도 읽어 내려갔다. 그런 다음 두꺼운 전화번호부를 꺼내 들었다. 그러고는 사람 이름과 상호명, 전화번호 등을 낮은 목소리로 하나씩 하나씩 불러나갔다. 틈틈이 같은 당 의원들과 질의응답 시간도 가졌다. 이렇게 해서 그가 소요한 연설 시간은 무려 24시간 18분이었다. 이 긴 시간 동안 서먼드 의원은 화장실도 가지 않았다. 이를 위해 연설 직전 몸에 있는 수분이 빠져나가도록 증기 목욕까지 하고 단상에 섰다.

그가 이런 해프닝을 벌인 것은 흑인들에게 투표권을 주는 인권법에 반대하기 위해서였다. 자칫 연설이 끊겨 표결이 벌어지면 법안이 통과될 위험이 있었기 때문이다. 그는 후에 상원 의원 중 가장 먼저 흑인 참모를 고용하고 흑인 인권 운동가 마틴 루서 킹Martin Luther King Jr. 목사 기념일을 국가 공휴일로 제정하는 등 흑인 인권 향상을 위해 노력했지만, 당시에는 흑백 인종차별주의자였다. 흑인의 투표권은 결국 1965년에야 가능해졌고, 그의 이 연설은 필리버스터filibuster 역사상 최장 기록으로 남아 있다.

필리버스터는 의회 안에서 다수파의 독주를 막기 위해 합법적인 수단으로 의사 진행을 지연시키는 방해 행위다. 영국 의회에서는 프리부터freebooter라고 한다. 해적이나 약탈자freebooter, pirate를 뜻하는 에스파냐어 '필리부스테로filibustero'에서 나온 말이다. 원래는 에스파냐 식민지와 함선을 공격하는 사람들을 가리키는 말이었다. 1850년대 초 본국의 이익에 반해 중남미 등에서 폭동을 선동한 에스파냐 해적들이 최초의 필리부스테로다. 이들은 본국의 명령이나 허락 없이 사적 이익을 위해 함부로 외국 영토를 침범했다. 한마디로 국익에 반하는 자들이었다. 영국과 미국 의회에서 법안을 막기 위해 의사 진행을 방해하는 자들에게 약탈자를 의미하는 이 말을 쓰기 시작하면서 일반화됐다. 비아냥거리는 말이 정치 용어로 고착화된 것이다.

하지만 필리버스터는 다수당에 유리한 패스트트랙 fast track(신속처리안건) 제도에 대항할 수 있는 소수당의 합법적인 무기다. 물론 상정된 법안에 대해 패스트트랙과 필리버스터 지정을 발의할 수 있는 의원 수는 다르다. 필리버스터의 경우 야당 쪽에서 추진하는 경우가 많기에 지정할 수 있는 의원 수가 더 적다.

주요 목적이 의사 진행을 지연시키는 것이니만큼 참여 의원들은 최대한 말을 늘리기 위해 갖은 방법을 동원한다. 가장 큰 문제는 화장실 가는 걸 참는 것이다. 발언 중 화장실에 가지 못하기 때문이다. 그래서 필리버스터는 '화장실과의 전쟁'이라는 말까지 나올 정도. 1935년 휴이 롱 Huey Long 상원 의원의 경우 당시 루스벨트 Franklin Roosevelt 대통령의 법안이 부자를 위한 것이라며 필리버스터를 시작해 헌법, 셰익스피어 책, 어머니의 요리법 등을 읽으며 시간을 끌었지만, 15시간 30분 만에 화장실에 가는 바람에 실패로 끝나기도 했다.

우리나라의 경우 1973년 폐지됐다가 2012년 국회선진화법 도입 후 다시 등장했다. 2002년 이전까지 의사 발언 제한 시간은 45분이었다. 하지만 이젠 마이크를 양보하지 않고 화장실 가는 걸 참는 것도 의정 활동이 됐다.

#스트롬 서먼드 #필리버스터 #프리부터 #필리부스테로 #약탈자 #패스트트랙

게리맨더

죽어서도 괴물이라는 이름을 달고 다니는 사람

국내에서 각각 1,000만 명이 넘는 관객을 동원한 〈겨울왕국Frozen〉과 〈겨울왕국 2Frozen 2〉에는 수많은 정령精靈이 나온다. 정령은 만물의 근원을 이루는 신령스러운 기운이나 산천초목 등 여러 가지 사물에 깃들어 있다는 혼령이다. 영화 속 불의 정령은 '부르니', 물의 정령은 '녹스', 바람의 정령은 '게일'이고, 눈의 정령은 주인공 '엘사'다. 이 중 도마뱀 같기도 하고 도롱뇽 같기도 한 브루니는 〈겨울왕국 2〉에서 '불의 정령'답게 주변의 모든 것을 태우며 등장하는데, 엘사의 차가운 눈의 맛을 보고 진정된 것인지 영화 내내 불이 꺼진 작고 귀여운 모습으로 관람객을 사로잡는다. 하지만 부르니는 불 속에서 산다는 상상 속의 괴물 '샐러맨더salamander'를 작고 귀엽게 캐릭터화한 것뿐 전설의 내용은 전혀 다르다.

서유럽 신화에 나오는 전설의 괴물 샐러맨더는 불 속에 살면서 불을 끌 수 있는 능력을 가지고 있다. 동물 가운데 가장 강한 독毒도 가지고 있다. 그래서 샐러맨더가 한 번 휘감은 나무의 열매는 모조리 독이 오르고 우물물에 빠지면 그 물속에 독이 번져서 과일이나 물을 먹고 마신 사람은 모두 죽는다고 한다. 전설을 토대로 그려지는 샐러맨더의 모습 역시 무시무시한 형상이다.

이런 전설 속의 괴물 샐러맨더를 죽어서도 이름에 달고 다니는 사람이 있다. 미국 5대 부통령을 지낸 엘브리지 게리Elbridge Thomas Gerry다. 게리라는 엄연한 이름이 있지만, 이보다 '게리맨더'라는 이름으로 더 잘 알려져 있다. '게리'에다 '샐러맨더'를 합친 말이다. 그의 이름에 괴물 샐러맨더가 붙여진 이유는 이렇다. 매사추세츠 주지사 시절 얘기다.

그는 주지사로서 1812년 상원 의원 선거를 앞두고 선거구를 구획하게 되는데, 자신의 당인 공화당에 유리하게 하려고 기발한 결정을 내렸다. 자연적인 형태나 문화·관습 등을 모두 무시하고 오로지 공화당이 이길 수 있는 방안을 찾아 선거구를 조정했다. 그렇게 조정된 선거구 모습이 샐러맨더와 같은 형상을 하고 있었다. 지역 언론이 이를 샐러맨더에 비유하면서 게리 주지사의 이름과 합성해 '게리맨더'라는 말이 생겨났다. 오늘날에 이르기까지 선거구를 자신의 당에 유리하도록 조정하는 정치 행태를 '게리맨더링Gerrymandering'이라고 부르는 이유다. 당시 게리의 이런 기형적이고 불공정한 선거구 조정으로 공화당은 29명의 당선자를 낸 데 반해 야당은 11명의 당선자밖에 내지 못했다. 게리가 부통령에 오른 것도 이 공로 덕분이다.

물론 그는 게리맨더링 사건 이전에도 나름대로 정치적 거물이었다. 미국 독립선언문에 서명한 '건국의 아버지' 중 한 명이었다. 소신과 원칙도 있었다. 미국 헌법이 개인의 권리를 보장하는 권리장전(수정헌법 1~10조)을 배제한 채 발의된 데 반발해 끝내 동의하지 않을 정도였다고 한다.

부통령으로서의 삶은 순탄치 않았다. 부통령직을 맡은 지 1년 반 정도 지났을 무렵 예산 문제를 협의하다 갑자기 쓰러져 다시 일어나지 못했다. 나라를 위해 일하다 순직한 셈인데, 그런 명성은 어디론가 다 사라지고 오늘에 이르기까지 부끄러운 정치 용어 속에 자신의 이름을 남겼다. 괴물을 의미하는 샐러맨더라는 단어까지 덧붙여서.

#서유럽 신화 #괴물 #샐러맨더 #엘브리지 게리 #게리맨더 #선거구 조정 #게리맨더링

포퓰리즘 vs 페이고

마구 쓴다 vs 번 만큼 쓴다

집단생활을 하려면 예산이 필요하다. 공동으로 필요한 것은 돈을 염출해 조달하고 이를 관리하기 위해 한곳에 모아두어야 한다. 영어로 예산을 '버짓 budget'이라고 하는 이유다. '버짓'의 어원은 주머니 또는 가방이라는 뜻의 고대 프랑스어 '부제트 bougette'에서 나왔다. 돈을 모아놓는 주머니가 '버짓'인 셈이다. 단순 집단생활도 이럴진대 한 나라를 운영할 때 예산은 무엇보다 중요하다. 국민에게 세금을 걷지만 써야 할 곳이 너무 많다. 도로 정비, 사회 약자 보호, 낙후 도시 개발, 무상 급식 등 모두 엄청난 비용이 수반된다. 한 회계연도에 세입과 세출을 미리 예상하고 어느 곳에 얼마만큼의 자금을 투입할지 계획을 짜놓아야 한다. 세출이 세입을 초과할 경우 투자 규모도 줄여야 한다. 그렇지 않으면 어디서든 돈을 빌려와야 해서 국가의 재정 건전성이 나빠질 수밖에 없다. 무분별한 포퓰리즘 populism이 나라를 망친다고 경고하는 이유다.

포퓰리즘으로 망가진 대표적인 나라가 아르헨티나다. 1946년 대통령으로 선출된 후안 도밍고 페론 Juan Domingo Perón과 영부인 에바 페론 Eva Perón이 시발점이다. "아르헨티나여, 나를 위해 울지 마오 Don't Cry for Me, Argentina"라는 애절한 노래가 나오는 뮤지컬 〈에비타 Evita〉의 주인공이 바로 에바 페론이다. 에비타는 에바 페론의 애칭이다. 에바는 남편 후안을 도와 노동자와 서민들을 위한 각종 포퓰리즘 정책을 적극 추진해 '빈민의 성녀'라는 말까지 들었다. 노동자들의 임금을 매년 25퍼센트나 올리는 등 현금을 살포했다. 이들의 정책은 빈부 격차를 일시적으로 줄이는 데는 성공했지만, 한때 세계 5위 경제 부국이었던 아르헨티나 경제는 지나친 재정지출로 서서히 침몰했다. 이후 이들이 펼친 정책은 '페론주의 Peronism'라는 포퓰리즘의 대명사로 남았다. 20세기 최대의 경제 실패 사례로도 꼽힌다. 이 여파로 아르헨티나는 여전히 채무불이행(디폴트) 국가에서 헤매고 있다. 지금까지 디폴트default 선언만 아홉 차례나 기록했다. 한마디로 신용카드를 남발해 신용 불량자로 전락한 꼴이다. 모두 포퓰리즘의 단맛에 취하게 한 '페론주의'가 낳은 결과다.

이런 포퓰리즘을 방지하기 위해 도입된 게 바로 '페이고Pay-Go 원칙'이다. '번 만큼 쓴다Pay as you Go'라는 원칙이다. 미국은 의회에서 국가의 재정지출 증가나 재정수입 감소를 수반하는 법률안을 제출할 때 반드시 재원 확보 방안을 마련하도록 하는 '페이고 원칙'이 법제화돼 있다. 독일은 아예 헌법에 이 원칙이 규정돼 있다. 일본 역시 신규 사업을 요구할 때 기존 사업을 폐지하거나 감축하도록 하는 방식으로 페이고와 유사한 준칙을 적용하고 있다. 무분별한 포퓰리즘 정책으로 인한 마구잡이식 예산 지출을 막아 재정 건전성을 높이기 위해서다.

우리나라의 경우 페이고 원칙 도입에 대한 논의는 많았으나 아직 법제화되지는 않고 있다. 페이고가 재정 상태가 나빠지는 것을 막을 수 있지만, 정책의 유연성을 떨어뜨릴 수 있다는 단점도 있기 때문이다. 이런 표면적 이유 말고 정치인들이 우려하는 더 큰 문제는 재정 조달 방법이 제시되지 않는 법안의 경우 입법화가 어려워지면서 국회의 입법 기능이 무력화될 수 있다는 것이다. 하지만 나라 빚은 갈수록 늘어나고 지방자치단체의 재정 자립도도 해마다 낮아지고 있다. 페이고 원칙의 도입이 갈수록 절실해지는 이유다.

#포퓰리즘 #아르헨티나 #후안 도밍고 페론 #에바 페론 #에비타 #페론주의 #페이고 원칙

레임덕

권력이 끝날 때마다 등장하는 오리

2017년 1월 11일 백악관에 머물 기간이 채 10일도 안 남은 상황에서 미셸 오바마Michelle Obama 여사가 유명 코미디언인 지미 팰런Jimmy Fallon이 진행하는 〈투나잇 쇼The Tonight Show〉에 초대됐다. 백악관을 떠나는 소회를 물어보기 위해서였다. 미셸은 "떠나는 것이 이렇게나 감상적일 줄 몰랐는데, 지금도 눈물이 날 것 같다"라고 솔직하게 고백하고, 주변 사람 등을 향해 감사 인사를 전하는 코너에선 남편 버락 오바마Barack Obama 대통령에게 감사의 메시지를 전했다. "당신이 '레임덕lame duck(절름발이 오리)'이 아니라 나만의 '실버 폭스silver fox(은빛 여우)'라는 걸 증명해줘서 고마워요." 미셸이 말한 '레임덕'은 실권實權이 떨어진 권력자, '실버 폭스'는 매력적인 노신사를 의미하는 영어 표현이다.

왜 그녀는 군이 남편을 절름발이 오리인 레임덕이라고 표현했을까. 1월 20일 정권을 이양해야 하는 오바마의 처지가 꼭 그랬기 때문이다. 레임덕은 임기 종료를 앞두고 영향력이 떨어진 공직자의 모습을 기우뚱거리며 걷는 오리의 모습에 빗대어 비유적으로 표현하는 용어다. 주로 미국에서 임기가 끝나는 대통령이 남은 기간 동안 정책 집행에 차질이 생길 때 사용한다. 재임 시절 국민들로부터 큰 인기를 끌었던 오바마였지만 좋든 싫든 쥐었던 권력을 내려놓아야 하기에 어쩔 도리가 없었다. 국민들의 관심 역시 떠나갈 대통령이 아니라 새 대통령에게 집중됐다.

그러면 수많은 동물 중에 왜 하필 오리일까. 지금은 레임덕이라는 말이 주로 정치 용어로 사용되지만, 원래는 사냥꾼들이 쓰던 말이었다. '총에 맞아 절뚝거리며 도망가지만 곧 잡힐 것이기 때문에 탄약을 낭비할 필요가 없는 오리'를 뜻했다. 곧 죽을 오리이기 때문에 괜히 힘쓸 필요가 없다는 뜻이다. 이 말을 영국 증권가에서 먼저 차용해 증권 용어로 활용했다. 1700년대 영국 증권가에서 레임덕은 '파산 직전에 이른 증권 거래인'을 가리키는 말이었다. 이후 1860년대부터 정치권에서 본격적으로 레임덕이라는 용어를 사용하기 시작하면서 정치 용어로 정착됐다.

레임덕은 권력의 임기가 끝나가면 누구에게나 나타나는 현상이지만 가능한 한 그 폐해를 줄이기 위해 미국은 헌법까지 바꿨다. 당초 11월에 치러지는 대통령 선거에서 패한 현직 대통령은 이듬해 3월 4일까지 재직하도록 규정돼 있었으나 헌법을 바꿔 새 대통령 취임일을 1월 20일로 앞당겼다. 최대한 레임덕 기간을 줄이자는 취지였다. 레임덕이 없을 수는 없을까. '레임덕이 없는 대통령'이라는 뜻의 '마이티 덕 mighty duck(힘센 오리)'이라는 말이 있기는 하지만, 독재국가를 빼놓고는 실제 그런 사례를 찾기 힘들다.

레임덕과 반대의 의미를 지닌 '허니문 기간honeymoon period'이라는 말도 있다. 새 대통령 취임 후 일정 기간 동안 의회와 언론에서 배려를 해주는 관행이다. 갓 결혼한 부부의 신혼 때처럼 비판하고 헐뜯기보다는 사랑으로 감싸주는 기간이다. 정권을 이양받은 임기 초반에는 서툴 수밖에 없으니 지켜봐 달라는 의미가 담겨 있다. 보통 취임 후 100일이 관행이다. 권력을 잡으면 누구나 허니문 기간을 거쳐 레임덕의 과정을 겪는 게 어쩔 수 없는 숙명인데, 이를 거부하다 역사에 오명을 남기곤 한다.

#레임덕 #절름발이 오리 #실권이 떨어진 권력자 #파산 직전에 이른 증권 거래인 #마이티 덕 #허니문 기간

040

스모킹 건

연기 나는 총이 왜 결정적 증거일까?

'미국 최악의 대통령'으로 기록되고 있는 리처드 닉슨Richard Milhous Nixon. 1972년 워터게이트 사건Watergate Affair으로 끝내 대통령직에서 사임하지만, 사건이 터진 뒤 2년 동안 모든 것을 부인하며 버텼다. 검찰 수사에 직면해서는 '대통령 면책특권'을 내세웠다. 워터게이트 사건은 닉슨이 재선을 위해 경쟁당인 민주당이 워터게이트 빌딩에 세운 선거운동 본부에 도청 장치를 설치하려다 발각된 미국 최대의 정치 스캔들이다. 이 사건으로 닉슨은 임기 도중 사임하는 미국 최초의 대통령이 됐다. 하지만 처음 이 사건이 알려졌을 때 닉슨은 자신이 이 사건에 어떠한 책임도 없다고 주장했다. 주모자가 체포돼 유죄판결을 받았으나 배후에 대해서는 굳게 입을 다물면서 이 사건도 흐지부지 종결되는 듯했다.

사건의 반전은 닉슨이 보좌관에게 사건 은폐를 지시하는 내용이 담긴 녹음테이프가 있다는 사실이 드러나면서부터다. 닉슨은 대통령 면책특권을 내세워 녹음테이프 제출을 거부했지만, 대법원이 나서서 대통령의 특권을 제한했다. 대법원은 대통령의 권한과 특권이 국민의 알 권리보다 우위에 있을 수 없다며 만장일치로 녹음테이프 공개를 판결했다. 궁지에 몰린 닉슨은 뒤늦게 녹음테이프를 제출하지만 이미 때가 늦었다. 여론은 싸늘하게 식었고 우군인 공화당마저 등을 돌렸다. 상원에 제출된 대통령 탄핵안 통과가 확실시되자 닉슨은 자진해서 권좌에서 물러난다. 녹음테이프가 닉슨을 사임하게 만든 결정적 증거가 된 셈이다. '스모킹 건Smoking gun(결정적 증거)'이라는 표현이 널리 쓰이게 된 것도 이때부터다.

원래 스모킹 건은 '셜록 홈스Sherlock Holmes' 시리즈로 유명한 영국의 추리소설 작가 아서 코난 도일Arthur Conan Doyle의 작품에서 유래됐다. 1893년에 발표된 시리즈 중 하나인 《글로리아 스콧호The Adventure of the Gloria Scott》에 나오는 표현이다. 소설 속 살해 현장을 묘사하는 대목에서 "그 목사는 연기 나는 총을 손에 들고 서 있었다"라며 목사를 살해범으로 지목한다. 용의자의 총에서 연기가 피어났다면, 이는 그 총의 주인이 범인이라는 명백한 단서가 되기 때문이다. 소설에서는 '스모킹 피스톨smoking pistol'이라는 표현을 썼으나 이후 표현이 바뀌어 '스모킹 건'으로 쓰이게 됐고, 이는 어떤 범죄나 사건을 해결할 때 나오는 결정적 증거를 일컫는 말이 됐다.

워터게이트 사건은 대통령까지 사임케 한 역사적인 사건이어서 스모킹 건뿐 아니라 많은 다른 파생 용어도 만들어냈다. '게이트gate'가 대표적이다. '문門'이라는 뜻을 갖는 '게이트'가 '권력형 비리 의혹', '부패 스캔들' 등의 의미로 쓰이게 된 계기가 바로 워터게이트 사건이다. 단순히 워터게이트 빌딩에서 벌어진 사건이었는데, '게이트'라는 신조어를 만들어낸 셈이다.

익명의 내부 제보자를 뜻하는 '딥 스로트deep throat'라는 말이 일반화된 것도 이 사건 때문이다. 워터게이트 사건을 보도한 〈워싱턴포스트The Washington Post〉의 밥 우드워드Bob Woodward와 칼 번스타인Carl Bernstein 기자가 끝까지 취재원을 밝히지 않은 채 익명의 제보자를 가리켜 '딥 스로트'라고 한 것이 발단이 됐다. '딥 스로트'가 누구인지는 사건이 종결되고도 무려 30년이 지난 뒤 내부 제보자의 자발적인 고백으로 실체가 드러났다.

리처드 닉슨 # 워터게이트 사건 # 녹음테이프 # 스모킹 건 # 결정적 증거 # 아서 코난 도일 # 게이트 # 딥 스로트

041

치킨 게임

자신도 죽을 수 있는 공포의 게임

미국 10달러짜리 초상화의 주인공인 알렉산더 해밀턴Alexander Hamilton. 초대 재무 장관을 지낸 그는 〈해밀턴Hamilton〉이라는 뮤지컬로도 만들어질 정도로 미국인들에겐 널리 알려진 인물이다. 그의 삶은 한 편의 드라마 자체다. 중남미 카리브해의 작은 섬에서 사생아로 태어난 그가 수많은 조롱을 견뎌내며 미국 금융·경제 제도의 초석을 세워 건국의 아버지로 우뚝 서기까지의 과정은 감동을 주기에 충분하다. 죽음도 극적이었다. 해밀턴은 1804년 정적 에런 버Aaron Burr가 신청한 권총 결투에서 총을 맞아 48세로 생을 마감했다. 버의 총탄이 척추를 관통해 다음 날 사망했다. 당시 버는 부통령이었고, 해밀턴은 전직 재무 장관이었다. 3대 대통령 선거 후보로 나섰던 버가 토머스 제퍼슨Thomas Jefferson을 지지한 해밀턴에게 권총 결투를 신청했기 때문이다.

부통령과 전직 재무 장관 간 권총 결투를 상상하기 힘들지만, 서부 개척 시대였던 당시에는 그랬다. 권총 결투로 목숨을 잃는 사람이 많아 뉴욕주가 이런 결투를 금지했지만 뉴저지주에서는 여전히 합법이었다. 당시 사회 분위기도 한쪽에서 결투를 요구하면 받아들일 수밖에 없었다. 만약 이를 거부하거나 피하면 겁쟁이나 패자로 전락했다. 해밀턴은 어쩔 수 없이 뉴저지주에서 결투에 응했다가 생을 마감해야만 했다. 그러면 버는 어떻게 됐을까. 결투에서 이겼지만 그의 생도 망가졌다. 국민들의 지탄을 받으면서 정치인으로서의 생명이 끝났다.

해밀턴과 버의 권총 결투와 이들 삶의 종착역은 게임이론에서 '치킨 게임chicken game'과 '승자의 저주winner's curse'를 떠오르게 한다. 치킨 게임은 한마디로 겁쟁이(치킨)가 누구냐를 가리는 게임이다. 1950년대 미국 젊은이들 사이에 유행한 것으로, 충돌을 불사하고 서로를 향해 차를 몰고 돌진하는 게임에서 유래했다. 둘 중 하나가 차의 핸들을 꺾지 않으면 결국 충돌하게 되는데, 만일 이 중 하나가 핸들을 꺾으면 다른 운전자는 승리자가 된다. 핸들을 꺾은 사람은 겁쟁이로 추락한다. 해밀턴이 결투에 응한 것도 이런 불명예를 지기 싫어서였다.

겁쟁이를 가르는 치킨 게임은 정치·경제·사회 각 분야에서 의외로 많이 펼쳐진다. 대표적인 사례는 과거 미국과 소련 간에 벌어진 '쿠바 미사일 위기Cuban missile crisis'다. 1962년 미국은 소련이 미국에 인접해 있는 쿠바에 핵미사일 기지를 건설 중임을 포착하고, 그 건설을 중단하지 않으면 전쟁도 불사하겠다는 성명을 발표한다. 존 F. 케네디John Fitzgerald Kennedy 대통령이 직접 텔레비전 연설을 통해 이 같은 강경한 의지를 밝혔다. 자칫 제3차 세계대전에 빠져들 수도 있는 일촉즉발의 위기였다. 하지만 케네디의 이런 '벼랑 끝 강공'에 놀란 소련이 쿠바에서 미사일 기지 철수를 발표하면서 일단락됐다. 미국의 치킨 게임 전략에 소련이 굴복한 셈이다. 그러나 미국도 터키에 배치된 미사일을 철수하기로 하는 비밀 협정을 통해 상황을 조율한 것으로 전해진다.

기업 전쟁 역시 양보 없는 치킨 게임이나 마찬가지다. 특히 한국의 대표 기업 삼성전자와 일본, 대만, 독일의 각 반도체 업체들이 시장점유율을 높이려고 손해를 감수하면서까지 가격 인하에 나서는 치킨 게임을 펼쳤다. 삼성전자는 이 게임에서 이겨 현재의 위상을 갖췄다.

하지만 승자라고 무조건 좋은 것은 아니다. 해밀턴과의 권총 결투에서 이긴 버의 처지가 될 수 있다. 이른바 '승자의 저주'다. 승리를 위해 과도한 비용을 치르면 오히려 위험에 빠지거나 커다란 후유증을 겪을 수 있다.

#알렉산더 해밀턴 #에런 버 #권총 결투 #치킨 게임 #승자의 저주 #쿠바 미사일 위기 #존 F. 케네디

042

공명조
머리가 둘 달린 새의 경고

공명지조共命之鳥. 〈교수신문〉이 2019년 올해의 사자성어로 선정한 단어다. 목숨을 함께하는 새라는 뜻이다. 공명조는 몸 하나에 머리가 둘 달려 있는 상상의 새다. 머리 하나가 잘못되면 다른 머리도 살 수 없다. 하지만 이를 모르고 혼자 늘 맛있는 열매를 챙겨 먹는 하나의 머리에 질투심을 느낀 다른 머리가 독이 든 열매를 먹어 결국 함께 죽고 말았다는 것이 이 새의 전설이다. 《아미타경阿彌陀經》을 비롯한 많은 불교 경전에 등장한다.

이와 비슷한 설화로 양두사兩頭蛇 얘기도 있다. 같은 몸체에 머리가 둘 달린 뱀이다. 두 머리는 먹이를 만났을 때 서로 먼저 먹으려고 경쟁했지만 번번이 오른쪽 머리가 선수를 쳐서 먹어버리는 바람에 왼쪽 머리는 항상 불만이었다. 그런데 어느 날 오른쪽 머리가 먹이를 보고도 먹기를 주저하자 왼쪽 머리가 '이때다' 하고 얼른 집어삼켰다. 오른쪽 머리는 그것이 독이 든 먹이인 줄 알고 먹지 않았지만, 평소 불만이 가득했던 왼쪽 머리는 독이 든 먹이인 줄 알면서도 먹어버린 것이다. 결국 머리가 둘인 양두사는 죽고 말았다.

〈교수신문〉이 '공명지조'를 사자성어로 뽑은 것은 한 몸에 두 머리가 달려 있어 목숨을 함께하는 공동 운명체인데도 이 사실을 모른 채 죽음에 이르는 공명조의 운명을 경고하기 위해서다. 좌左와 우右, 노勞와 사使, 갑甲과 을乙로 분열돼 있는 우리 사회에 던지는 교훈이다. 함께 잘 살려면 두 머리가 따로따로여서는 안 되는데, 한쪽을 죽이려는 듯 대립하는 모습이 공명조를 연상케 한다는 것이다.

영국의 자동차 산업도 이런 이유로 몰락했다. 영국 최대의 자동차 회사였던

브리티시 레일랜드 British Leyland는 1970년대 중반까지만 해도 종업원이 20만 명에 달했다. 세계적 브랜드로 명성을 날렸던 오스틴·모리스·재규어·트라이엄프 등이 모두 이 회사 제품이었다. 한때 세계 6위 자동차 회사로까지 성장했다. 하지만 이 회사에는 17개 노조가 난립했고, 노사분규도 끊이질 않았다. 경영은 갈수록 나빠졌지만 노조들은 한 치도 양보하지 않았다. 결국 이 회사는 노사 갈등을 극복하지 못하고 1992년 도산했다. 이 회사의 도산과 함께 영국은 자동차 강국에서 완전히 탈락했다.

이런 대립 구도의 사고방식에 비익조比翼鳥라는 전설 속의 새는 시사하는 바가 크다. 이 새는 눈도 하나요, 날개도 하나뿐이다. 눈과 날개가 하나씩이라서 암수가 짝을 이루지 못하면 날지 못한다. 둘이서 열심히 좌우를 살펴야 바로 볼 수 있고, 또 열심히 날개를 퍼덕여야 날 수 있다. 마음이 하나여야 살 수 있고, 더 높이 비상할 수 있는 것이다.

연리지連理枝라는 나무도 마찬가지다. 뿌리는 서로 다른 나무지만 서로 엉켜 마치 한 나무처럼 자란다. 이백李白·두보杜甫와 함께 당시唐詩의 거장이라고 평가되는 백거이白居易는 사랑을 다룬 장편 서사시 〈장한가長恨歌〉에서 "하늘에 있을 땐 비익조가 되고, 땅에 있을 땐 연리지가 되자"라고 노래했다. 여기서 '비익연리比翼連理'라는 조어造語도 나왔다. 부부의 사랑을 노래한 시이지만, 공명조와 함께 우리 사회에 던지는 의미는 엄중하다.

#공명조 #머리가 둘 달린 새 #아미타경 #양두사 #머리가 둘 달린 뱀 #브리티시 레일랜드 #노사 갈등 #비익조 #연리지 #비익연리

043

매파 vs 비둘기파

200여 년간 이어진 매와 비둘기의 싸움

비둘기의 천적은 매다. 지금도 도심에 비둘기가 많아 골칫거리일 때 매 모형을 설치하기도 한다. 그러면 비둘기는 천적인 매가 무서워 얼씬도 하지 않기 때문이다. 매는 날개 달린 생물 중에서 최강자이면서 최고의 사냥꾼이다. 하늘 높은 곳에서 먹잇감을 발견하면 순식간에 하강해 먹이를 낚아챈다. 먹이를 낚아챌 때 속력이 시속 300킬로미터에 이른다고 한다. 이는 KTX나 F1 경주용 자동차와 비슷한 속도로, 동물 중에선 지구 상에서 가장 빠르다. 그래서 '하늘의 제왕'이다. 반면 비둘기는 평화의 상징이다. 제1회 아테네 올림픽부터 올림픽 개회식 때마다 비둘기를 날리는 것이 일종의 전통이 된 것도 이런 이유 때문이다.

노아가 대홍수를 피해 방주에 가족과 동물들을 태우고 망망대해를 헤매다 홍수가 끝났는지를 알아보고 육지도 찾기 위해 날려 보낸 새가 바로 비둘기다. 그 비둘기가 이레 만에 올리브 잎을 물고 돌아오면서 홍수가 그친 것을 알았다. 노아가 비둘기를 날려 보낸 것은 비둘기가 어느 새에게도 없는 강점을 갖고 있기 때문이다. 비둘기는 유순해 보이기만 하지만 최고 시속 112킬로미터를 자랑하며 이 속력으로 하루 10시간 이상을 날아 1,000킬로미터 밖까지 갈 수 있다. 머리나 눈에 자성을 띤 물질이 있어 방향을 잃지 않는 데다 지구력도 뛰어나 제1차 세계대전까지만 해도 통신용으로 많이 활용했다. 노아가 비둘기를 날려 보낸 이유를 짐작하게 하는 대목이다. 로마 시대에도 전쟁이 끝났다는 기쁜 소식을 알리는 데 비둘기를 썼다. 로마 시민들은 전쟁터에서 비둘기가 오면 큰 잔치를 열고 기뻐했다.

하지만 조류의 세계에서 비둘기는 매의 상대가 되지 못한다. 그런데도 매와 비둘기가 수백 년 동안 싸우는 것으로 그려지고, 비둘기가 이기는 경우도 다반

사다. 과연 어떻게 이것이 가능할까. 물론 자연 생태계에서 벌어지는 일이 아니라 인간 세계에서. 정치 분야에서 강경론자들을 '매파hawks'라고 부르고, 그 반대의 사람들을 '비둘기파doves'라고 부른다. 주전론자 主戰論者가 매파, 주화론자 主和論者가 비둘기파인 셈이다.

경제에서는 의미가 좀 다른데, 경제 위기나 금리 논쟁이 벌어질 때마다 매파와 비둘기파 간에 치열한 전쟁이 벌어진다. 매파는 긴축론자들이다. 물가 안정을 위해 금리를 올리고 통화량을 줄이자는 세력이다. 금리를 올려서 돈줄을 조이면 물가 상승은 억제할 수 있지만, 경기 회복세에는 찬물을 끼얹을 수도 있다. 비둘기파는 그 반대다. 경제성장을 위해 금리를 내리고 통화량을 늘리자는 사람들이다. 하지만 통화량이 늘어나 인플레이션inflation이 유발되는 부작용이 나타날 수 있다. 양측이 밀고 당기면서 금리를 결정하고 통화량을 조절한다. 보통 매파의 목소리가 커서 시장의 주목을 끌기도 하지만, 항상 매파가 이기는 것은 아니다. 비둘기파도 적잖이 매파의 공격을 이겨내면서 균형을 찾는다. 물론 매파와 비둘기파 어느 쪽에도 속하지 않는 세력도 있다. 중립 성향의 인물들로 '올빼미파owls'라고 부른다.

통화정책과 경제정책을 꼼꼼히 살펴보면 매와 비둘기의 싸움에서 승자가 어느 쪽인지를 어렵지 않게 찾아낼 수 있다. 경기 침체와 저금리 시대인 지금은 비둘기파가 득세하고 있다.

#노아 #대홍수 #로마 시대 #매파 #강경론자 #주전론자 #비둘기파 #온건론자 #주화론자 #올빼미파

044

샌드위치

처량한 신세의 상징이 되어버린 백작의 이름

시간이 없을 때나 밥맛이 없을 때 즐겨 먹는 샌드위치. 영국의 샌드위치Sandwich 백작에서 유래됐다는 것은 많이 알려진 얘기다. 그에 대한 음해였는지, 실제 그랬는지는 명확히 알려진 게 없지만, 도박에 빠진 샌드위치 백작이 밥먹는 시간을 줄이려고 빵 사이에 채소나 햄을 끼워 먹으면서 이 빵을 샌드위치라고 부르게 됐다는 것이다.

도박에 빠졌다는 오명과 달리 그의 이름은 여러 지명에 흔적을 남겼다. 신혼여행으로 인기를 끌고 있는 하와이의 옛 이름이 샌드위치제도다. 영국의 탐험가 제임스 쿡James Cook이 하와이에 첫발을 내딛으면서 영국 해군 대신이었던 샌드위치 백작의 이름을 따 명명했다. 이 이름은 미국령이 되면서 하와이로 바뀌었지만, 아직도 샌드위치라는 이름이 붙어 있는 지명이 존재한다. 남극대륙과 남아메리카 대륙 사이 남대서양에 있는 영국령 사우스샌드위치제도다. 이 땅 역시 제임스 쿡이 명명했는데, 여전히 세계지도에 그 이름 그대로 남아 있다.

지명에만 남아 있는 게 아니다. 정치나 경제, 사회 분야에서 이 단어는 양쪽에 끼어 옴짝달싹 못 하는 처량한 신세를 나타내는 상징어가 됐다. 두 조각의 빵 사이에 재료를 끼워 넣는 특징 때문이다. 특히 한국 경제를 비유할 때 '단골 용어'가 됐다. 한국 경제가 저가 기술은 중국이나 동남아에, 고급 기술은 선진국에 밀려 이러지도 저러지도 못하는 상황에 처해 있는 탓이다.

그런 상황이 더 악화해서인지, 최근에는 샌드위치 신세에서 한 발 더 나간 신조어가 만들어졌다. 바로 '넛크래커nut-cracker'다. 넛크래커는 호두를 양쪽에서 눌러 까는 호두까기 기계다. 그 안에 있는 호두는 처참하게 깨질 수밖에 없다.

이 말은 국제통화기금International Monetary Fund: IMF 외환 위기가 일어나기 직전 인 1997년 세계적 경영 컨설팅사인 부즈 · 앨런 앤드 해밀턴Booz Allen & Hamilton Inc.에서 한국 보고서(비전코리아)를 집필하면서 중국과 일본 사이에서 한국 경제 가 처할 상황을 어떻게 표현할 것인지를 두고 고민하다 만들어낸 말이다. 단순 히 샌드위치 신세라고 표현하면 사태의 심각성을 제대로 전달하지 못할 것 같 아 대책 마련의 긴박함과 심각성을 전달하기 위해 더 강한 표현인 넛크래커를 찾아냈다는 후문이다. 우리 경제의 위기를 단순히 부드러운 빵에 비유하기에는 적절치 않다는 판단에 따른 것이다.

이후 넛크래커는 경제 분야에서 샌드위치 신세와 함께 널리 사용되는 단어가 됐다. 여기에는 호두가 넛크래커에 담겨 박살 나는 것처럼 한국 경제도 IMF 위 기를 넘어서기 힘들 것이라는 비아냥조도 담겨 있었다. IMF 위기 때에는 실제 로 나라가 망하면서 넛크래커 신세가 될 것이라는 우려가 컸다. 하지만 한국 경 제는 보란 듯이 외환 위기를 맞은 그 어느 나라보다도 먼저 위기를 극복했다. 그 리고 세계가 인정하는 정보 기술 강국으로 부상했다. 특히 반도체 · 가전제품 · 휴대폰 등은 세계 최고의 정보 기술로 무장했고, 자동차 · 제철 등도 글로벌 톱 10 후보군으로 약진하고 있다. 이에 힘입어 이들 분야에서 가격은 일본보다 싸 고 기술은 중국보다 앞서는 '역逆넛크래커' 현상이 발생하고 있다는 말까지 나 온다.

경제가 어려워지면 항상 샌드위치나 넛크래커 신세라는 말이 대두되지만, 이 를 역샌드위치나 역넛크래커로 만들어야 하는 게 당면 과제다. 어떤 위기건 세 상에 극복 못 할 위기는 없다.

#샌드위치 백작 #도박 #샌드위치제도 #하와이 #한국 경제 #넛크래커

045

언더도그

약육강식의 시대, 약자의 짜릿한 반란

약자의 살은 강자의 먹이가 된다. 너무도 수없이 들어온 약육강식弱肉强食의 뜻이다. 강자가 약자를 희생시켜 종족을 번식시키거나 번영시키는 것은 어쩔 수 없는 세상 이치다. 짐승이나 사람이나 별반 다를 바 없다. 세상을 정글이라 고 표현하는 것도 그래서다. 약육강식의 영어 표현도 '정글의 법칙the law of the jungle'이다. 이런 구조에서 약자는 어떻게 살아가야 하나. 생존을 위해 끊임없이 몸부림치는 것 외에 마땅한 해법이 없다. 그런 약자가 너와 나, 어쩌면 우리 모 두다. 누구에겐 강자이지만, 또 누구에겐 한없이 약자일 수밖에 없는 삶을 살아 가기 때문이다. 그래서일까. 누구에게나 약자에 대한 연민이 움트고, 약자가 이 기기를 응원하는 마음도 생긴다. 약육강식 시대의 인지상정人之常情이다. 이른바 '언더도그 효과underdog effect'다.

약자를 의미하는 '언더도그'는 개싸움에서 밑에 깔린 개다. 밑에 깔렸으니 이 길 확률이 낮다. 하지만 사람들은 그 개가 다시 일어나 '언더도그의 반란'을 일 으키길 기대한다. 스포츠 경기나 영화에서, 게임에서, 지고 있는 약자의 반전 이 일어나길 원하는 심리가 그런 것이다. 선거에서 경쟁에 뒤지는 사람에게 동 정표가 몰리는 현상도 마찬가지다. 반면 언더도그를 지배하는 개는 '톱도그top dog' 또는 '오버도그over dog'다. 승자나 가진 자를 의미한다.

언더도그들이 이런 동정 효과에 힘입어 톱도그를 물리치고 일대 반전을 이루 기도 한다. 1948년 11월 3일 치러진 미국 대선에서 승리한 해리 트루먼Harry S. Truman이 대표적인 사례다. 최종 선거 결과가 나오기 전까지 아무도 그의 승리 를 예측하지 못할 정도로 트루먼은 경쟁자인 토머스 듀이Thomas Edmund Dewey 에게 밀렸다. 막판까지 갤럽은 듀이 50퍼센트, 트루먼 44퍼센트, 소수 후보 6퍼센트로 듀이의 당선을 점쳤다. 선거 다음 날 조간신문에는 '세기의 오보'도 터졌다. 〈시카고 데일리 트리뷴Chicago Daily Tribune〉은 "듀이, 투르먼을 격퇴하다"라는 제목으로 헤드라인을 뽑았다. 여론조사의 대실패와 이를 철석같이 믿은 언론의 부주의 탓이었다. 하지만 최종 결과는 트루먼이 극적으로 막판 뒤집기에 성공하며 4.4퍼센트포인트 차이로 듀이를 눌렀다. 언더도그 효과라는 말도 이때 생겼다.

미국의 첫 흑인 대통령이었던 버락 오바마Barack Obama의 반전은 더 극적이다. 2004년까지만 해도 그는 주 상원 의원을 지내기는 했지만 전국적으로는 이름이 거의 알려지지 않은 무명이었다. 더구나 흑인이었다. 하지만 2004년 7월 미국 매사추세츠주 보스턴에서 열린 민주당 전당대회에서 전국에 이름을 알리는 드라마를 연출한다. 당시 그는 대통령 후보자가 아니었다. 단지 존 케리John Forbes Kerry 대통령 후보를 지원하기 위한 찬조 연설자였을 뿐이다. 그럼에도 그는 연단에 올라 '담대한 희망'이라는 제목의 감동적인 연설로 스타덤에 올라 4년 뒤 흑인으로는 처음으로 백악관으로 직행했다. 그는 "진보적 미국과 보수적 미국이 아니라, 그저 미합중국이 있을 뿐입니다. 흑인의 미국이나 백인의 미국, 또는 라틴계의 미국과 아시아계의 미국이 아니라 오직 미합중국이 있을 뿐입니다"라며 9·11 테러와 이어진 반이슬람주의 광풍으로 갈라져 있던 미국에 큰 울림을 낳았다.

"쥐구멍에도 볕 들 날이 있다"라는 우리 속담을 영어로 표현하면 "에브리 도그 해즈 히즈 데이Every dog has his day"다. 직역하면 모든 개는 자신의 날이 있다는 말이다. 언더도그에게도 마찬가지다. 톱도그의 세계에서 언더도그의 반란은 늘 유쾌하고 흥분될 수밖에 없다.

#언더도그 #개싸움에서 밑에 깔린 개 #약자 #톱도그 #오버도그 #승자 #해리 트루먼

046

넛지

옆구리 찔러 목적을 이루다

대전 도시철도는 몇 년 전 지하철 내 임산부 배려석마다 '테디베어' 곰 인형을 하나씩 비치했다. 임산부들은 이 자리에 앉으면 곰 인형을 안고 있다가 내릴 때 다시 그 자리에 놓고 내리면 된다. 곰 인형을 왜 비치했을까. 임산부를 위한 게 아니다. 임산부가 아닌 일반 승객이 앉는 것을 방지하기 위해서다. 이 곰 인형은 "여기는 임산부 배려석입니다"라는 글귀가 적힌 피켓을 들고 있다. 일반 승객이 주위의 시선을 무시한 채 곰 인형을 안고 앉아 가기가 낯 뜨거울 수밖에 없다. 이는 단순히 분홍색으로 임산부 배려석을 만들었을 때보다 효과가 훨씬 좋았다. 작은 곰 인형 하나가 만든 놀라운 변화다.

대전 도시철도가 곰 인형을 임산부 배려석에 비치한 것은 '넛지 효과nudge effect'를 기대한 전략이다. 넛지nudge는 '팔꿈치로 슬쩍 찌른다'라는 뜻으로, 사람들이 눈치채지 못한 상황에서 선택을 일정 방향으로 유도하기 위한 방법이다. 미국 시카고대학교 경영대학원의 행동경제학자이자 노벨 경제학상 수상자인 리처드 세일러Richard H. Thaler 교수와 하버드대학교 로스쿨의 캐스 선스타인Cass R. Sunstein 교수가 제시한 개념이다. 대표적인 사례는 남자 화장실 소변기 중앙에 붙어 있는 파리 모양 스티커다. 왜 엉뚱하게 소변기 중앙에 이런 스티커를 붙여놓았을까. 남자들이라면 누구나 한 번쯤 이미 경험했을 것이다. 소변을 보면서 자신도 모르게 소변기 중앙에 붙은 파리를 겨냥하고 싶은 흥미가 유발된다.

남자 화장실 소변기에 파리 모양 스티커를 처음 붙인 곳은 네덜란드 암스테르담의 스히폴 공항이다. 소변기 주위로 소변이 튀어 화장실 청소에 골머리를 앓던 이곳 청소 담당 매니저 요스 반 베다프Jos van Bedaf의 아이디어에서 비롯됐다. 그가 군대 생활 당시 소변기에 작은 표적이 있었던 것에 착안해서 스히폴 공항 확장 공사를 감독하던 네덜란드 경제학자 아드 키붐Aad Kieboom에게 파리 스티커를 붙일 것을 제안하면서 실험적으로 이뤄졌다. 효과는 어땠을까? 파리 한 마리가 작은 기적을 이뤄냈다. 남자들이 소변을 볼 때 파리를 조준하다 보니 밖으로 튀는 소변의 양이 80퍼센트나 감소했다. 이런 효과에 주목한 세일러 교수와 선스타인 교수가 넛지 이론을 제시했고, 노벨 경제학상을 받는다.

넛지 이론은 우리가 알게 모르게 일상생활에 많이 활용되고 있다. 간혹 초등학교 신호등 앞에 안전선을 지키라는 지시 대신 노란색의 발자국 표시를 한 것도 같은 전략이다. 초등학생들은 이 발자국에 서서 신호를 기다리게 된다. 이후 스쿨존 사고가 30퍼센트나 줄었다. 지하철 계단을 밟을 때마다 불빛이 나오는 피아노 건반 모양으로 만든 것도 마찬가지다. 서울 신도림역이 그렇다. 이 효과로 에스컬레이터 대신 계단을 이용하는 시민들이 늘어났다. 훈계를 받는 느낌이거나 직접적인 마케팅과 홍보에 거부감을 나타내기 쉬운 게 사람 심리다. 체납 고지서에 반발감을 일으키는 경고 문구 대신 "이미 절반 넘는 납세자가 세금을 냈습니다"와 같은 표현으로 납세를 유도하는 것도 그래서다.

하지만 조심해야 할 게 있다. 피싱phishing 사기다. 전화나 인터넷 사이트 등을 통해 은밀히 유도하는 피싱 사기에 걸려 돈을 보내거나 클릭을 했다가 낭패를 보는 경우가 생각보다 훨씬 많다. 피싱과 같은 사기성 유혹도 넛지 이론처럼 은밀하게 다가온다.

#넛지 #팔꿈치로 슬쩍 찌른다 #리처드 세일러 #캐스 선스타인 #파리 모양 스티커 #피싱 사기

047

긱 경제

직장이 없는 시대가 온다

불과 반세기 전만 해도 로봇은 공장에만 배치됐다. 정해진 프로그램에 따라 부품을 조립하는 게 주 임무였다. 그런데 어느 순간 공장 밖으로 나와 서비스 영역까지 잠식하고 있다. 서빙 로봇, 바리스타 로봇, 조리 로봇 등이 단적인 예다. 전 세계 서비스 로봇 판매량은 연 50퍼센트 이상씩 늘어날 정도로 그 추세가 무섭다. 우리 앞에 성큼 다가온 인공지능artificial Intelligence: AI 등 4차 산업 시대가 가져올 공포다. 이제 로봇은 햄버거를 만들고 농작물도 키우는 것은 물론 환자 수술까지 대신한다. 아직 초보 수준이긴 하지만 신문 기사도 작성하고, 결코 넘어서지 못할 것 같았던 바둑에서 이세돌 9단마저 격파해버렸다. 그것도 완승이다.

그래서일까. 전 세계가 '고용 없는 성장'을 이어가고 있다. 여기에 경기 침체까지 더해져 가뜩이나 없는 일자리가 더 쪼그라들고 있다. 4차 산업 시대가 본격화하면 '데스노트'에 오를 일자리는 더 늘어날 게 뻔하다. 이렇게 일자리가 사라지면서 평생직장은 옛말이 됐고 투잡, 스리잡 시대가 열리고 있다. 기업에 채용돼도 정규직으로 일하는 것이 아니라 임시직·비정규직 형태가 많다. '쿠팡플렉스'나 '배민 커넥트' 등 배송 플랫폼에 등록해 하루 일과 중 일정 시간을 배송 업무에 종사하는 노동자도 있고, 기업 프로젝트에 참여했다가 프로젝트가 끝나면 고용 관계가 종료되는 경우도 있다. 그러니 가정을 꾸리고 집도 장만하려면 투잡을 넘어 스리잡, 포잡을 가질 수밖에 없는 상황이 됐다.

"아버지는 평생 한 가지 일만 하셨다. 나는 평생 여섯 가지 일을 할 것이고, 내 자녀는 동시에 여섯 가지 일을 할 것이다." 전 세계에서 가장 큰 자동차 공유 회사 '집카Zipcar'의 창립자 로빈 체이스Robin Chase는 앞으로 달라질 직업관을 이렇게 내다봤다. 사람들이 더 이상 평생직장을 꿈꾸지 않으며 수입을 창출하기 위해 여러 직업을 찾아 헤맨다는 얘기다.

이런 임시직 형태의 고용이 일반화되는 경제를 '긱 경제Gig economy'라고 한다. 기업의 임시직뿐 아니라 애플리케이션과 SNS 등 디지털 플랫폼을 매개로 일자리를 구하는 '플랫폼 노동자'들도 주요 구성원이다. '긱gig'이라는 말은 영어의 '계약engagement'이라는 단어를 줄여 쓴 속어다. 1920년대 미국의 재즈 공연장에서 필요에 따라 즉석으로 연주자를 섭외하는 공연을 '긱'이라고 지칭한 데서 유래했다. 컨설팅 그룹 맥킨지McKinsey가 2019년에 밝힌 바에 따르면, 미국 노동자의 20~30퍼센트가 어떤 식으로든 긱 경제에 종사하는 것으로 나타났다. 한국의 경우 그 비중이 얼마나 될지 정확히 파악된 게 없지만, 플랫폼 노동자만 50만 명 안팎에 달할 것으로 추정되고 있다. 앞으로 그 숫자가 날로 불어날 수밖에 없는 추세다.

이런 긱 경제에 대한 평가는 엇갈린다. 종속적인 노동에서 벗어나 시공간의 제약 없이 일을 하고 소득을 얻을 수 있다는 긍정적인 평가도 있지만, 보호받지 못하는 노동자가 양산될 것이라는 부정적인 평가도 뒤섞여 있다. 현재로선 양질의 일자리에서 밀려나는 사람들이 긱 경제에 참여하는 경우가 더 많기에 우려의 목소리가 더 크다. 인간의 삶을 좀 더 편하게 하기 위해 구현하고 있는 4차 산업 시대가 가져오는 딜레마다.

#고용 없는 성장 #긱 경제 #임시직 #비정규직 #플랫폼 노동자 #재즈 #즉석 섭외

048

비트코인

역사상 가장 위험한 돈의 탄생

비트코인bitcoin은 탄생부터 신비로웠다. 지금도 정체가 밝혀지지 않은 사토시 나카모토(가명)가 2008년 어느 날 〈비트코인: 개인 간(P2P) 전자화폐 시스템〉이라는 아홉 쪽 분량의 영문 논문을 발표했다. 그리고 이듬해인 2009년 비트코인을 처음으로 발행했다. 세상에 없던 새로운 개념의 화폐가 그야말로 하늘에서 '뚝' 떨어진 셈이다. 물론 처음 비트코인은 프로그래머들의 놀이 도구 정도로만 취급됐다. 하지만 발행 후 1년 만인 2010년 상황은 바뀐다. 그해 5월 18일 미국 플로리다주의 프로그래머 라스즐로 핸예츠Laszlo Hanyecz가 온라인 커뮤니티 '비트코인 포럼'에 "파파존스 라지 사이즈 피자 두 판을 주문해주면 1만 비트코인(당시 시세로 한화 약 4만 8,000원)을 주겠다"라고 제안한 것이다. 나흘 뒤인 22일 거래가 성립됐다. 비트코인이 화폐로서 교환가치가 있다는 사실을 증명한 것이다. 비트코인의 첫 실물 교환거래가 이뤄진 이날을 '비트코인 피자데이'라고 부르며 매년 기념할 정도다.

국내에서 비트코인이 유명해진 건 2017년 비트코인 투자 광풍이 불면서부터다. 1비트코인이 2만 달러(약 2,400만 원)까지 간다는 얘기도 나왔다. 그렇기에 비트코인은 그저 위험성 높은 투자 상품 정도로만 여겨지지만, 본질은 좀 더 심오하다. 달러라는 기존 세계화폐를 대신하는 새로운 화폐를 넘어, 달러를 발행하는 기존 시스템 자체를 전복시키는 존재이기 때문이다. 비트코인의 본질을 이해하려면 기존 화폐의 특징부터 알아야 한다. 미국의 중앙은행인 연방준비제도Federal Reserve System가 발행하는 세계화폐 '달러'를 예로 살펴보자. 연준은 시중에 풀린 통화량이 적어 금리가 오르면 달러를 더 찍어내 통화량을 늘리고, 반대의 경우 달러를 사들여 통화량을 줄인다. 그리고 달러는 연준의 보증 아래 일정한 가치로 교환된다. 즉, 달러가 화폐로서 의미를 가지는 데 중앙은행의 역할이 필수적이다. 하지만 이 시스템은 한계가 있다. 중앙은행인 연준의 행동에 따라 달러 가치가 올라갈 수도 내려갈 수도 있는 것이다. 실제로 2008년 미국 금융 위기 당시 연준은 두 번에 걸쳐 달러를 대량으로 찍어냈고, 달러 가치는 폭락했다.

여기서 사토시 나카모토는 당황했을 것이다. "연준이 무제한으로 달러를 찍어낸다면 내가 그동안 어렵게 모은 달러가 무가치해질 수도 있겠구나." 그래서 그는 중앙은행에 의존하지 않는 '탈脫중앙적'이면서도 거래 당사자 모두가 신뢰할 수 있는 새로운 화폐의 탄생을 기획했다. 그런 화폐, 즉 비트코인의 탄생을 위해 개발한 기술이 바로 '블록체인block chain'이다. 블록체인은 지금까지 중앙은행의 업무였던 금전 거래나 통화 발행 등에 대한 기록, 즉 장부의 관리를 수많은 개인이 분산해서 실시하는 기술을 뜻한다. 중앙 서버 한 곳에 데이터를 보관하는 것이 아니라 블록에 데이터를 담아 체인 형태로 연결해 수많은 컴퓨터에 동시에 복제·저장함으로써 데이터 위조·변조 등을 막는다. 중앙은행의 필요성을 지워버리고 모든 사람이 중개자이자 보증인이 되는 시스템을 구축한 것이다. 다만 이처럼 개인 컴퓨터를 장부 보관용으로 쓰겠다면 어느 정도 대가가 필요하다. 이때 보상으로 발행된 화폐가 바로 비트코인이다.

이런 기술이 보편화한다면 중앙은행의 존재 가치가 유지될 수 있을까. 어쩌면 은행을 넘어 어설픈 국가 체제도 거추장스러울지 모른다. 실제로 최근 베네수엘라에서는 자국 화폐 대신 비트코인의 거래가 급증했다고 한다. 국민의 재산조차 보호해주지 못하는 국가의 존재를 국민들이 거부하고 있는 것이다. 비트코인이 역사상 가장 위험한 화폐로 여겨지는 이유다.

#비트코인 #사토시 나카모토 #비트코인 피자데이 #블록체인 #탈중앙

공유지의 비극

공짜니까 막 쓰자?

스타벅스는 2019년 5월 하워드 슐츠Howard Schultz 당시 회장의 결정에 따라 음료 구입 여부와 관계없이 모든 방문객에게 화장실을 개방했다. 필라델피아에 있는 스타벅스 매장에서 흑인 고객이 음료를 주문하지 않고 화장실 사용을 요구했다가 매장 직원의 신고를 받고 출동한 경찰에게 연행되면서 인종차별 문제가 불거졌기 때문이다. 화장실을 개방한 뒤 어떻게 됐을까. 모든 사람이 화장실을 쓸 수 있게 한 결과, 아무도 사용할 수 없는 지경이 됐다. 화장실 이용자가 급증하면서 위생 상태가 극도로 나빠진 데다 화장실 내 마약 사용 문제도 발생했다. 3,700명이 넘는 스타벅스 직원은 이후 주사기용 휴지통을 따로 설치해달라는 청원서를 내는가 하면 아예 화장실 문을 잠가놓거나 청소 중이라는 이유로 출입을 막아놓는 사례도 급증했다. 미국의 세계적 경제 일간지 〈월스트리트저널Wall Street Journal〉은 이를 두고 "누구나 자유롭게 사용할 수 있는 공공재는 사람들이 남용해 쉽게 고갈될 수 있다는 '공유지의 비극'이 스타벅스 화장실에서 나타나고 있다"라고 보도했다.

'공유지의 비극Tragedy of the commons'은 공동소유의 목초지를 자유롭게 이용하도록 하면 구성원들이 경쟁적으로 과잉 방목에 나서면서 목초지가 황폐화되는 현상을 말한다. 개인마다 자신의 이익을 추구하면서 궁극적으로 이익은커녕 모두가 망하는 결과를 초래한다는 것이다. 스타벅스 화장실을 모두가 쓰도록 했더니 아무도 못 쓰게 되는 결과를 야기한 것도 마찬가지 이치다. 이런 사례는 우리 주변에서 너무 쉽게 발견된다. 자연은 모든 이의 것이지만 어느 누구의 것도 아닌 특성 때문에 너도나도 앞다퉈 자연 자원 개발에 나서면서 황폐화되고 있다. 공공 화장실에 휴지가 널려 있고 길거리에 담배꽁초가 마구 버려지는 것도 공유지가 낳은 비극인 셈이다. 제정신이라면 자신의 집에 휴지나 담배꽁초를 마구 버릴 사람은 없다.

이 이론은 영국 경제학자 윌리엄 포스터 로이드William Forster Lloyd가 1833년 제기했는데, 1968년 미국 캘리포니아대학교 소속 생물학자 가렛 하딘Garrett Hardin이 과학 잡지 〈사이언스Science〉에 관련 논문을 발표하면서 빛을 보게 됐다. 주요 내용은 이렇다. 영국의 한 마을에 가축 기르기에 적격인 초원이 있었다. 초원 인근에 사는 목동들은 가축을 끌고 와 풀을 먹였다. 땅은 넓고 동물 수가 적다 보니 가축이 풀을 마음껏 뜯어 먹어도 문제가 되지 않았다. 그런데 초원에 점점 더 많은 가축이 들어오면서 상황은 돌변한다. 좋은 풀은 줄어들고 대지는 오물로 가득 찼다. 초원은 결국 방목할 수 없는 황무지로 전락했다. '공유지의 비극'이 만들어진 유래다.

그렇다고 공유지를 쪼개 사유화하는 것만이 능사가 아니다. '반反공유지의 비극Tragedy of the Anticommons'이라는 용어가 생긴 것도 그래서다. 캘리포니아대학교 마이클 헬러Michael Heller 교수가 1998년 〈하버드 로 리뷰Harvard Law Review〉에 발표한 내용이다. '공유지의 비극'과는 정반대 개념이다. 특허권과 같이 공유되어야 할 재산이 쪼개져 사유화하면서 사회 전체의 생산 증가를 막는다는 것이다. 비극은 공유지나 사유지의 문제가 아니라 늘 탐욕과 몰상식에서 초래된다.

#공유지의 비극 #공동소유의 목초지 #과잉 방목 #목초지 황폐화 #윌리엄 포스터 로이드

050

보이콧

거부 운동의 대명사가 된 경작지 관리인

'거부 운동'이라는 뜻으로 쓰는 보통명사 '보이콧boycott'은 사람 이름에서 유래된 말이다. 아일랜드 귀족의 재산 관리인이었던 찰스 보이콧Charles Boycott이 그 주인공이다. 그러면 보이콧이 왜 불매운동과 거부 운동의 대명사가 됐을까.

영국의 육군 대위 출신인 찰스 보이콧은 아일랜드에서 부재지주인 존 크라이튼John Crichton 백작의 경작지 관리인으로 근무했다. 1879년 아일랜드 전역에 대기근이 들어 소작농들이 그에게 소작료를 깎아달라고 부탁했지만 거부하고, 오히려 말을 듣지 않으면 영지에서 쫓아내려 했다. 이를 위해 수단·방법을 가리지 않고 난폭한 행동도 서슴지 않았다. 그 결과 마을 사람들의 분노가 폭발했다. 상점들은 보이콧에게 먹을 것을 판매하지 않았고, 보이콧이 다니던 교회마저도 그를 배척했다. 하인들도 보이콧의 집에서 철수하고 우편배달도 거부했다. 한마디로 보이콧에 대한 보이콧이었다.

이 사건은 1880년 11월 〈타임스The Times〉에 보도되고, 유럽 전역의 다른 신문들도 기사화하면서 '보이콧'이라는 단어가 일반화되기 시작했다. 이와 관련한 신문 보도 내용을 요약하면 이렇다. "뉴 팔라스 사람들은 지주나 관리인을 보이콧하기로 결의하고 음식물 제공을 거부했다. 보이콧 대위는 결국 관리인 자리를 그만두고 가족과 함께 잉글랜드로 돌아갔다. 그는 1897년 65세의 나이로 죽었지만, '보이콧'이라는 말을 만들어냄으로써 영원히 불멸하게 됐다."

보이콧이 새로운 변화를 가져오는 긍정적인 역사를 만들기도 했지만, 오점을 남긴 경우도 있다. 전자의 경우는 많은 인권 운동이 그 범주에 속한다. 1955년 12월 1일 흑백 차별로 버스 좌석이 분리돼 있던 미국 남부 앨라배마주 몽고메리시에서 로자 파크스Rosa Parks는 백인 승객에게 자리를 내주라는 버스 운전사의 지시를 거부했다는 이유로 경찰에 체포된다. 이 사건은 이후 382일 동안 좌석을 피부색에 따라 구분하는 버스를 타지 말자는 '몽고메리 버스 보이콧Montgomery Bus Boycott'으로 이어졌고, 인종차별 정당화 법률이 폐기되는 도화선이 됐다. 후자의 대표적인 사례는 냉전 시대 올림픽이다. 동서가 갈라져 있던 1980년대 소련과 미국이 각각 올림픽을 보이콧하면서 양쪽 진영의 절반만 참여하는 '반쪽 올림픽'이 열리곤 했다. 1980년 모스크바 올림픽에는 자유 진영이 올림픽 참가를 보이콧했고, 1984년 로스앤젤레스 올림픽에는 반대로 소련에 동조한 국가들이 참가를 거부했다.

재미있는 것은 보이콧에 '소년boy'이라는 단어가 들어 있다는 이유로 '걸콧girlcott'이라는 말도 생겼다는 점이다. 단순히 '보이boy'를 '걸girl'로 바꾼 조어로, 여성들의 보이콧을 가리킨다. 여성들이 힘을 모아 일상적으로 성차별이 심한 조직이나 그런 조직의 제품을 보이콧하는 운동이다.

부당한 행위에 대한 또 다른 저항 수단으로 '사보타주sabotage'라는 말도 있는데, 이는 프랑스어 '사보sabot(나막신)'에서 유래된 말이다. 땅이 질어 나막신을 신던 지역의 노동자들이 고용주의 부당한 처사에 대항해 사보를 던져 기계를 고장 냈던 데서 사보타주라는 말이 생겨났다고 한다. 한국에서는 일부러 일을 게을리하는 '태업怠業'으로 번역되지만, 단어가 탄생한 프랑스나 영어권에서는 고의적인 시설 파괴 행위를 뜻하는 경우가 더 많다.

#아일랜드 #찰스 보이콧 #경작지 관리인 #몽고메리 버스 보이콧 #걸콧 #사보타주

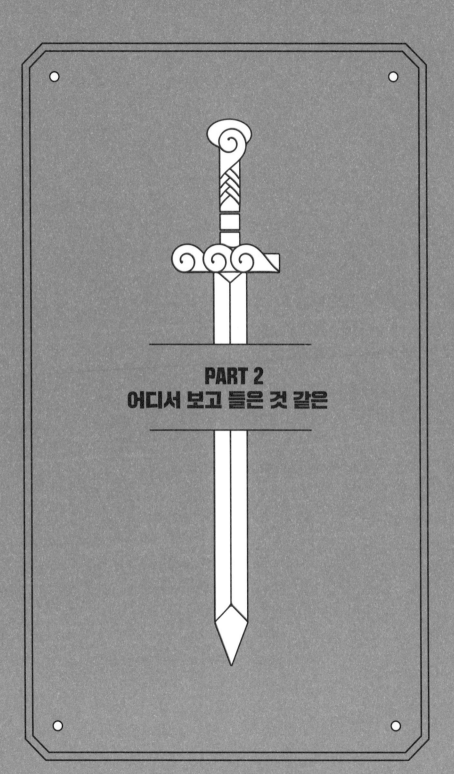

PART 2
어디서 보고 들은 것 같은

051

파천황

세상을 바꿀 자가 나타났다

2020년 2월 한국 영화 〈기생충〉이 아카데미상 여섯 개 후보군에 올라 감독상, 작품상, 각본상, 국제영화상 등 네 개 부문을 석권했다. 한국 영화 100년 사상 가장 큰 경사였다. 특히 아카데미 시상식에서 외국 영화가 작품상을 수상한 것은 이때가 처음으로, 〈기생충〉의 봉준호 감독은 단번에 세계적인 감독 반열에 올랐다. 〈기생충〉은 칸 영화제 대상에 해당하는 황금종려상까지 거머쥐었다. 이번 수상은 봉 감독만의 영예가 아니다. 한국 영화에도 의미가 남다르다. 영화 변방에서 중심으로 나갈 수 있는 발판이 마련됐다. 가장 한국적인 이야기로 세계인의 마음을 움직였고, 개성 있고 디테일한 연출과 촌철살인의 대사, 그리고 각본, 편집 등 대한민국 영화의 역량을 전 세계에 증명했기 때문이다. 언론에서 봉 감독을 한국 영화의 '파천황破天荒'이라고 평가한 것도 그래서다. 한국 영화 역사에서 아무도 하지 못한 일을 봉 감독이 해냈다는 것이다.

파천황은 천지개벽 이전의 혼돈한 상태를 깨뜨려 연다는 뜻으로, 이제까지 아무도 하지 않은 일을 행한다는 의미다. 이 말은 중국 당唐나라 때 형주 지역에서 유래됐다. 형주의 관리들과 명망 있는 집안 사람들은 해마다 과거 시험 응시자를 선발해 중앙의 대과 시험을 치르게 했다. 수도에서 멀어 모든 게 낙후된 형주 지역으로선 대과 급제자를 내어 중앙에서 목소리를 키우고 지역 발전을 꾀하는 게 당면 과제였기 때문이다. 하지만 응시자들마다 번번이 낙방했다. 수십 년간 갖은 노력을 다 기울였지만 허사였다. 그래서 사람들은 이 지역을 천황天荒이라 했고, 선발되어 나간 사람을 천황해天荒解라고 불렀다. 천황은 천지가 미개한 때의 혼돈 상태를 말하고, 천황해는 이를 해소할 사람이라는 뜻이다. 그런데 선종宣宗 때 유세劉蛻라는 젊은이가 마침내 과거 시험에 합격하며 형주 지역의 한을 풀어줬다. 이에 형주 사람들은 "천황을 깬 자가 나왔다"라고 환호하며 그를 가리켜 '파천황'이라고 칭했다. 파천황이라는 말이 탄생된 배경이다.

파천황은 전대미문前代未聞(이전에 들어본 적이 없음), 전인미답前人未踏(지금까지 아무도 밟은 사람이 없음), 미증유未曾有(일찍이 있지 않았던 일), 파벽破僻(양반이 없는 시골이나 인구수가 적은 성씨에서 인재가 나서 미천한 상태를 벗어남) 등과 같은 뜻이다. 지금까지 인류 역사는 파천황들과 파천황적 발상 및 발명에 의해 진보했다. 그들에게는 남들이 겪지 못한 수많은 고통과 좌절이 있었음은 물론이다.

동양과 서양을 이어준《동방견문록Divisament dou Monde》을 쓴 마르코 폴로Marco Polo는 무려 26년 동안이나 중국 대륙 등을 돌아다녔다. 이 경험을 토대로 그가 쓴《동방견문록》은 단순히 여행담이 아니라 오늘날에도 생생하게 확인될 수 있을 정도로 사실적이다. 그 내용은 지중해 패권을 두고 싸우던 제노바공화국과 베네치아공화국의 해전에 참여했다가 제노바의 포로가 된 뒤 감옥에서 구술한 것이다. 그의 여행 이야기를 믿지 않았던 친구들은 마르코 폴로가 사망할 때 여태껏 거짓말을 했다는 걸 고백하고 죽으라고 비아냥댈 정도였다. 하지만 그의 기록은 유럽인들에게 동양이라는 신세계를 알려줬다.

"그래도 지구는 돈다"라는 명언을 남긴 갈릴레오 갈릴레이Galileo Galilei의 고난은 더 심했다. 로마 교황청이 갈릴레이에게 철학적으로 우매하고 이단적인 지동설을 더 논하지 않겠다는 서약을 하도록 했고, 그가 끝내 우회적으로 지동설을 주장하는 책을 내자 종신 가택 연금에 처했다. 그의 고난은 사후에도 이어져 장례식조차 금지되었지만, 천문학 역사에 혁명을 이뤄냈다.

#파천황 #당나라 #형주 #천황 #천황해 #전대미문 #전인미답 #미증유 #파벽 #갈릴레오 갈릴레이 #지동설

052

출사표

결코 던져서는 안 되는 글

1940년 영국 총리 윈스턴 처칠Winston Churchill은 국민들에게 독일 항전 연설을 한다. "우리는 끝까지 싸울 것입니다. 우리는 대양에서도 해안에서도 싸울 것입니다. 우리는 커지는 자신감과 힘을 바탕으로 하늘에서도 싸울 것입니다. 어떤 대가를 치르더라도 우리의 섬을 지켜낼 것입니다. 우리는 해변에서도 싸우고 땅에서도 싸울 것입니다. 우리는 들판과 거리에서도 싸울 것입니다. 우리는 언덕에서도 싸울 것입니다. 우리는 결코 항복하지 않을 것입니다." 독일 항전을 시작하려는 결연한 의지를 밝히는 출사표였다. 그의 이 연설은 파죽지세의 독일에 맞서 싸우느냐, 항복하느냐를 놓고 양분돼 있던 민심을 통합하는 데 성공한다.

출사표出師表는 원래 군대를 출동시키면서 임금에게 올리는 글이다. 여기에서 '사師'는 군대를, '표表'는 임금에게 올리는 글을 뜻한다. 가장 유명한 출사표는 중국 삼국시대 촉蜀나라의 재상 제갈공명諸葛孔明이 위魏나라를 치기 위해 출병하면서 황제 유선劉禪에게 올린 상소문이다. 제갈공명의 출사표는 〈전출사표〉와 〈후출사표〉, 이 두 가지로 나뉘는데, 빼어난 문장과 애국심, 그리고 선제先帝 유비劉備에 대한 충성심으로 가득 차 이 글을 읽고 울지 않은 이가 없을 정도였다고 한다.

제갈공명은 3세기 중국 삼국시대 촉나라의 책사로, 이름은 량亮, 자는 공명孔明이다. 이름은 가족만 부르고 다른 사람은 이름 대신 자를 불렀던 당시 풍습에 따라 본명인 제갈량보다 제갈공명으로 더 알려져 있다. 관우關羽·장비張飛에 이어 유비마저 세상을 뜬 뒤 17세 된 유비의 아들 유선을 황제로 모시고 재상으로서 선제의 유업을 지키는 데 전력했다. 그가 올린 〈전출사표〉의 마지막 문장은 이렇다. "신이 만약 제대로 일을 해내지 못하면 그 죄를 다스리시고 선제의 영전에 알리옵소서. 폐하 또한 착한 길을 자주 의논하시어 스스로 그 길로 드시기를 꾀하소서. 아름다운 말은 살피시어 받아들이시고 선제께서 남기신 가르치심을 마음 깊이 새겨 좇으시옵소서. 신은 받은 은혜에 감격하여 이제 먼 길을 떠나옵니다. 떠남에 즈음하여 표문을 올리려 하니 눈물이 솟아 더 말할 바를 알지 못하겠나이다." 제갈공명의 이 출사표는 진晉나라 이밀李密이 무제武帝에게 올린 〈진정표陳情表〉, 당唐나라 사상가 한유韓愈가 쓴 〈제십이랑문祭十二郎文〉과 함께 중국 3대 명문 중 하나로 꼽힌다. 무릇 신하된 자로서 이 출사표를 읽고 울지 않는 자는 충신이 아니라는 말까지 나올 정도였다. 제갈공명의 출사표가 후대에 출사표의 대명사가 된 것도 그래서다.

이런 심오한 의미의 출사표가 시간이 지나 관용적인 표현으로 널리 쓰이게 됐다. 대표적인 게 '출사표를 던지다'라는 표현이다. 큰 시합이나 경쟁, 선거 따위에 용감히 나서겠다는 의사를 밝힌다는 의미다. 국립국어원 〈표준국어대사전〉에도 올라 있는 관용구다. 그런데 출사표의 본뜻을 곰곰이 생각하면 '던지다'라는 단어와는 어울릴 수 없는 말이다. 신하가 우국충정의 깊은 뜻을 담아 공경하는 마음으로 임금에게 올리는 글이 출사표인데, 이를 던진다는 것은 상상하기 힘들기 때문이다. '바치다'나 '올리다'가 어울리는 단어. 단어의 본래 의미가 변질돼 '도전하다'라는 의미의 관용구로도 쓰이다 보니 출사표의 본뜻은 사라지고 용법마저 모호해졌다.

#출사표 #임금에게 올리는 글 #촉나라 #제갈공명 #전출사표 #후출사표

053

황제 & 왕

황제는 짐이고 왕은 과인이었다?

조선 시대를 배경으로 하는 웹툰이나 소설 등의 창작물을 보다 보면 임금이 자신을 향해 '짐朕'이라 호칭하는 경우가 종종 나온다. 엄밀히 말해 이 표현은 시대 고증이 잘못됐다. 당시 '짐'은 황제만 사용하는 황제 전용 일인칭 대명사였다. 조선의 군주인 임금은 '왕'을 자칭했기에 짐 대신 '과인寡人'을 쓰는 경우가 많았다. 과인은 《맹자孟子》〈양혜왕편梁惠王篇〉에 나오는 '과덕지인寡德之人'의 준말인데, 덕이 적은 사람이라는 뜻을 지니고 있다. 왕이 자신을 낮추어 겸손하게 부를 때 쓰는 칭호였던 것이다. 실제로 《조선왕조실록朝鮮王朝實錄》에는 조선 22대 왕인 정조正祖가 자신이 즉위한 날 신하들을 향해 이렇게 말한 기록이 남아 있다. "과인은 사도세자의 아들이다."

신하들이 조선의 왕을 부를 때 '폐하陛下'라고 부른다면 이 또한 적절치 않다. 조선 시대에는 폐하라는 말도 황제에게만 쓰도록 했기 때문이다. 황제가 아닌 왕에게는 '전하殿下'라고 했다. 한자를 풀어보면 '폐陛'는 섬돌이라는 뜻이고, '전殿'은 대궐이라는 의미다. 신하들은 왕을 만날 때 왕이 정사를 보는 전각 아래에 서 있었기에 '낮은 자리를 바라봐 주십사' 하는 마음을 담아 '전하'라고 불렀다. 황제를 알현할 때는 전각보다 낮은, 그 아래 섬돌 밑에서 조아리고 있었기에 '폐하'라고 부르게 됐다고 한다. 한편 '각하閣下'라는 호칭도 있는데, '각閣'은 과거 정승의 집무실을 말했다. 고관대작을 부를 때 사용됐던 단어가 현대에 들어서는 최고위 공무원인 대통령의 경칭으로도 잠시 쓰였다.

왕이나 황제나 따지고 보면 한 나라의 군주임은 다를 바 없는데, 왜 이렇게 부르는 호칭이 달랐던 것일까. 유래는 황제皇帝라는 호칭의 시작에서 찾아볼 수 있다. 기원전 221년 중국을 통일한 진秦나라의 왕 영정嬴政은 자신을 다른 왕들처럼 부를 수 없다 하여 새 제호인 황제를 만들어냈다. 진나라 이전의 고대 국가인 하夏나라 · 상商나라 · 주周나라에 이르는 동안 줄곧 왕이라는 칭호가 쓰였지만, 영정은 자신이 그들보다 더 특별한 왕이라고 여긴 것이다. 그렇게 그는 진시황秦始皇이 되었다.

황제라는 말은 중국 고대의 전설적 제왕이자 신화 속 성군인 삼황오제三皇五帝에서 따왔다. 삼황은 대체로 복희씨伏羲氏와 신농씨神農氏에다가 수인씨燧人氏 혹은 여와씨女媧氏 중 한 명을 포함했는데, 복희씨는 사냥 기술을, 신농씨는 농경 기술을, 수인씨는 불을 발명했다고 전해진다. 여와씨는 복희씨의 여동생이자 인류의 시조, 모계사회의 수령으로 여겨지는 인물이다. 오제는 황제黃帝, 전욱顓頊, 곡嚳, 요堯, 순舜이라는 다섯 사람의 성군을 가리킨다. 즉, 스스로 황제라고 칭한 진시황은 자신이 삼황오제의 덕을 겸비하고 있다는 것이다. 진시황은 황제 칭호를 쓰면서 자신을 가리킬 때 쓰는 '짐'과 황제의 인장인 '옥새玉璽'라는 말도 오직 황제만 사용할 수 있도록 했다. 또 군주가 신하에게 내리는 말과 글을 의미하는 '명命'과 '령令'도 황제의 경우에 한해 특별히 '제制'와 '조詔'로 바꿔 쓰도록 명했다.

중국은 황제이고 우리는 다소 격이 낮아 보이는 왕을 모셨다고 해서 우리가 중국에 굴욕적인 외교를 한 것은 아니다. 역사를 톺아볼 때 신라나 고려는 과인과 짐을 혼용했다고 하고, 왕권이 강력했던 조선 영조英祖도 말년에는 짐이라는 표현을 종종 썼다고 한다. 조선은 중국과의 관계로 인해 짐이라는 표현을 자제했지만, 고종高宗이 조선을 '대한제국'으로 개칭한 후로는 다시 쓰기 시작했다. 이승만 대통령 역시 본인을 짐이라 부르는 경우가 많았다고 하니 결국은 지도자의 겸손이 문제가 아니었나 싶다.

#황제 #짐 #폐하 #왕 #과인 #과덕지인 #전하 #진시황 #삼황오제

역린

살고 싶으면 그 비늘만은 건드리지 마라

용龍은 상서로움의 상징이다. 십이지신十二支神 열두 동물 가운데 유일하게 실재하지 않는 전설의 동물이다. 그래서 옛날부터 용은 복을 가져다주는 신성한 존재인 동시에 인간이 오를 수 있는 최고의 존위尊位로 여겨졌다. 태몽으로 용꿈을 꾸면 최고의 길몽으로 믿고 개천에서 용이 나길 바라는 것도 그런 의미와 무관치 않다. 입신출세의 관문을 등용문登龍門이라 한 것도 마찬가지다. 중국 황하 상류에 있는 용문이라는 협곡의 물살이 워낙 셌기에 이 거센 물살을 헤치고 협곡에 오른 물고기는 용이 되었다는 전설에서 유래됐다.

왕이 나라를 지배하던 시절 최고의 존위는 제왕이나 임금이다. 임금을 뜻하는 단어에 용이라는 글자가 유독 많이 들어 있는 것도 용이 바로 최고의 존위를 나타내기 때문이다. 용안龍顔은 임금의 얼굴을 높여 부르는 말이고, 용포龍袍는 임금이 입던 정복을 의미한다. 임금이 앉는 자리는 용상龍床, 임금이 타는 수레는 용여龍輿라고 불렀다. 용비龍飛는 임금의 즉위를 성스럽게 이르는 말이다. 조선 건국의 시조들을 찬양하고 왕조의 창건을 합리화한 노래 〈용비어천가龍飛御天歌〉는 '용이 날아 하늘로 올라가는 노래'라는 뜻이다. 세종대왕世宗大王은 조선 건국의 유구함과 조상들의 성덕을 찬송하기 위해 이 노래를 만들었다.

그렇다고 용이 경외의 대상만은 아니었다. 인간과 친해 용을 잘만 길들이면 인간이 타고 다닐 수도 있다고 믿었다. 다만 절대 건드려서는 안 될 부분이 있다. 이것을 건드리면 아무리 길들여진 용이라도 불같이 화를 내며 인간을 죽음에 이르게 한다는 것이다. 이것은 다름 아닌 턱 밑에 거꾸로 붙어 있는 비늘, 즉 역린逆鱗이다. 린鱗은 물고기나 동물의 비늘을 나타낸다. 전설에 의하면 용은 온몸을 81개의 비늘로 감싸고 있는데, 이 하나의 비늘만 거꾸로 있다는 것이다.

역린이라는 말의 유래는 중국 춘추전국시대의 사상가 한비자韓非子와 그 일파가 쓴 책 《한비자韓非子》의 〈세난편說難篇〉에서 비롯됐다. 〈세난편〉은 설득의 어려움과 그 기법을 말해주는 내용인데, 여기에 나오는 역린의 내용은 이렇다. "무릇 용이라는 동물은 길들이면 사람이 타고 다닐 정도로 온순한 짐승이다. 그러나 턱 밑 언저리에 직경이 한 자나 되는 비늘이 거슬러 나 있는데, 만약 이를 건드리면 물어 죽이고 만다. 임금에게도 이 같은 역린이 있어 유세하려는 자는 임금의 역린을 건드리지 않을 수 있어야 설득을 기대할 수 있다." 이후로 역린은 임금이 노여워하는 임금만의 약점 또는 노여움 자체를 가리키는 말이 됐다. 이를 건드리면 죽음을 면하기 힘들다는 것이다.

흔히들 서양에 마키아벨리 Niccolò Machiavelli의 《군주론 Il Principe》이 있다면, 동양에는 한비자의 《한비자》가 있다고 이야기한다. 한비자는 냉혹한 정치 현실 속 법가의 사상을 집대성했다. 그런 한비자를 진시황秦始皇도 탐냈다. 진시황은 그를 얻기 위해 일부러 한韓나라에 전쟁을 선포했고, 다급해진 한나라는 한비자를 진시황에게 사신으로 보낸다. 하지만 한비자 역시 그 누구보다도 설득의 어려움을 잘 알고 설득 요령에도 통달했어도 종국에는 진시황의 노여움을 사 사약을 받는 불행에서 벗어나지 못했다.

#등용문 #용안 #용포 #용상 #용여 #용비 #용비어천가 #역린 #용의 턱 밑에 거꾸로 붙어 있는 비늘 #임금의 노여움 #한비자

055

만파식적
백성의 근심을 씻어준 신비의 피리

통일신라의 주역 문무왕文武王과 김유신 장군은 죽어서도 나라를 걱정했다. 문무왕은 그의 유언대로 죽어서 바다의 용海龍이 되고 김유신 장군은 천신天神이 돼서 삼한을 지켰으니 말이다. 이들은 이에 그치지 않고 나라를 지킬 신비스러운 보물까지 내려보냈다.《삼국유사三國遺事》에 전해지는 설화다.

문무왕의 맏아들인 신문왕神文王이 즉위한 지 2년째 되는 어느 날, 한 신하가 임금께 아뢴다. "거룩하신 선왕께서 이제 바다의 용이 되어 삼한을 지키고 있습니다. 김유신 공도 천신이 되었습니다. 이들 두 성인이 나라를 지킬 보물을 내리려 하십니다. 폐하께서 바닷가에 행차하시면 반드시 값으로 따질 수 없는 큰 보물을 얻게 될 것입니다." 이 말을 들은 신문왕은 동해 바닷가 한 섬으로 행차했는데, 이곳에는 문무왕과 김유신이 용을 시켜 내려보낸 대나무가 있었다. 이 대나무는 낮에는 둘이 되었다가 밤에는 하나로 합쳐졌다. 신문왕은 너무 신기해 용에게 대나무의 이치를 물으니, 용이 "한 손으로는 어떤 소리도 낼 수 없지만 두 손이 마주치면 소리가 나는 것과 같습니다. 대나무도 합해진 연후에야 소리가 납니다. 왕께서 이 대나무를 가져다가 피리를 만들어 불면 천하가 평화로워질 것입니다"라고 말한 뒤 홀연히 사라졌다.

신문왕은 환궁한 뒤 용의 말대로 그 대나무로 피리를 만들게 했는데, 이 피리를 불면 적의 군사가 물러가고, 가뭄에는 비가 내렸다. 또 아픈 사람의 병도 낮게 하는 등 백성의 근심이 사라졌다. 이 피리가 바로 '만파식적萬波息笛'이다. 온갖 풍파를 잠재우는 피리라는 뜻이다. 신령스러운 만파식적 덕분인지 신문왕 재위 12년간 나라가 번창하고 동시에 강력한 왕권도 확립됐다. 신문왕은 특히 하나의 신라를 만들기 위해 옛 백제인, 옛 고구려인, 심지어 말갈족에게까지 똑

같은 기회를 부여하며 통일신라의 기틀을 다진 것으로 전해진다.

만파식적처럼 나라를 지켜준 신비한 악기 이야기는 적잖이 전해지는데, 대표적인 게 낙랑국에 있었다는 자명고自鳴鼓다. '혼자 우는 북', '저절로 우는 북'이라는 뜻이다. 외적이 쳐들어오면 북이 저절로 울어 이를 알려줬다는 것이다. 호동왕자와 낙랑공주 애기로 잘 알려져 있다. 그 내용은 이렇다.

고구려의 세 번째 왕인 대무신왕大武神王의 아들 호동은 의도적으로 낙랑공주에게 접근해 공주와 결혼한다. 당시 고구려는 남쪽의 풍족한 나라 낙랑국을 호시탐탐 노리고 있었다. 더구나 호동은 둘째 부인의 아들로 적통이 아니어서 왕이 되려면 큰 공을 세워야만 했다. 낙랑공주와 결혼한 호동은 고구려로 돌아오면서 공주에게 자명고를 찢으라고 말한다. 호동과 사랑에 빠진 공주는 호동의 말대로 자명고를 찢은 뒤 이 사실을 호동에게 알렸고, 호동은 즉시 왕에게 낙랑국을 습격할 것을 권한다. 고구려가 기습을 하는데도 자명고가 울리지 않으니 낙랑국은 속수무책으로 당할 수밖에 없었다. 낙랑국의 왕은 딸이 자명고를 찢은 사실을 알고 공주를 죽인 뒤 항복했다. 낙랑국은 이렇게 멸망했다.

그러면 호동은 어떻게 됐을까? 한국판 로미오와 줄리엣이다. 그의 결말 역시 비극이다. 낙랑국을 멸망시키는 큰 공을 세웠지만 끝내 왕이 되지 못했다. 오히려 낙랑공주가 죽임을 당했다는 슬픈 소식에다 대무신왕 첫째 부인의 음해까지 겹치자 스스로 목숨을 끊어 생을 마감했다.

#삼국유사 #신문왕 #대나무 #만파식적 #온갖 풍파를 잠재우는 피리 #자명고 #호동왕자와 낙랑공주

056

홀로코스트 & 카스트
아리아인으로부터 시작된 두 가지 비극

쇼아Shoah(히브리어로 '파괴'를 의미함) 혹은 홀로코스트Holocaust로 불리는 유대인 대학살은 대체 왜 일어났을까. 배경에는 제2차 세계대전을 일으킨 나치 독일의 독재자 아돌프 히틀러Adolf Hitler의 삐뚤어진 인종차별이 있었다. 히틀러는 유럽 백인의 뿌리라고 할 수 있는 아리아인이 다른 인종에 비해 우월하다고 믿었다. 그래서 아리아인의 순수한 혈통을 지키기 위해서는 '피가 열등한' 유대인의 존재를 말살시켜야 했다. 유럽 유대인의 3분의 2가량이 희생된 대학살은 한 사람의 어긋난 믿음에서 시작됐던 것이다.

아리아인으로부터 시작된 비극은 하나가 더 있다. 바로 인도 힌두교의 신분제도인 카스트caste. 카스트는 혈통의 순수성을 보존한다는 뜻의 포르투갈어 '카스타casta'에서 유래했는데, 인도인들은 카스트가 아닌 '바르나Varna'라고 부른다. 바르나는 '색color'이라는 의미로 정확히는 피부의 색깔을 의미한다. 흰 피부의 아리아인이 갠지스강 유역을 정복하며 피부가 검은 다른 민족과 신분을 구분하기 위해 만들었던 것이 카스트의 시작이었다.

아리아인은 기원전 3500년 전부터 러시아 남부 캅카스를 중심으로 중앙아시아 초원 지대에 살았다고 알려진 유목 민족이다. '아리아'는 산스크리트어로 '고귀하다'라는 뜻이다. 자신들을 '고귀한 자'로 지칭한 아리안족의 특성이 훗날 '아리아 우월주의'를 낳았는지도 모르겠다. 이들은 기원전 17세기 무렵 시작된 기후변화로 살던 지역이 사막화하자 유럽과 소아시아, 중앙아시아, 인도 등 여러 방향으로 대이동을 시작했다. 말과 수레·전차 등을 능숙하게 다뤘던 아리아인은 세계 각지로 빠르게 흩어져 기존 지배 부족들을 밀어내고 차례로 정착했다. 북쪽으로 간 아리아인은 독일 등 중부 유럽 지방에 자리 잡으며 켈트족과 게르만족의 기원이 됐고, 서쪽으로 간 아리아인은 그리스·로마인의 선조가 됐다. 아리아인의 흔적이 가장 짙게 남아 있는 곳은 이란이다. 이란이라는 나라 이름부터 '아리안족의 후예'라는 의미를 담고 있다. 민족 대이동의 시기, 남쪽으로 이동한 아리아인이 이란고원에 정착하며 이란인의 선조가 된 것이다. 중동 특유의 램프와 양탄자는 바로 아리아인의 문화다.

그리고 한 무리의 아리아인은 갠지스강 유역을 중심으로 태동했던 인더스 문명으로 진출했다. 피부가 검고 키가 작은 드라비다인들이 이곳을 차지하고 있었지만 철제 무기를 손에 쥔 채 전차를 타고 나타난 흰 피부의 아리아인을 이겨내지 못했다. 갠지스강의 새로운 주인이 된 아리아인은 자신들의 지배력을 넓히는 과정에서 기존 토착민들과 구분할 수 있는 신분제를 만들었는데, 그것이 바로 오늘날까지 인도 사회에 영향을 미치고 있는 카스트 제도. 기록에 의하면 아리아인은 카스트를 만들며 인도 창조신화를 인용했다. 신화에서 신은 태초의 거인 푸르샤Purusha로부터 네 계급을 만들었는데, 푸르샤의 입에서 브라만(승려), 팔에서 크샤트리아(귀족), 허벅지에서 바이샤(농민·상인), 발에서 수드라(천민)가 나왔다. 차별을 신의 섭리로 합리화한 셈이다. 흰 피부의 아리아인이 상위 계급인 브라만·크샤트리아를 차지했고, 정복당한 드라비다인이 수드라가 됐다. 그 밖의 소수민족들은 카스트에도 속하지 못하는 불가촉천민의 지위를 받았다.

카스트는 기원전 13세기경 처음 나타난 것으로 알려졌는데, 2세기 무렵 완성된 《마누 법전Manu-smrti》에도 기록이 나올 정도로 단단하게 뿌리를 내렸다. 전설 속 성자인 마누Manu의 법에서 따왔다는 이 법전은 카스트에 대해 "(힌두) 사회의 질서와 규칙의 근간"이라고 적고 있다. 오늘날 인도의 경제성장과 함께 이 가혹한 신분제는 모습을 감추고 있다지만, 3,000년이 넘게 유지됐던 카스트에 따른 습관은 여전히 이들의 일상 곳곳에서 발견되고 있다고 한다.

#홀로코스트 #아돌프 히틀러 #유대인 #아리아인 #카스트 #인도

057

마녀사냥 & 매카시즘
공포의 인간 사냥

1950년 2월 9일 조지프 매카시Joseph Raymond McCarthy 미국 공화당 상원 의원이 연단에 섰다. 공화당 여성당원대회였다. 여성의 인권 운동과 공화당 정책을 옹호하는 연설을 기대했는데, 매카시 의원은 전혀 엉뚱한 폭탄 발언을 한다. "국무성 안에는 암약하는 205명의 공산주의자가 있다." 소련 등 공산 체제와 극한 대립에 있던 미국이 발칵 뒤집혔다. 소련 스파이나 다름없는 공산주의자가 암약하고 있다니 미 전역이 분노로 들끓었다. 그 무서운 매카시즘McCarthyism은 이렇게 만들어졌다.

이후 공산주의자 색출 작업은 공무원과 정치인은 물론 방송, 영화계 등 무차별적으로 확산되면서 수많은 사람이 피해를 봤다. 영화계와 방송계에선 324명이 공산주의자라는 멍에를 쓰고 일자리를 잃었다. 이 중에는 지금도 이름이 널리 알려진 유명인도 많다. 대표적인 사람은 찰리 채플린Charlie Chaplin과 아서 밀러Arthur Miller다. 찰리 채플린은 공산주의자로 몰려 미국을 떠나야 했고, 극작가 아서 밀러는 '할리우드 블랙리스트'에 이름을 올리며 고통을 당했다. 억울한 사람이 많고 매카시즘이 너무 과도하다는 것도 알았지만 아무도 대항하지 못했다. 잘못했다간 공산주의자, 즉 '빨갱이'로 몰릴 수 있었기 때문이었다. 매카시즘 광풍狂風은 무려 4년이나 지속됐다.

하지만 이런 광풍이 이때만 있었던 건 아니다. 마녀사냥도 그랬다. 15세기부터 17세기까지 유럽을 휩쓴 마녀사냥 시기에 무려 10만 명이 마녀로 고발되고, 이 중 4만 명이 교회 법정을 통해 처형된 것으로 추정되고 있다. 나라마다 수백 명에서 수천 명이 마녀로 몰리고, 이 중 상당수가 화형에 처해졌다. 희생자의 80~90퍼센트는 여성이었다. 프랑스를 구한 여전사 잔 다르크Jeanne d'Arc를 화형시킨 죄명 역시 마녀였다. 한마디로 이성을 상실한 시대였다. 여기에는 기독교를 절대 권력으로 만들려던 종교적 음모가 숨어 있었다.

유럽을 공포로 몰아넣은 마녀사냥은 유럽을 넘어 미주에도 옮겨간다. 대표적인 게 미국 뉴잉글랜드 지방의 매사추세츠주 세일럼 마을에서 자행된 마녀사냥이다. 내용은 이렇다. 17세기 말 세일럼 마을의 아홉 살 소녀 베티와 열한 살의 애비게일은 몸을 바늘로 찌르고 칼로 베는 것처럼 아프다며 괴성을 지르며 방안의 물건들을 집어던졌다. 두 소녀는 교구 목사의 딸과 조카였다. 의사가 어떤 병에 걸렸는지 찾을 수가 없다며 초자연적 원인에 의한 발병이라고 진단했다. 초자연적 원인이란 곧 마법을 의미했다. '세일럼 마녀재판'은 이렇게 시작됐다. 소녀들이 지목하는 사람들은 모두 마녀로 몰렸다. 마녀가 되지 않으려고 서로를 마녀로 지목하면서 세일럼 감옥은 마녀 혐의자들로 가득 찼다. 이 마녀사냥으로 최소 175명이 감옥에 갇혔고, 이 중 20명이 처형되고, 다섯 명이 옥중에서 사망했다. 의학자들은 이후 소녀들의 증세가 곰팡이 핀 호밀빵이 원인이 됐거나 일종의 뇌염 증세였다는 연구 결과를 내놓았지만, 당시에는 마녀라는 말 외에 다른 말로 설명할 수 있는 분위기가 아니었다.

당초 마녀사냥은 13세기 교회를 중심으로 발달해온 서양의학이 민간의 약초 치료사들을 몰아내는 과정에서 시작된 것으로 알려져 있다. 당시 과부가 된 여인들은 생계를 위해 약초 기술을 배워 치료사로 지냈는데, 교황청은 교회 승인 없는 치료 행위를 금했고 이 치료사들에게 마녀라는 굴레를 씌운 것이다. 마녀를 뜻하는 '위치 witch'의 어원인 '위카 wicca'가 원래 약초 지식을 지닌 사람을 뜻했던 것도 그래서다. 약초 치료사가 마녀로 내몰렸던 광풍의 역사가 모양만 달리한 채 오늘날에도 여전히 반복되고 있다.

#조지프 매카시 #매카시즘 #공산주의자 색출 #찰리 채플린 #아서 밀러 #마녀사냥 #잔 다르크 #세일럼 마녀재판 #약초 치료사

058

쇼비니즘

빗나간 애국심으로 이름을 남긴 가문 이야기

2020년 5월 '흑인의 목숨도 소중하다'라는 시위를 촉발시킨 흑인 남성 조지 플로이드George Floyd의 사망 사건이 발생했다. 백인 경찰에 의해 목이 졸려 죽어가는 그의 모습이 담긴 동영상이 퍼지면서 인종차별 문제가 다시 부각된 사건이다. 당시 플로이드의 목을 무릎으로 누른 백인 경찰은 데릭 쇼빈Derek Chauvin이었다. 애꿎은 신의 장난일까. 그는 나폴레옹Napoléon에게 맹목적 충성을 바쳐 '쇼비니즘chauvinism'의 어원이 된 니콜라 쇼뱅Nicolas Chauvin의 먼 후손이다. 과잉 진압에 대한 처벌 차원을 넘어 조상에 이어 본인도 오명으로 역사에 이름을 남기게 됐으니 쇼빈가家의 운명이 얄궂기만 하다.

니콜라 쇼뱅은 프랑스 제1제정 시절 평범한 하급 군인이었다. 하지만 나폴레옹에 대한 충성심은 그 누구보다도 강했다. 그를 신처럼 추앙했다. 1798년 18세에 프랑스군에 입대해 어느 누구보다 맹렬히 싸웠고, 무려 17번이나 부상을 당해 결국 의병제대를 했다. 당시 프랑스의 지도자이던 나폴레옹은 이런 쇼뱅을 치하해 명예를 뜻하는 검과 특별 연금을 지급했다고 한다. 부상당한 몸이었지만 나폴레옹에 대한 그의 충성심은 여전했다. 나폴레옹이 황제의 자리에서 폐위돼 세상이 바뀐 뒤에도 그를 열렬히 지지했다. 쇼뱅은 죽을 때까지 나폴레옹을 의미하는 제비꽃을 옷깃에 꽂고 다녔다고 전해진다.

그의 이름이 유명세를 타기 시작한 것은 1831년 연극 연출가 코냐르 형제Théodore Cogniard, Hippolyte Cogniard가 쇼뱅의 이야기를 소재로 삼은 〈삼색 모표La Cocarde Tricolore〉라는 작품을 발표하면서부터다. 이 작품의 성공과 함께 그의 이름을 딴 '쇼비니즘'이라는 신조어도 탄생했다. 쇼비니즘은 맹목적·광신적·호전적 애국주의를 의미한다. 그의 이름이 맹목적인 애국주의와 동의어가 된 것이다.

쇼비니즘의 대표적 인물은 아돌프 히틀러 Adolf Hitler다. 그는 나치당을 만든 뒤 게르만 민족의 위대성을 알리기 위해 위험하기 짝이 없는 국수주의를 표방했다. 대중은 열광했고, 결국 나치당은 정권을 쟁취했다. 하지만 유대인 대량 학살과 제2차 세계대전 등 역사에는 큰 상처를 남겼다. 나치즘 Nazism은 독일인에겐 지울 수 없는 트라우마다.

징고이즘 jingoism이라는 용어도 있는데, 쇼비니즘과 비슷한 말이다. '맹세코, 결단코'라는 뜻을 지닌 '바이 징고 by jingo'에서 유래됐다. 1877~1878년의 러시아·터키 전쟁 당시 러시아의 남하에 위협을 느낀 영국은 대러 강경 정책을 채택했다. 이때 영국에서는 전쟁 불사를 주장하는 애국적인 유행가가 널리 불렸다. "우리는 전쟁을 원치 않는다. 그러나 맹세코 by jingo 싸워야 한다면 싸운다"라는 내용이었다. 여기서 징고이즘이라는 말이 생겨났다. 이후 많은 정치인과 언론이 이 말을 사용하면서 전쟁을 불사하는 외교 강경론과 맹목적 애국주의를 표현하는 단어가 됐다.

이런 맹목적 애국주의가 21세기 들어 부활하고 있다. 경기 침체가 이어지면서 각국이 자국 이기주의와 국수주의로 회귀하고 있는 탓이다. 세계적인 시사주간지 〈이코노미스트 The Economist〉가 "제2차 세계대전 이후 처음으로 선진국과 신흥국이 동시에 쇼비니즘에 사로잡혔다"라고 경고한 것도 그래서다. 쇼비니즘이 세계사에서 지울 수 없는 전쟁을 야기하곤 했기 때문이다.

#조지 플로이드 #데릭 쇼빈 #니콜라 쇼뱅 #프랑스 군인 #쇼비니즘 #맹목적 애국주의 #나폴레옹
#아돌프 히틀러 #징고이즘

059

홍위병

중국의 잃어버린 10년, 문화대혁명의 비극

붉은 깃발과 찢어질 듯한 함성, 붉은 완장을 차고 마오쩌둥毛澤東의 어록이 담긴 붉은 책자를 흔들며 광란하는 앳된 얼굴들······. 1966년 중국 전역을 파괴로 몰고 간 홍위병紅衛兵은 인간 광기의 역사를 말할 때 결코 빠지지 않는 이름 중 하나다. 홍위병이 실제로 활동한 것은 1년 남짓한 기간이지만 이들이 남긴 고통의 흔적이 너무도 짙어 한동안 중국에서는 홍위병이라는 단어가 금기어에 속했을 정도였다. 홍위병은 대체 누구일까.

홍위병은 중국의 '잃어버린 10년'으로 불리는 문화대혁명, 이른바 '문혁文革'을 주도한 급진 세력을 일컫는다. '붉은 정권을 보위하는 병사'라는 뜻을 지녔지만 군사 조직은 아니었다. 홍위병을 구성한 사람들은 대부분 10대로, 중학생부터 대학생 정도밖에 안 되는 어린 학생들이었다. 당시 마오쩌둥은 낡은 사고, 낡은 문화, 낡은 풍습, 낡은 습성이라는 네 가지 낡은 것을 타도해야 새로운 세상이 온다고 강조했다. 마오쩌둥의 공산주의 교육을 받고 자란 아이들은 그의 말을 떠받들며 구시대적·자본주의적이라고 생각되는 모든 것을 때려 부쉈다. 공자孔子의 묘가 파헤쳐지고, 유교 경전이 불태워졌으며, 건물 등의 역사적 유산들이 제 모습을 잃었다. 부패한 관료와 부르주아적 지식인, 예술인이 길거리로 끌려 나와 '인민재판'을 당했고 강제 노동 수용소로 끌려갔다. 신체적으로나 정신적으로나 아직 어렸던 아이들은 갑작스럽게 주어진 거대한 힘을 감당하지 못했다. 점점 자신들의 권력에 취했고, 금세 '인간 사냥'이나 다름없는 일까지 서슴지 않고 행했다. 이들은 낡은 관습을 버리지 않는 스승을 두들겨 패고, 아버지의 뺨을 갈겼다. 부잣집을 습격했고, 마음에 들지 않는 사람은 반동분자로 내몰았다.

하지만 홍위병의 광기는 갑작스럽게 막을 내린다. "혁명에는 죄가 없고 반란에는 이유가 있다"라며 홍위병을 지지했던 마오쩌둥이 1968년 1월 베이징의 홍위병들을 수천 킬로미터 떨어진 시골 마을로 내쫓아버린 것이다. 마오쩌둥은 "모든 홍위병은 남은 평생 혁명적인 농민 틈에 섞여 살며 힘든 노동을 통해 붉은 군대의 기상을 배워라"라며 이들의 도시거주권마저 박탈해버린다. 역사가들은 마오쩌둥의 이런 행태에 대해 그가 다시 권력을 되찾으면서 홍위병의 광기가 도리어 거추장스러워졌기 때문이라고 해석한다. 마오쩌둥은 1958년 농공업의 생산량을 대폭 늘리겠다며 '대약진운동'을 시작하지만, 현실 감각이 떨어지는 정책으로 인해 오히려 4,000만 명이 굶어 죽는 최악의 결과를 낳는다. 그 책임을 지고 권력에서 물러난 마오쩌둥의 뒤를 이은 것은 류사오치劉少奇와 덩샤오핑鄧小平 등 개혁파였다. 개혁파가 자본주의경제를 일부 도입해 차츰 성과를 내기 시작하자 마오쩌둥은 조바심이 났는데, 때마침 눈에 들어온 것이 반정부적 학생 조직이었다. 당 지도부는 이들을 체제에 대한 도전으로 생각하고 억압했지만, 마오쩌둥은 혁명의 순수성을 지킬 것은 청년들밖에 없다며 이들을 부추겼다. 위대한 지도자의 부추김에 들뜬 학생들은 '마오의 아이들'로서 역할을 충실히 실행했다. 마오쩌둥의 정적인 류사오치와 덩샤오핑이 홍위병에 의해 숙청당한 것은 당연한 수순이었다. 류사오치는 자본주의를 지향한다는 오명을 쓰고 모진 고문을 당한 끝에 후유증으로 숨졌고, 덩샤오핑은 농장에 끌려가 강제노역에 종사해야 했다.

홍위병의 도움으로 숙적들을 물리친 마오쩌둥은 1년 6개월 만에 홍위병마저 물리치지만, 문혁은 이후로도 8년 더 이어진다. 문혁이 진행되던 10년간 대학 입시는 중단됐고 대다수 공장도 문을 닫았다. 경제적 피해는 5,000억 위안(약 85조 원)에 달한다고 전해진다. 문혁은 마오쩌둥이 사망한 1976년 9월 9일에야 비로소 끝난다. 중국은 최근에서야 역사 교과서에 "문화대혁명이 '과오'였으며 '끔찍한 재난'을 초래했다"라는 내용을 넣기로 했다.

#마오쩌둥 #홍위병 #문화대혁명 #문혁 #인민재판 #류사오치 #덩샤오핑

060

마타도어

약자를 죽음으로 몰고 가는 공포의 모략

에스파냐 투우 경기에는 여러 사람이 등장한다. 투우장의 주역인 마타도르matador, 작살을 든 투우사 반데릴레로banderillero, 기마騎馬 투우사 피카도르picador, 조수 페네오peneo 등이다. 보통 반데릴레로, 피카도르는 각 2명, 조수 페네오는 여러 명이 한 팀을 이룬다. 경기가 시작되면 먼저 피카도르가 말을 타고 등장해 소의 목에 긴 창을 찔러대며 힘을 뺀다. 그다음은 반데릴레로 차례다. 힘이 빠진 소에게 작살을 꽂는다. 조수들은 소를 흥분시킨다. 그런 다음 마지막에 마타도르가 나선다. 검과 물레타muleta라고 하는 붉은 천을 들고 나타나 잔뜩 흥분한 소를 상대로 싸운다. 장내의 분위기가 최고조에 이를 무렵, 마타도르는 돌진해오는 소의 정수리를 검으로 찔러 죽임으로써 투우의 대미를 장식한다. 결정적인 순간에 마지막 한 방을 날리는 게 마타도르다.

마타도르의 어원은 에스파냐어 동사 '마타르matar'에서 나왔다. '죽이다'라는 뜻을 지니고 있다. 이 마타도르의 영어식 표현이 '마타도어matador'다. 우리가 '흑색선전' 또는 '중상모략' 등으로 알고 있는 '마타도어'의 유래다. 영어로는 '투우사'로 번역되기도 한다. 별 의미 없이 농담으로 쓰는 경우도 있는 이 말은 당하는 소의 입장에서 보면 죽음을 피할 수 없는 무시무시한 내용을 담고 있다. 더구나 마타도르는 정정당당하게 혼자 싸우지도 않고, 품위 있는 멋진 옷으로 치장했지만 붉은 망토 뒤에 목숨을 노리는 날카로운 검을 숨기고 있다.

1923년 9월 1일 일본 수도권을 덮친 간토 대지진이 발생했다. 리히터 규모 8이 넘는 이 지진으로 사망자가 10만 명이 넘었고, 도쿄 가옥 중 60퍼센트가 불에 탔다. 그런데 여진과 화마에 시달리던 사람들에게 이상한 헛소문이 돌기 시작했다. "조선인들이 방화를 한다", "조선인이 우물에 독을 풀었다" 등이 소문의 핵심이었다. 극도의 불안감에 사로잡힌 일본인들이 조선인 색출 및 탄압에 나서면서 조선인 수천 명이 목숨을 잃었다. 헛소문을 퍼뜨려 목숨을 앗아간 마타도어의 전형이었다.

15~17세기 유럽 사회를 공포에 몰아넣었던 마녀사냥도 마타도어에 의한 집단적 광기의 산물이다. '누가 마녀라더라' 하는 소문만 돌아도 체포하고 처형했다. 이전에도 마녀라고 불리는 사람이 있었지만, 대부분 아픈 사람을 치료해주거나 여성의 출산을 도와주는 주술사 같은 존재였다. 하지만 악마와 계약을 맺은 처단해야 할 존재로 의미가 탈색되면서 마녀로 지목되면 화형대에 서야만 했다. 희생자의 면면도 말도 안 되는 경우가 허다했다. 신분이 낮거나 가족이라고는 아무도 없으면서 돈은 엄청나게 많은 여자가 많았다. 이들은 억울하다고 항의하기 쉽지 않고, 재판에 증인으로 서줄 사람도 없기 때문이었다. 가족이 없으니 재산을 몰수하기도 쉬웠다. 재판 방식도 허무맹랑했다. 모진 고문으로 거짓 자백을 받아내는 것은 기본이었고, 무거운 돌에 매달아 강물에 던진 뒤 떠오르면 사람이 아니라 마녀인 것이 맞으니 화형에 처했다. 떠오르지 않으면 마녀가 아니라는 게 증명되지만 이 역시 물속에서 죽게 되니 이래저래 마찬가지였다.

이런 마녀사냥이 자행된 데는 성도 예루살렘을 탈환하기 위해 200년 가까이 치러진 십자군 전쟁에서 실패한 가톨릭교회가 약해져가는 교회의 권위를 되살리고자 하는 음모가 숨겨져 있었다. 하지만 이런 얼토당토않은 흑색선전과 중상모략으로 수십만 명이나 목숨을 잃었다. 어떤 목적이든 마타도어가 사라져야 하는 이유다.

#투우 #에스파냐 #마타르 # 죽이다 #마타도르 #마타도어 #중상모략 #흑색선전 #일본 간토 대지진 #마녀사냥

061

종교개혁

찰랑, 돈이 떨어지면 죄가 사라진다?

중세 유럽은 철저한 계급사회였다. 평민으로 태어나면 평민의 삶을 살고, 귀족으로 태어나면 귀족의 특혜를 누리는 것이 당연했다. 규칙이 뒤집히는 일은 없었다. 그래도 사람들은 불평하지 않았다. 신이 모든 것을 보고 있다고 믿었기 때문이다. 현세가 비록 고통스러울지라도 묵묵히 견디면 신이 내세에 복을 주리니. 중세의 정신을 지배한 것은 그야말로 신이었다.

신을 만날 수 있는 곳은 교회였다. 이들에게 교회의 말은 법이었다. 교회는 이런 사람들의 마음을 이용해 사업을 하고 부를 쌓았다. 특히 중세인들은 하늘과 지옥 사이에 연옥이 있어 죄를 지은 사람들은 이곳에 머물며 뜨거운 기름 솥에 튀겨지는 형벌을 받는다고 믿었다. 벌을 받으며 죄를 용서받아야 하늘로 갈 수 있는데, 만약 추도 미사를 하고 면죄부를 쓰면 그 시간을 단축할 수 있다고 생각했다. 하지만 신의 은총은 공짜가 아니었다. 당시 확정된 금액표까지 있었는데, 속죄의 기도는 은화 1장, 추도 미사는 은화 2장, 모든 죄의 총사면은 농가의 재산 중 절반을 바쳐야 한다는 식이었다.

돈을 받고 면죄부를 발부하는 교회의 악습은 중세 시대 내내 이어져 왔지만, 16세기부터 정도가 극에 달했다. 피렌체의 메디치 가문 출신이었던 교황 레오 10세Leo X가 즉위하면서부터다. 레오 10세는 메디치가의 자손답게 예술의 위대한 후원자로 이름을 떨치길 바랐다. 그런 그의 눈에 들어온 것은 전임 교황들이 짓기 시작했지만 여전히 미완성으로 남아 있던 성 베드로 대성당이었다. 가톨릭의 총본산 바티칸에 위치한 대성당을 아름답게 완성한다면 자신의 이름이 역사에 남으리라 생각했다. 그리하여 1516년 레오 10세는 막대한 공사비를 조달하기 위해 온 세계에 '모든 죄를 용서한다'라는 내용을 담은 면죄부를 판매하기로 했다. 교황의 명을 받은 신부들은 이집 저집 다니며 행상을 시작했고, 한 신부가 마르틴 루터Martin Luther가 교수로 있던 독일(당시 신성로마제국) 비텐베르크대학교 주변에도 판매점을 차렸다. 하필 이 신부는 엄청난 수완가였는데, "현금이 찰랑 소리를 내며 상자에 떨어지는 순간 죽은 자의 영혼이 하늘로 승천한다"라는 말을 하며 면죄부를 팔았다. 사람들은 앞다퉈 면죄부를 산 후 대학으로 달려가 교수에게 증서의 가치를 감정해달라고 요청했다. 하지만 루터는 감정을 단호히 거부했다. 그리고 다음 날인 1517년 10월 31일 슐로스키르헤 교회 문에 면죄부 감정을 거부한 이유 95가지를 담은 대자보를 써 붙인다.

루터의 〈95개조 반박문〉은 엄청난 논쟁을 불러일으켰다. 교황은 루터를 로마로 소환해 엄벌하려 했지만 황제가 가로막았다. 당시 교황은 십자군 전쟁에 필요한 자금을 조달하려고 각종 전쟁세를 신설했는데, 독일 황제 막시밀리안Maximilian은 불만이 많았다. 그러던 찰나 교황의 권위에 저항하는 루터가 나타난 것이다. 황제의 보호 아래 루터는 〈독일의 기독교 귀족들에게 고함〉이라는 글을 발표해 교황에 대한 순종을 거부하고 독일의 민족 교회를 건설하자고 촉구한다. 그러면 신의 섭리를 따르는 것은 물론 독일의 돈이 로마로 흘러들어 가는 것을 막을 수 있다는 것이었다. 루터는 마침내 교황을 파문하고 성서 중심의 개신교를 창시했으며, 뒤를 따르듯 칼뱅교·재침례교 등의 신교가 탄생한다. 구교에서 신교로 종교개혁이 이뤄진 것이다.

종교개혁이 성공하는 원인으로 빼놓을 수 없는 것은 독일어 성서 출판이다. 루터는 라틴어로 쓰여 있던 성서를 독일어로 출판했는데, 때마침 독일에서 이뤄진 구텐베르크Johannes Gutenberg의 인쇄 혁명과 더불어 폭발적인 인기를 누린다. 독일의 모든 가정이 성경을 구비해두고 직접 읽을 수 있게 되면서 교회에서만 접할 수 있었던 신을 언제 어디서나 만날 수 있게 된 것이다.

#교황 레오 10세 #성 베드로 대성당 #면죄부 #마르틴 루터 #신교 #종교개혁 #구텐베르크 #성서 출판

062

구텐베르크

인쇄술의 아버지 구텐베르크를 있게 한 매트릭스

인류의 4대 발명품을 꼽으라면 주로 문자와 종이, 바퀴, 나침반, 금속인쇄술을 든다. 인류 발전에 혁신적인 공을 세웠기 때문이다. 이 중 금속인쇄술의 경우 고려 때 만들어진 《직지심체요절直指心體要節》이 현존하는 세계 최초의 금속활자 책자인데도 불구하고 구텐베르크Johannes Gutenberg의 발명품으로 남아 있다. 구텐베르크를 '인쇄술의 아버지'라고 부르는 것도 그래서다. 1997년 〈타임Time〉지가 구텐베르크의 인쇄술을 지난 천 년간 가장 중요한 발명품으로 꼽았을 정도다.

그러면 구텐베르크의 인쇄술이 이렇게 인정받는 이유는 뭘까. 《직지심체요절》과 달리 그의 금속활자 인쇄술이 사회에 미친 파급력이 워낙 컸기 때문이다. 그가 금속활자 인쇄술을 발명한 이후 지배계급이 독점하던 지식과 정보가 일반 대중에게도 개방되면서 단순히 책자 인쇄 방식을 넘어 봉건사회의 해체 등 역사 발전이 이뤄지고 정보혁명의 토대도 만들어졌다.

마르틴 루터Martin Luther의 종교개혁도 그의 인쇄술이 있기에 가능했다. 중세에 인쇄 기술이 발달하기 전에는 손으로 베껴 쓴 책을 읽어야 했다. 이런 책들은 값이 무척 비싸고 귀해 귀족이나 부자들만 살 수 있었다. 그러던 것이 15세기 중반 구텐베르크가 금속인쇄술을 발명한 이후 훨씬 적은 돈으로 많은 책을 생산할 수 있게 된다. 이 기술을 이용한 루터의 책도 일주일 만에 모두 팔려 다시 찍어야 할 정도로 인기를 끌었다. 특히 그림을 곁들여 팸플릿 형태로 만든 얇고 작은 책은 농민들에게도 판매되며 교회를 개혁하자는 생각이 퍼지게 된다. 루터의 종교개혁이 가능했던 이유다.

물론 구텐베르크의 인쇄술이 더 확산될 수 있었던 이유로 글자의 개수를 꼽는 이도 있다. 서양의 알파벳은 대문자와 소문자를 합해도 50여 개에 불과한 데 반해 《직지심체요절》이 나올 때 한자가 5만 자가 넘었다. 여기에 전서, 예서, 해서, 행서, 초서 등 다양한 글씨체까지 고려하면 금속인쇄술이 발전하는 데 물리적인 한계가 있을 수밖에 없었다.

그러면 구텐베르크가 어떻게 금속활자 인쇄술을 발명했을까. 복잡한 과정을 생략한 채 단순화하면 금속활자 인쇄가 가능한 매트릭스matrix와 패트릭스patrix를 개발했기 때문이다. 우리말로 매트릭스는 어미자, 패트릭스는 아비자다. 줄과 끌 등을 이용해 쇠막대 끝에 글자를 새긴 것이 패트릭스이고, 이를 구리판에 대고 망치로 두들겨 음각의 글자 모양을 만든 것이 매트릭스다. 이 매트릭스를 고정시킨 뒤 활자에 사용 가능한 납, 주석 등을 부으면 활자가 주조된다.

전 세계에 흥행 돌풍을 일으킨 공상과학영화 〈매트릭스The Matrix〉로 인해 매트릭스라는 단어가 많이 알려져 있지만 그 뜻은 다양하다. 우선 구텐베르크가 개발한 금속활자의 모체가 바로 매트릭스다. 매트릭스라는 단어는 라틴어 '마테르mater'에서 나온 말로, 그 뜻은 '어머니'다. 매트릭스의 뜻이 '자궁'으로 출발해 '모체', '기원'이라는 의미로 확장된 이유다. 최근에는 '행렬'이라는 뜻으로도 널리 쓰인다. 패트릭스 역시 라틴어 '파테르pater', 즉 '아버지'가 어원이다. 이 둘이 결합돼 만들어진 게 바로 활자인 셈이다. 구텐베르크는 이 매트릭스와 패트릭스를 토대로 금속인쇄술을 발명했기에 역사에 영원히 남는 '인쇄술의 아버지'가 됐다.

#금속인쇄술 #직지심체요절 #요하네스 구텐베르크 #마르틴 루터 #종교개혁 #매트릭스 #패트릭스

도그마

신의 계시로 악용된 교리

1095년 황제를 능가하는 절대 권력을 지녔던 교황 우르바누스 2세Urbanus II는 프랑스의 작은 마을 클레르몽에서 공의회를 개최해 이슬람과의 성전聖戰을 선포했다. 200여 년 동안 이어진 '십자군 전쟁'의 시발이었다.

성전 선포 이유는 예루살렘 성지를 지배하고 있는 셀주크튀르크로부터 교회를 구하는 것이었다. 당시 셀주크튀르크는 비잔틴제국과의 전투에서 승리한 후 소아시아 전역과 예루살렘을 정복했다. 이후 셀주크튀르크가 예루살렘 성지순례객을 위협하고 과도한 통행세를 부과한다는 소문이 떠돌았다. 이에 교황은 클레르몽 연설에서 셀주크튀르크로부터 교회를 구하는 것이 그리스도의 명령이라며 성지 회복을 위한 성전을 선포한다.

"저주받은 민족, 신을 부인하는 민족이 기독교인들의 땅을 무력으로 침공해 온갖 약탈을 자행했노라. 신앙이 없는 자들에게 대항해 무기를 드는 모든 사람의 죄는 완전히 용서받을 것이고, 전쟁에서 죽는 사람은 영생의 보상을 얻을 것이다." 교황의 이 말 한마디에 중세 유럽 전역은 종교적 광기狂氣에 휩싸여 어른과 아이, 소년과 소녀를 가릴 것 없이 전장戰場으로 내몰았고, 여덟 차례에 걸친 대대적인 예루살렘 원정이 이뤄진다.

대외적으로는 이교도인 무슬림으로부터 성지를 회복한다는 거창한 종교적 명분을 내세웠지만, 그 이면에는 다른 의도도 있었다. 종교를 핑계 삼아 교회의 지배력을 확대하려는 지극히 세속적이고 정치적인 속셈이 숨어 있었다. 하지만 그 속셈이 무엇이든 '신께서 우리를 인도하시리라'는 기독교적 도그마Christian dogma에 사로잡혔던 중세 유럽은 성전을 부정하는 그 어떤 반박도 허용하지 않았다. 신의 이름으로 성인 남자는 물론 여자, 미성년자에 대한 살인과 약탈도 자행됐다. 그럼에도 성전에 참여한 사람들은 죽으면 천국에 올라가 심판의 불길을 피할 수 있을 거라고 믿었다.

이런 맹목적인 믿음을 의미하는 말이 도그마다. 본래는 기독교도의 교리를 뜻했다. 신의 계시는 진리여서 이성의 비판이 허용되지 않는다. 신자는 무조건적으로 믿어야만 한다. 십자군 전쟁이 200년간 이어진 것도 그런 믿음 때문이었다.

이렇게 철저히 믿었던 성전이 이슬람 입장에서는 어떻게 받아들여졌을까. 기독교의 종교적 탄압과 침략 전쟁이었다. 이슬람 역시 도그마에 빠져 있었다. 이교도의 침략에 신앙의 힘으로 맞서는 것이 숙명이요, 진리였다. 기독교가 맞을까, 이슬람이 맞을까. 한쪽으로만 치우친 이런 도그마는 자연스레 반성으로 이어지면서 독단, 독선이라는 말로 변했다. 맹목적인 믿음에 대해서는 교조주의敎條主義라는 용어를 낳았다.

최근에는 이 단어가 더 확장돼 언더도그마underdogma 현상이라는 말도 파생시켰다. 약자를 의미하는 언더도그underdog에서 유래된 말로, 약자는 선善, 강자는 악惡이라고 무조건적으로 믿는 현상이다. 그 반대는 오버도그마overdogma로 강자는 선, 약자는 악이라고 믿는 것이다. 세상은 어느 쪽에서 보느냐에 따라 달라지는데, 한쪽만 믿게 하는 편협한 도그마가 정치·사회에 퍼지며 세상을 둘로 나눠 격렬하게 대립하게 하고, 심지어 왜곡까지 시키고 있다.

#십자군 전쟁 #도그마 #맹목적인 믿음 #독단 #교조주의 #언더도그마 #오버도그마

064

호스피스

십자군 원정대의 아픔을 달래준 호스피스

의학 기술의 발달로 사람들의 수명이 늘어나고 있는 요즘, 역설적으로 자연스럽고 존엄한 죽음에 관심을 갖는 사람도 늘고 있다. 중병을 앓는 환자들이 삶의 끝자락에서 치료 대신 '호스피스hospice'를 택하는 경우도 늘었다. 완화 의료라고도 하는 호스피스는 무리하게 생명을 연장하는 치료보다는 고통 완화와 돌봄을 주된 목적으로 한다. 즉, 호스피스란 임종을 앞둔 환자가 편안하게 죽음을 맞이할 수 있는 안식처인 셈이다.

호스피스라는 단어는 '손님'이라는 뜻의 라틴어 '호스페스hospes'에서 유래했다. 중세 유럽에서는 마을 곳곳의 작은 교회들이 성지순례자들에게 하룻밤 숙박을 제공했다고 한다. 만약 순례자가 병이 나거나 건강이 나빠져 다시 길을 떠날 수 없게 되는 경우에는 교회에 그대로 머무르며 치료와 돌봄을 받았다. 이런 장소들은 라틴어로 '호스피티움hospitium'이라고 불렸는데, '손님을 따뜻하게 맞이하는 곳'이라는 의미다. 또 교회에서 성직자들이 보여주는 돌봄과 헌신 등을 '호스피탈리티hospitality'라고 했는데, 여기서 오늘날 병원을 일컫는 영어 단어 '호스피틀hospital'이 나왔다.

역사학자들은 손님을 돌보던 '호스피티움'이 임종을 앞둔 자들의 안식처인 '호스피스'로 탈바꿈한 시기를 11세기 십자군 원정 당시로 보고 있다. 십자군 원정은 서유럽 그리스도교인들이 이슬람교도에게 빼앗긴 예루살렘을 되찾기 위해 1096년부터 1291년 사이 여덟 차례에 걸쳐 감행한 대원정을 의미한다. 당시 전쟁에 참가한 기사들이 가슴과 어깨에 천으로 만든 빨간 십자가를 붙이고 있었다. 그래서 원정대는 십자군crusades이라고 불렸다.

십자군 원정은 시작부터 성지순례자들과 관계가 깊다. 중세 유럽인들은 영혼의 구원을 얻기 위해 성지를 참배하던 순례 의식을 매우 중요시했다. 수많은 순례지 가운데서도 가장 중요한 곳은 역시 그리스도의 무덤이 있는 예루살렘이었다. 하지만 예루살렘이 있는 팔레스타나를 셀주크튀르크가 점령한 11세기 무렵부터 기독교인들의 성지순례는 힘겨워지기 시작했다. 이슬람교를 믿는 셀주크튀르크가 기독교 신자들을 핍박했기 때문이다. 소식을 들은 유럽의 교인들은 분노했다. 여기에다 당시 교황인 우르바누스 2세 Urbanus II가 "하느님이 원하신다"라는 말로 분노에 불을 붙였다.

그래서 신실한 기사들은 1096년 성지 팔레스타나와 성도 예루살렘을 돌려받기 위한 역사적인 여정을 시작한다. 제1차 십자군 원정이다. 1차 십자군은 3년에 걸친 고된 행군과 전투 끝에 1099년 예루살렘을 함락한다. 그리고 예루살렘에 기독교·라틴 중심의 '예루살렘 왕국'을 건설한다. 하지만 88년 후인 1187년 예루살렘은 다시 무슬림의 손으로 넘어간다. 이집트와 시리아를 통치하던 술탄 살라딘 Saladin의 군대가 총공세를 펼쳐 예루살렘을 되찾아간 것이다. 이후 3차, 4차 새로운 십자군이 계속 원정을 떠나지만 1291년 아크레가 함락되며 십자군의 역사가 끝날 때까지 기독교인이 다시 예루살렘을 차지하는 일은 없었다.

200여 년에 걸쳐 이뤄진 십자군 원정에는 약 700만 명의 사람들이 동원됐다고 한다. 원정 길은 너무나 멀었고, 행군은 고단하기만 했다. 약해진 체력에 전투까지 치러야 했던 수많은 기사가 때때로 치명적인 부상을 입었다. 이들은 고향으로 다시 돌아가지 못한 채 호스피스에서 죽음을 맞았다. 신부와 수녀들이 이들의 임종을 지켰다. 그렇게 호스피스는 임종을 앞둔 안식처라는 의미를 갖게 됐다.

#호스피스 #완화의료 #호스피티움 #십자군 원정 #임종을 앞둔 안식처

065

콘클라베

결정이 날 때까지 열쇠로 잠그다

2013년 3월 13일 오후 바티칸 교황청 내 시스티나 성당 굴뚝에서 하얀 연기가 피어올랐다. 교황을 선출하는 콘클라베conclave가 시작되고 이틀 동안 네 번의 검은 연기가 피어오른 끝에 다섯 번째 만에 하얀 연기가 피어오른 것이다. 광장에서 하얀 연기를 기다리던 수천 명의 가톨릭 신자들은 이를 보자마자 환호하며 새 교황의 선출을 축하했다. 프란치스코Francis 교황의 시대는 이렇게 시작됐다. 프란치스코 교황은 아르헨티나의 호르헤 마리오 베르고글리오Jorge Mario Bergoglio 추기경이다. 비非유럽 출신 교황의 탄생은 731년 시리아 출신 그레고리우스 3세Gregorius III 이후 1200여 년 만이며, 아메리카 대륙 출신 교황은 로마 가톨릭 2000년 역사상 처음이다. 베르고글리오 추기경은 교황에 선출되면서 프란키스쿠스Franciscus라는 즉위명을 부여받았다.

만약 다섯 번째에도 시스티나 성당의 굴뚝에서 검은 연기가 피어올랐다면 어떻게 됐을까. 하얀 연기가 피어오를 때까지 콘클라베는 계속된다. 콘클라베 기간은 '교황이 결정될 때까지'다. 콘클라베는 '열쇠로 잠그다'라는 뜻으로, 추기경들이 〈천지창조〉와 〈최후의 심판〉 천장화로 유명한 시스티나 성당에서 외부와 차단된 채 교황을 선출하는 비밀선거 회의다. 교황으로 선출되려면 추기경 115명의 3분의 2가 넘는 77명 이상의 지지를 받아야 한다. 80세 이상의 추기경은 선거에서 배제된다. 추기경들은 회의와 투표를 통해 교황을 뽑을 때까지 방을 떠날 수 없었으며, 외부에서 오로지 빵과 포도주, 물만 공급받는다. 회의가 시작되기 전에는 도청 장비를 대비한 검사도 진행되고, 회의 중에는 전파 차단기를 작동시킬 정도로 보안이 철저하다. 만약 추기경들이 첫 투표를 마쳤지만 교황이 선출되지 않으면 다음 날부터 오전과 오후로 나눠 투표를 다시 진행한다. 30차례에 걸친 투표에서도 차기 교황이 결정되지 않으면 다수 득표자 두 명을 대상으로 결선투표를 해서 최종 결과를 가린다.

새 교황이 선출되면 하얀색, 미정이면 검은색 연기가 각각 피어오른다. 투표가 끝날 때까지 인터넷과 전화 등 모든 유무선 통신수단이 차단되기 때문에 시스티나 성당에서 솟아오르는 굴뚝 연기가 새 교황의 선출을 알 수 있는 가장 빠른 길이다. 그래서 콘클라베가 시작되면 가장 먼저 두 대의 난로를 설치한다. 이중 하나는 투표용지를 태우는 데 쓰이고, 다른 하나는 투표 결과를 알리는 연기의 색깔 제조를 담당한다.

가톨릭교회의 이런 독특한 선출 제도는 800년 전으로 거슬러 올라간다. 교황선거에 황제의 간섭을 배제하는 종교개혁운동이 벌어진 뒤, 1170년 추기경들만으로 3분의 2 이상의 다수결 선출 방식이 만들어졌는데, 교황이 빨리 결정되지 않는 문제점이 도출됐다. 이를 해결하기 위해 도입된 제도가 바로 콘클라베다. 이 제도가 신속성과 안정성에서 다른 어떤 선출 방식보다 뛰어난 것으로 판단되자 1274년 아예 제도화됐다.

교황 선출이 이뤄지면 교황은 곧바로 평생 사용할 이름을 정한다. 요한, 베네딕토, 프란치스코 등의 이름도 이때 결정된다. 새 교황이 성당에 마련된 전용 의복 가운데 몸에 맞는 것을 골라 입고 나오면 모든 추기경은 새 교황에게 경의를 표하고 순종을 약속한다. 그러면 부수석 추기경이 바티칸 광장이 내려다보이는 성 베드로 대성당 중앙 난간에 나와 "하베무스 파팜 Habemus Papam (새로운 교황이 탄생했다)"이라고 외치면서 콘클라베가 끝난다.

#콘클라베 #열쇠로 잠그다 #교황 선출 회의 #검은 연기 #하얀 연기 #시스티나 성당 #프란치스코 교황

066

양가주망

에밀 졸라, 〈나는 고발한다〉

1894년 11월 프랑스의 젊은 유대인 포병 장교 알프레드 드레퓌스Alfred Dreyfus가 프랑스의 군사기밀을 파리 주재 독일 대사관에 넘겼다는 이유로 종신형을 선고받고 프랑스령 기아나의 악마의 섬에 유배된다. 2년 뒤 프랑스 육군의 다른 장교가 진범이었다는 정보가 나왔지만, 군법회의는 새로운 증거를 묵살하고 재판 개시 이틀 만에 혐의자를 석방했다. 반면 드레퓌스는 석방되기는커녕 다른 정보 장교가 날조한 문서를 근거로 추가 기소된다. 프랑스의 저명한 소설가 에밀 졸라Émile Zola가 그 유명한 〈나는 고발한다〉라는 공개서한을 신문에 발표하게 만든 '드레퓌스 사건'의 전말이다.

졸라는 1898년 1월 13일자 〈로로르L'Aurore〉지 1면 전체에 대문짝만하게 실린 공개서한을 통해 펠릭스 포르Félix Faure 프랑스 대통령을 직접 거론하며 프랑스 제3공화국 정부의 반유대주의와 드레퓌스의 부당한 구속 수감을 비난했다. 원제목은 '공화국 대통령에게 보내는 편지'였는데, 신문사와 협의한 끝에 〈나는 고발한다〉로 제목을 바꿨다. 발행 부수 3만 부이던 이 신문은 이날 30만 부를 찍었다. 그 내용을 간략히 소개하면 이렇다.

"대통령님, 나는 한 정직한 인간으로서 나의 온 힘을 다해 큰 소리로 진실을 외쳐야겠습니다. 나는 대통령님이 이 죄악을 모르고 있음을 확신합니다. 그러나 그렇다 해도 이 나라 최고 통치자인 대통령님 외에 그 누가 이 진범의 악의적인 죄상을 파헤칠 수 있겠습니까? …… 드레퓌스는 군법정에 섰습니다. 재판은 비밀리에 진행되었습니다. 적에게 국경을 열어주고 독일 황제를 선뜻 노트르담 성당으로 인도한 반역자라 하더라도 이렇게 쉬쉬하며 재판을 하지는 않을 것입니다. …… 나는 군법정을 고발합니다. 피고인에게 그 증거를 비밀로 가린 채 유죄판결을 내려 인권을 침해했음을 고발합니다. …… 내가 취한 행동은 진실과 정의의 폭발을 서두르기 위한 혁명적 조치입니다. 나의 불타는 항의는 내 영혼의 외침일 뿐입니다. 이 외침으로 인해 내가 법정으로 끌려간다 해도 나는 그것을 감수하겠습니다. 기다리고 있겠습니다."

당시 졸라는 명예와 부富를 다 가진 사람이었다. 아쉬울 게 없는 사람이었지만, 작가로서 도저히 양심의 소리를 외면할 수 없었다. 이 서한으로 졸라는 큰 피해를 입는다. 1899년 중상죄로 유죄 선고가 내려져 1년간 런던으로 망명해야만 했다. 하지만 "진실은 행진해오는 중이며 무엇도 그것을 막을 수 없다"라는 그의 말처럼, 드레퓌스의 무죄를 입증하는 증거가 많아지면서 다시 파리로 돌아온다. 드레퓌스 역시 1904년 재심이 청구돼 진범이 드러나면서 1906년 모든 혐의를 벗고 복권도 이뤄져 육군에 복직했다.

졸라는 프랑스로 돌아온 1년 뒤인 1902년 파리의 한 아파트에서 난로 결함으로 인해 연기에 질식해 숨졌지만, 그의 고발은 앙가주망engagement의 표본으로 여겨져 지금도 프랑스인은 물론 전 세계인으로부터 칭송을 받고 있다. 앙가주망은 지식인의 사회참여를 의미하는 말이다. '아는 만큼 행동하고, 사상에 대한 사회적 책임을 의무로 받아들이는 것'이 프랑스에서는 자연스러운 지성적 분위기로 인식되면서 에밀 졸라, 장 폴 사르트르Jean-Paul Sartre, 앙드레 말로André Malraux 같은 행동하는 지성을 낳았다.

#알프레드 드레퓌스 #드레퓌스 사건 #에밀 졸라 #나는 고발한다 #앙가주망 #지식인의 사회참여

067

아비투스

습관이라는 게 이렇게나 무섭습니다

중세 유럽의 수도사들은 매일 아침 눈을 떠 예배 의식에서 입는 전례 복장을 갖추고 신께 기도를 올렸다. 오전 노동을 한 후 낮 기도를 올렸고 점심 식사를 했다. 잠시 쉰 다음 오후에 다시 노동에 돌입했고, 노동 후 오후 기도를 드린 다음 저녁 식사를 했다. 저녁 식사가 끝나면 또 잠깐의 휴식 시간을 가진 후 잠자리에 들기 전 신께 마지막 기도를 올렸다. 지루할 만큼 규칙적이고도 반복적인 생활 속에서 수도사들이 매일 아침 챙겨 입는 옷을 '하비투스habitus'라고 불렀다. '지니다, 보유하다'를 의미하는 라틴어 '하베레habere'의 명사형인 '하비투스'는 '가진 것, 지닌 것'이라는 의미다. 의복 등 생필품이 다채롭지 않았던 과거의 사람들에게는 매일같이 입는 의복을 뜻하기도 했다. '하비투스'는 옛 프랑스어로 흘러들어 '수도사들이 입는 옷'이라는 의미를 포함했고, 12세기 중반 다시 영어로 편입됐다. 그리고 개인이 어떤 행위를 오랫동안 되풀이하는 과정에서 저절로 익혀진 행동 방식을 뜻하는 '습관habit'이 되었다.

프랑스 사회학자 피에르 부르디외Pierre Bourdieu가 창조한 개념인 '아비투스habitus'의 어원도 '하비투스'다. 어원에서 유추할 수 있듯 '아비투스'의 뜻은 사실상 '습관'과 똑같다. 다만 아비투스에는 새로운 뜻이 더해졌다. 아비투스란 자신의 사회계층 혹은 계급이 드러나는 습관이다.

부르디외는 개인의 습관이 형성되기까지는 개인이 자라온 배경과 부모의 가치관, 집안의 분위기, 계급과 같은 사회문화적 환경이 절대적이라고 봤다. 또 한 사람이 나고 자라 사회적으로 성숙하기까지는 적어도 20~30년이 걸리는데, 이렇게 긴 시간을 들여 형성된 개인적 습관과 취향은 하루아침에 쉽게 바뀌거나 극복하기 어렵다고 했다. 그렇기에 어떤 사람들은 습관만 보고도 그들이 어떤 계급에 속해 자라왔는지를 떠올릴 수 있다. 그리고 비슷한 사회문화적 환경에서 자라온 사람들은 비슷한 습관을 공유하기도 한다. 아비투스에는 이처럼 특정 사회집단을 다른 집단과 구별하게 만드는 힘이 있다. 쉽게 말해 금수저와 흙수저, 상류층과 하류층의 아비투스는 다르다는 것이다.

상류층과 하류층의 다른 아비투스 중 사람들은 어느 쪽을 더 선호할까. 전자일 것이다. 그렇기에 하류층의 아비투스는 때때로 계층 간 이동에 방해가 된다. 예컨대 거친 동네에서 자란 사람들은 자신을 방어하기 위한 목적으로 거친 언어를 쓰는 경우가 잦지만, 대기업 입사 후에도 이런 말투를 계속 쓴다면 능력이 좋아도 승진하기 어려울 수 있다. 드라마를 보면 벼락부자들이 천박하다며 무시당하는 장면이 종종 등장하는데, '고상한 취향'이라는 아비투스의 벽을 넘지 못했기 때문이다. 최근에는 아비투스에 의한 계층 고착화를 꾀하는 사례도 종종 등장한다. 대학 입학이나 취업에서 자기소개서나 면접 심사가 강화된 상황이 그렇다. 면접은 묻는 질문에 정답을 맞히는 일도 중요하지만 좋은 매너와 태도를 갖추고 부드러우면서도 논리적인 말투를 구사하는 일 또한 중요하다. 하지만 이런 매너는 책만 보고 공부해서는 갖추기 어렵다.

즉, 어린 시절부터 길러진 습관과 취향은 한 인간을 한 사회 계급의 구성원으로 만들어준다. 그리고 다른 계급으로 이동하는 것을 어렵게 만든다. 지배계급인 상류층은 자신의 아이에게도 계급을 물려주기 위해 음식이나 음악, 미술에 대한 취향을 가르치고 주입한다. 부르디외는 이런 현상을 '상징 폭력'이라고 정의했다. 하지만 최근 출간된 한 자기계발서는 아비투스를 주제로 다루며 "성공하려면 상류층의 습관을 좇는 것이 중요하다"라고 역설했다. 다른 서적들도 부자가 되려면 부자들의 습관을 따라야 한다고 강조하는 경우가 많다. 과연 습관과 취향에도 옳고 그름과 좋고 나쁨이 있는 것인지 생각해볼 일이다.

#하비투스 #가진 것, 지닌 것 #의복 #습관 #피에르 부르디외 #아비투스 #계급 #취향

068

유리 천장

어떤 유리든 깨지게 마련이다!

"숨을 쉴 수 없어요. 나를 죽이지 마세요." 2020년 5월 26일 미국 미네소타 주 미니애폴리스에서 백인 경찰의 무릎에 목이 눌려 숨진 흑인 조지 플로이드George Floyd가 마지막으로 남긴 이 한마디가 미 전역을 뒤흔들었다. 인종차별에 항의하는 시위는 미국 내 140여 개 도시로 번져나갔고, 유럽 등 전 세계로도 퍼졌다. 이유는 한 가지다. 흑인의 삶도 소중하다는 것이다. 이 사건은 1992년 로스앤젤레스 폭동 때처럼 미국 사회의 뇌관을 또 건드렸다. 코로나19로 일자리를 잃어 마스크도 제대로 살 수 없는 하층민이 즐비한 흑인 사회에 플로이드 사망은 백인이 흑인을 탄압하는 모습으로 비쳤다.

"나에게는 꿈이 있습니다. 언젠가 이 나라가 모든 인간은 평등하게 태어났다는 것을 당연한 진실로 받아들이고, 그 진정한 의미를 신조로 살아가게 되는 날이 오리라는 꿈입니다. 언젠가는 조지아의 붉은 언덕 위에 예전에 노예였던 부모의 자식과 그 노예의 주인이었던 부모의 자식이 형제애의 식탁에 함께 둘러앉는 날이 오리라는 꿈입니다."

마틴 루서 킹Martin Luther King Jr. 목사는 1963년 '나에게는 꿈이 있습니다I have a dream'라는 명연설로 흑인들에게 꿈을 심어줬지만, 미국 사회에서 흑백차별은 여전히 해결되지 않은 뇌관이다. 특히 흑인을 비롯해 소수민족이 백인들의 주류 사회에 진입하기란 여간 어려운 일이 아니다. 미국의 주류 사회를 '유리 천장glass ceiling'이라고 비유한 것도 그래서다. 유리 천장은 여성과 소수민족 출신자들의 고위직 승진을 막는 조직 내의 보이지 않는 장벽이다. 원래는 여성의 고위직 진입을 가로막는 조직 내의 보이지 않는 장애라는 의미로 쓰였으나, 여성뿐 아니라 흑인이나 소수민족 출신자들이 당하는 인종차별적 상황에까지 확대해 사용하고 있다. 밑에서 위를 바라볼 수는 있지만 결코 올라갈 수는 없는 장벽이라는 얘기다.

　그러면 위에서 보면 어떨까. 아래선 유리 천장이지만 위에서 보면 단지 발을 딛고 있는 유리 바닥일 뿐이다. 그래서 유리 천장의 반대 개념으로 생긴 용어가 '유리 바닥glass floor'이다. 유리 바닥은 부유층이 신분 하락을 막기 위해 만들어 놓은 신분 추락 방지 장치를 의미한다. 여성, 소수민족, 못 가진 자 등 사회적 약자에게는 신분 상승을 막는 무형의 장벽이지만, 부유층은 이 장벽을 더 튼튼히 갖춰야 신분을 유지할 수 있다. 경제성장이 지속되면 상층부의 공간이 커지면서 지속적인 신분 상승이 가능하겠지만 갈수록 저성장세다. 신분 상승을 하려면 위에 있는 사람을 아래로 끌어내리려야만 상층부 공간이 생기는 야박한 구조가 만들어지고 있는 것이다. 기존 주류층이 신분 하락을 막기 위해 유리 바닥을 더 공고히 다지는 이유다. 더구나 아래의 삶이 어떤지 유리 바닥을 통해 훤히 내려다보고 있다. 그래서 자본과 권력을 쥔 주류층은 자신에게 유리한 정책을 만들기도 하고 다양한 보이지 않는 혜택도 받으려 한다. 주류 신분을 유지하기 위한 '기회 사재기'인 동시에 '사다리 걷어차기'다.

　하지만 어떤 유리든 금이 가고 깨지게 마련이다. 강화유리나 방탄유리일 경우에도 마찬가지다. 단지 긴 시간이 필요할 뿐이다. 그 시간이 길어지면서 미국에선 '흑인의 삶도 소중하다'라는 시위가 반복되는 것이다.

#조지 플로이드 #마틴 루서 킹 #나에게는 꿈이 있습니다 #유리 천장 #유리 바닥 #사다리 걷어차기

069

가이 포크스
저항의 상징이 된 인물

시위 때마다 등장하는 가이 포크스 가면. 웃고 있는 눈과 입, 입꼬리와 같은 곡선을 그리는 콧수염이 특징이다. 영국 왕을 암살하려 했던 실존 인물 가이 포크스Guy Fawkes의 모습을 형상화한 것이다. 포크스가 지금은 불복종과 저항의 아이콘이 됐지만 처음부터 그랬던 것은 아니다. 처음에는 반역자이자 실패한 테러리스트의 상징으로 조롱을 받았다. 그를 유명하게 만든 사건은 1605년으로 거슬러 올라간다. 포크스와 그 일당은 1605년 11월 5일 영국 의회 개원식에 참석할 왕 제임스 1세James I와 그 가족, 그리고 의원들을 몰살하려고 의사당인 웨스트민스터궁 지하에 대규모 폭약을 설치한다. 이를 위해 의사당 인근의 가정집을 빌려 의사당 지하로 연결하는 땅굴까지 팠다. 일명 '화약음모사건'이다.

포크스 일당이 이런 음모를 꾸민 것은 후손이 없던 엘리자베스 1세Elizabeth I로부터 왕권을 넘겨받은 제임스 1세가 신교인 영국국교회(성공회)를 확산시키기 위해 가톨릭 탄압 정책을 펼쳤기 때문이다. 포크스는 열렬한 가톨릭 신자였다. 하지만 그는 주동자가 아니었다. 단지 가톨릭에 대한 깊은 믿음과 함께 전쟁터를 누볐던 탓에 화약을 다루는 기술을 갖고 있었을 뿐이다. 주동자는 가톨릭 세력의 부활을 꿈꾼 로버트 케이츠비Robert Catesby였다. 체제 전복을 위해 폭약을 터뜨리는 계획을 꾸몄던 그에게 포크스는 절대적으로 필요한 인물이었다. 거사당일 화약에 불을 붙이는 것 역시 포크스의 몫이었다.

그러나 이 계획은 허망하게도 사전에 정보가 유출되면서 실패로 돌아간다. 포크스는 의회 개원이 채 하루도 남지 않은 11월 4일 자정 무렵 홀로 성냥을 소지한 채 의사당 지하에서 체포됐다. 이후부터는 비참한 종말이다. 계속된 고문에 굴복해 암살 계획 전모와 연루자의 이름을 모두 자백했고, 이듬해인 1606년

1월 다른 공범들과 함께 극형에 처해졌다. 거사일이었던 11월 5일은 왕이 암살을 모면한 축제일로 정해졌다. 영국 국민들은 이날을 '가이 포크스의 밤', '음모의 밤', '모닥불의 밤' 등으로 부르며 포크스 인형을 불에 태웠다.

그가 실패한 테러리스트에서 저항의 아이콘으로 부활한 것은 2005년 그의 삶을 그린 만화를 각색한 영화 〈브이 포 벤데타V for Vendetta〉가 만들어지고 나서다. '벤데타'는 '복수, 앙갚음'이라는 뜻이지만, 이 영화에서 주인공 브이는 포크스 가면을 쓰고 개인적인 앙갚음에서 나아가 부당한 권력과 그 시스템에 항거한다. 영화에 나온 가이 포크스 가면을 처음으로 시위에 사용한 것은 세계 최대의 해커 집단 '어나니머스Anonymous'였다. 이들은 반反사이언톨로지 시위에서 이 가면을 쓰고 나타났다. 이후 2011년 월가로 대표되는 자본의 탐욕에 저항하며 일어난 '월가를 점령하라Occupy Wall Street 운동'에서도 시위자들이 포크스 가면을 쓰고 기존 권력에 맞서면서 포크스 가면은 권력층에는 공포의 대상으로 자리 잡았다.

하지만 그의 이름에서 유래된 것으로 전해지는 '남자, 녀석' 등을 뜻하는 '가이guy'는 허물없는 사이에서나 쓸 정도로 좋은 뜻만 지닌 단어가 아니다. 애초에는 조롱의 의미가 담겨 있었다. 그랬던 이 단어는 세월이 흐르면서 '일반적인 남자'의 의미를 지니게 됐다. 포크스에 대한 평가가 그랬다. 그런 그의 이름이 테러리스트에서 저항의 상징으로 엄청난 탈바꿈을 한 셈이다.

#가이 포크스 #실패한 테러리스트 #저항의 아이콘 #브이 포 벤데타 #어나니머스 #월가를 점령하라

070

단두대

누구나 고통 없이 죽게 하는 발명품?

"사형수라도 고통 없이 죽을 권리가 있다." 프랑스 대혁명이 한창일 때 파리 대학교 의학부 교수였던 조제프 이냐스 기요탱 Joseph-Ignace Guillotin(영어로는 기요틴) 박사는 당시의 처형 방식이 사형수에게 너무 고통을 주고 귀족과 평민 간 차별도 심하다고 판단했다. 누구나 고통 없이 죽을 권리가 있다는 게 그의 생각이었다. 당시 귀족은 목을 자르는 참수형, 평민은 목을 매는 교수형에 처해졌다. 참수형이 그나마 고통이 덜해 귀족에게만 주어진 특권이었다. 하지만 칼이나 도끼를 사용하는 참수형조차도 한 번에 끝나지 않는 경우가 대부분이었다. 고심 끝에 그가 제안한 게 고통이 덜한 기계의 사용이었는데, 바로 단두대 斷頭臺 '기요틴 guillotine'이다. 사형제 자체를 반대한 그였지만, 사형제 폐지가 어렵다고 보고 제안한 차선책이었다.

그가 제안한 단두대는 사실 그의 작품이 아니었다. 이미 아일랜드에 비슷한 기계가 있었다는 기록이 있고, 이탈리아 등지에서도 유사한 도구가 사용됐다. 기계 제작도 그가 한 게 아니었다. 실제 단두대는 왕실 주치의이면서 외과학회 회원이었던 앙투안 루이 Antoine Louis가 만들었다. 단두대가 처음에 그의 이름을 따 '루이종' 또는 '루이제트'라고 불린 것도 그래서다. 하지만 기요탱 박사가 국민의회 의원으로 활동하며 모든 사형수를 기계로 처형하는 법률을 통과시키는 데 앞장선 데다 발음하기 좋다는 이유로 언론들이 그의 이름을 갖다 쓰면서 단두대의 명칭이 '기요틴'이 됐다. 단두대는 길게 세워진 두 기둥 사이로 40킬로그램에 달하는 무쇠 칼날이 꼭대기에 밧줄로 매달려 있다. 사형수가 이 틀 안 칼날 바로 밑부분에 목을 넣으면 사형집행인이 밧줄을 끊는다. 눈 깜짝할 사이에 목이 잘려나가 고통을 느낄 겨를이 없다.

기요틴 박사의 노력에 힘입어 단두대가 국가 표준 사형 집행 도구로 지정되면서 처형되는 순간일지라도 신분에 따른 차별을 없앨 수 있었다. 아이러니하게도 단두대는 프랑스 대혁명의 이념 가운데 하나인 평등을 실현하는 기계였던 셈이다. 하지만 그가 원하는 대로 세상사가 흘러가지 않았다. 단두대는 불과 1년여 만에 공포정치의 상징이 됐다. 프랑스 대혁명 당시 루이 16세Louis XVI와 왕비 마리 앙투아네트Marie Antoinette를 비롯해 2만 명이 단두대에서 목숨을 잃었다. 혁명 기간 내내 파리가 피로 홍건했다. 단지 그때로만 끝난 게 아니다. 프랑스에선 20세기 초반까지 공개 처형이 이뤄졌다. 1981년 프랑스가 사형 제도를 공식적으로 폐지하고 나서야 단두대도 폐기됐다.

이런 기요틴 박사의 단두대가 '규제 기요틴'이라는 말로 최근 부활했다. 단두대가 순식간에 일을 끝내는 것처럼 불필요한 규제를 건별이 아니라 한꺼번에 처리하는 규제 개혁을 의미한다. 규제라는 목을 단번에 쳐내겠다는 것이다. 일부 유럽 국가가 대규모 규제 철폐를 단행하면서 붙인 이 말은 이미 여러 나라에서 활용되고 있다. 1984년 스웨덴에서 처음 사용되기 시작해 이후 멕시코·헝가리 등에 도입되었고, 우리나라에서도 2014년 '규제 기요틴 민관 합동 회의'를 열어 대대적인 규제 완화를 추진하기도 했다. 기요틴 박사의 생각이 너무 순진했던 것인지 그의 이름은 평등의 상징이 아니라 여전히 단번에 목을 쳐내는 공포의 상징으로 남아 있다.

\# 프랑스 대혁명 \# 조제프 이냐스 기요탱 \# 기요틴 \# 단두대 \# 규제 기요틴

071

뉴딜

경제 위기 때마다 등장하는 정책

대공황을 극복하고 세계대전을 승리로 이끌어 미국 헌정 사상 유일하게 네 번이나 대통령에 오른 프랭클린 루스벨트Franklin Roosevelt. 그는 늘 웃고 다녔다. 너무 웃어 일본 군부가 그의 이름 'Roosevelt'를 'Loosebelt(헐렁한 샅바)'라고 바꿔 비아냥댔을 정도였다. 하지만 그가 맞닥뜨린 현실은 녹록지 않았다. 대통령에 오른 1933년 미국 경제는 한마디로 만신창이였다. 불황과 실업 사태는 장기화 조짐을 보였고, 은행 등 신용·금융 시스템도 마비돼갔다. 특히 실업률은 무려 25퍼센트에 달했다. 길거리마다 실업자로 넘쳐났다. 그의 몸도 성치 않았다. 39세에 갑자기 닥친 소아마비로 다리를 쇠붙이에 고정시키고 휠체어를 타고 다녀야만 했다.

그러나 그는 결코 헐렁하지 않았다. 대통령에 오른 만큼 하루빨리 대공황의 늪에서 국민들을 구해내야겠다는 마음이 간절했다. 3월 4일 취임하자마자 바로 경제 회복을 위한 사회·경제 개혁안에 시동을 건 것도 그래서다. 그 개혁안이 바로 '새로운 처방'이라는 뜻의 뉴딜New deal 정책이었다. 뉴딜이라는 용어는 미국 경제학자 스튜어트 체이스Stuart Chase가 1932년 초 출간한 《뉴딜A New Deal》이라는 책에서 따온 것이다. 시어도어 루스벨트Theodore Roosevelt의 '스퀘어 딜Square deal(공평한 분배 정책)'과 우드로 윌슨Thomas Woodrow Wilson의 '뉴 프리덤New freedom(새로운 자유 정책)'을 합성해 만든 말이다.

루스벨트는 "뉴딜은 정치적 캠페인보다 전투에 가까운 것"이라며 뉴딜 정책을 밀어붙였다. 대통령 취임 5일 만인 3월 9일 긴급은행법Emergency Banking Act을 통과시켰고, 바로 그날 '경제법Economy Act'이라는 새로운 법안도 입안했다. 11일 뒤인 3월 20일 그는 '경제법'에 서명을 하고 발효시켰다. 속도도 예상을 뛰어넘었지만 강도 역시 강했다. '경제법'을 통해 그는 공무원의 월급을 대폭 삭감하고 예비역들에게 지급하는 연금도 최대 15퍼센트까지 축소했다. 보조금을 주고 농작물 수확량을 대폭 감산하는 '농업조정법'과 파멸에 직면한 산업의 부흥 및 실업자 구제를 목표로 '전국산업부흥법' 등 새로운 법을 연이어 시행했다. 새로 입법하는 법안이 워낙 많아 '입법 기계legislative machine'라는 별칭을 얻기도 했다.

결과적으로 미국은 루스벨트 때 대공황에서 탈출하지만, 그것이 뉴딜 정책의 효과 덕분인지는 여전히 논란거리다. 몇 년 뒤 실업자가 다시 급증하는 등 침체가 이어졌기 때문이다. 하늘이 그를 도운 걸까. 다행히 루스벨트에게는 천운(?)이 따랐다. 1939년 독일의 히틀러Adolf Hitler가 제2차 세계대전의 포문을 열면서 미국 경제에 '전쟁 특수'의 단비가 내렸다. 군수물자 특수에다 1,000만 명에 달하는 실업자가 방위업체나 군대로 가면서 경제가 살아나고 실업 문제도 점차 해소됐다. 실제로는 제2차 세계대전이 미국을 구한 특효약이었던 셈이다.

그런데도 루스벨트와 그의 뉴딜 정책이 경제 위기 때마다 롤 모델로 떠오르는 것은 정책의 실효성을 떠나 경제 위기를 타개하려는 의지만큼은 각별했기 때문이다. 특히 절망에 젖어 있던 사회 분위기를 희망으로 바꿔놓고 국민을 한마음으로 결집시켰다. 난롯가에 둘러앉아 다정하게 대화를 나누는 듯하다고 해서 '노변정담爐邊情談, fireside chats'이라는 이름이 붙은 라디오 연설을 30차례나 이어가며 개혁 정책을 조목조목 설명하고 국민들의 마음도 다독였다. 뉴딜 정책이 지금까지도 가장 성공적인 위기 타개 정책으로 기억되고 있는 이유다.

#프랭클린 루스벨트 #대공황 #뉴딜 #새로운 처방 #스튜어트 체이스 #제2차 세계대전

072

골디락스
너무 뜨겁지도 않고, 너무 차갑지도 않은

가장 먹기 좋은 죽(粥)은? 바로 식은 죽이다. 얼마나 쉬웠으면 '식은 죽 먹기'라는 관용어까지 만들어졌을까. 이런 말은 동서양을 막론한다. 영국에는《골디락스와 곰 세 마리Goldilocks and the Three Bears》라는 전래 동화가 있는데, 그 내용도 죽, 즉 수프 얘기다. 골자는 이렇다.

숲속 어느 집에 아빠 곰, 엄마 곰, 아기 곰이 산다. 각자 냄비에 수프를 끓인 곰 세 마리가 수프가 식을 동안 산책을 나간 사이 골디락스라는 이름의 소녀가 이 집을 찾아온다. 골디락스는 '골드gold(금)'와 '락lock(머리카락)'의 합성어로, 금발 머리라는 의미다. 배가 고팠던 이 금발 머리 소녀는 냄비에 들어 있는 수프를 맛보았다. 그런데 첫 번째 수프는 너무 뜨거웠고, 두 번째 수프는 너무 차가웠다. 세 번째 수프만 먹기 좋게 식어 있었다. 소녀는 세 번째 수프 그릇을 싹 비워버렸다.

여기서 탄생한 경제 용어가 '골디락스 경제Goldilocks economy'다. 너무 뜨겁지도, 너무 차갑지도 않은 딱 적당한 상태를 가리킨다. 미국의 경제학자 데이비드 슐먼David Shulman이 처음으로 이 용어를 사용하면서 일반화됐다. 적당히 식은 죽(수프)을 먹는 것처럼 인플레이션inflation을 우려할 만큼 과열되지도 않고, 경기 침체를 우려할 만큼 냉각되지도 않은 최적의 경제 상태라는 얘기다. 이런 경제에서는 물가 상승에 대한 부담 없이 실업률 하락, 소비 확대, 주가 상승, 국내총생산GDP 성장 등을 실현할 수 있다.

2019년까지 미국 경제를 이렇게 불렀다. 미국 경제는 2009년 6월 이후 126개월 동안 성장세를 지속해 사상 최장 호황을 기록했다. 이에 힘입어 실업률은 3.5

퍼센트까지 내려갔다. 선진국에서 완전고용 상태로 간주하는 실업률 4.6~5퍼센트 아래에 있으면서도 물가 상승률은 1퍼센트 안팎에 머물렀다. 장기 호황에다 물가마저 안정세를 보여 골디락스 경제라는 말이 나오기 충분했다. 다우 지수와 나스닥 지수 등 주식시장도 연일 사상 최고치를 경신했다. 이때까지만 해도 미국 경제는 아름다운 금발 머리 소녀 골디락스에게 푹 빠져 있었다.

그런데 결말은 어땠을까? 전래 동화에서 골디락스가 배가 불러 아기 곰 침대에서 깜박 잠든 사이 곰 세 마리가 돌아온다. 얼마 뒤 잠에서 깬 골디락스는 곰 세 마리가 화난 얼굴로 자신을 빤히 쳐다보고 있는 것에 놀라 벌떡 일어나 부랴부랴 줄행랑을 친다. 전래 동화에서 골디락스가 도망쳐 버려서일까. 코로나19와 전 세계적인 경기 침체로 잘나가던 미국의 골디락스 경제도 무너져 내리고 있다.

골디락스와 반대되는 '지브리의 저주ジブリの呪い'라는 말도 있다. 일본 금융계 괴담인데, 미국의 〈월스트리트저널Wall Street Journal〉이 소개하면서 널리 알려졌다. 지브리의 저주는 일본 애니메이션 업계의 거장 미야자키 하야오宮崎駿 감독이 설립한 지브리 스튜디오가 제작한 애니메이션이 텔레비전에 방영되는 날에는 일본 외환시장과 주식시장이 이유 없이 뒤흔들린다는 데서 탄생한 말이다. 의외로 적중률이 높아 애니메이션이 방영되는 날에 매도세가 몰리면서 악순환을 낳기도 했다. 미야자키 하야오 감독은 〈미래 소년 코난未来少年コナン〉, 〈센과 치히로의 행방불명千と千尋の神隠し〉, 〈이웃집 토토로となりのトトロ〉 등을 만들었다.

#골디락스와 곰 세 마리 #골디락스 #금발 머리 소녀 #골디락스 경제 #최적의 경제 상태 #지브리의 저주

073

화이트

백색에 얽힌 이야기들

'백색소음'이라는 말이 있다. 사람의 마음을 안정시켜주는 착한 소음이다. 바람 소리나 새소리와 같은 자연의 소리가 그런 소음이다. 백색소음을 들으면 우리 뇌에서 집중력을 높여주는 '알파파'라는 뇌파가 증가한다고 한다. 백색은 동서양을 막론하고 깨끗함과 고결함, 착함과 희생과 같은 좋은 이미지와 연결된다. '하얀 거짓말'도 그런 것이다. 거짓말이긴 한데, 해가 되지 않는 선한 거짓말이다. 남성이 마음에 둔 여성에게 사탕 따위를 선물하며 사랑을 고백하는 날인 '화이트 데이white day'의 유래도 마찬가지다. 1980년대 일본 제과 업체들이 마케팅 전략의 일환으로 백색의 이미지에다 당시 인기를 끈 마시멜로가 하얀색이라는 점에 착안해 명명한 것이 화이트 데이다. 백색이 주는 특별한 이미지 때문인지 정치 · 경제 용어에도 백색이 들어간 단어가 많다. '백색국가'와 '화이트리스트' 등이 그런 단어다.

백색국가는 자국의 안전 보장에 위협이 될 수 있는 첨단 기술과 전자 부품 등을 다른 국가에 수출할 때 허가 신청이나 절차 등에서 우대를 해주는 국가를 말한다. 한마디로 우방국이라는 얘기다. '안전 보장 우호국', '수출 절차 우대국', '화이트리스트 국가'라고도 한다. 2019~2020년 한일 간 경제 갈등이 대립 양상으로 치달으면서 일본 제품 불매운동이 벌어진 것은 일본이 한국을 백색국가 명단(화이트리스트 국가 명단)에서 제외했기 때문이다.

일본은 우방국에 대해 화이트리스트 국가로 지정해 수출 통관절차 등에서 우대를 받도록 하고 있는데, 2019년 7월 고순도 불화수소(에칭 가스), 플루오린 폴리이미드, 포토레지스트 등 반도체 핵심 소재 세 개 품목에 대해 화이트리스트 목록에서 제외하고 수출규제에 나선 데 이어 8월에는 아예 한국을 백색국가 목록에서도 제외했다. 일본에서 지금까지 백색국가로 지정한 나라는 미국·영국·프랑스 등 모두 27개국이다. 2014년 한국이 아시아에서는 유일하게 백색국가로 지정됐지만, 이 조치로 이 목록에서 빠지는 첫 국가로도 기록됐다.

일본은 오로지 경제적인 문제라고 주장하지만, 이 조치는 다분히 정치적 보복 성격이 강하다. 일제 강점기 당시 강제징용 피해자들이 일본 기업을 상대로 낸 손해배상 청구 소송에 대해 대법원이 1인당 1억 원씩을 배상하라고 최종 판결하자 이에 대한 보복 조치로 백색국가 명단에서 제외한 것이다. 일본의 이 조치에 맞대응해 한국도 백색국가 목록에서 일본을 제외했다.

화이트리스트는 국가뿐 아니라 어떤 권리나 서비스 등에 접근이 허용된 친정부 인사나 기관의 명단도 가리킨다. 접근 금지 명단인 블랙리스트와 대립되는 용어다. 역대 정권들이 은밀하게 반정부 단체나 인사를 블랙리스트에, 친정부 단체나 인사를 화이트리스트에 올려 관리하다 사달이 나기도 했다.

'백색테러'라는 말도 있는데, 친정부 인사나 우익 단체가 자행하는 테러나 폭력을 일컫는다. 좌익에 의한 테러인 '적색테러'와 대비된다. 이 말은 프랑스 대혁명 직후인 1795년 혁명파에 대해 왕당파들이 가한 보복 행위를 백색테러로 칭한 것이 기원이다. 당시 프랑스 왕권의 표장標章이 흰 백합이었기에 붙여진 이름이라고 한다. 하지만 백색·적색·흑색 등 어떤 색깔을 갖다 붙이더라도 테러는 테러일 뿐 '착한 테러'는 없다.

#백색소음 #하얀 거짓말 #화이트 데이 #백색국가 #화이트리스트 #블랙리스트 #백색테러 #적색테러

074

밴드왜건

마차 따라 강남 간다?

결혼식 때 신부는 왜 하얀 웨딩드레스를 입을까. 처음부터 그랬던 게 아니다. 고대 로마 시대 신부는 붉은색 베일을 쓰고, 기독교인의 경우 하얀색이나 보라색 의상을 입었다고 전해진다. 16세기 일부 귀족들이 하얀색 드레스를 입었지만, 현대적 의미의 하얀색 웨딩드레스는 1840년 빅토리아 여왕Queen Victoria이 결혼식 때 입으면서 본격적으로 확산됐다고 한다. 그때부터 신부들이 하얀색 웨딩드레스를 입으면서 하얀색은 이제 신부의 드레스 코드가 됐다. 이처럼 남이 하니 따라 하는 현상을 '밴드왜건 효과band wagon effect'라고 한다. 친구 따라 강남 가는 식이다. 어떤 사람이 구매하면 따라 구매하는 현상이라고 해서 '편승 효과便乘效果'라고 부르기도 한다.

밴드왜건은 과거 서커스 행렬을 선도했던 악단(밴드) 마차를 뜻했다. 이 마차에 탄 악사들이 맨 앞에서 음악을 연주하며 곡예나 퍼레이드를 이끌면 사람들이 궁금해 몰려들었던 데서 유래한 말이다. 미국 서부 개척 시대에는 요란한 밴드왜건 소리를 듣고 모여든 사람들 사이에 금광 발견 소문이 퍼지면 너도나도 금광으로 몰려가곤 했다. 오래전 우리나라도 비슷했다. 서커스단이 오면 먼저 북과 장구, 피리 등을 부는 악대가 동네를 한 바퀴 돈다. 그러면 아이들이 그 뒤를 쫓는다. 이렇게 먼저 사람을 모으고 알려야 서커스도 흥행하기 때문이다.

남들 다 하는데 나만 안 하면 소외된다고 느끼는 게 사람 심리인 탓에 '밴드왜건 효과'는 정치·경제·사회 등 많은 분야에서 폭넓게 활용된다. 경제 분야에선 유행에 따라 상품을 구입하는 소비 현상을 이용해 충동구매를 유발한다. 위기 때나 나타나는 사재기 현상도 마찬가지다. 정치권이 여론조사를 활용해 대세론을 주장하는 것도 이런 심리를 이용한 정치 전략이다. 선거 때 A 후보가 경쟁자인 B 후보보다 앞선 결과가 나오면 후보자를 결정하지 못한 부동층도 A 후보를 선택할 가능성이 높기 때문이다.

하지만 이를 잘못 활용하면 낭패를 볼 수 있다. 사람 심리가 다 다르고 남들이 하면 도리어 따라 하고 싶지 않은 심리도 존재하기 때문이다. 이런 심리의 소유자들은 남이 사면 오히려 구매를 기피한다. 이런 현상을 '속물 효과' 또는 '스놉 효과snob effect'라고 부른다. 영어로 '스놉snob'이 '속물', '고상한 체하는 사람'이라는 뜻을 가진 데서 따온 말이다. 사람들은 누구나 남이 갖고 있지 않은 자신만의 물건을 소유하고 싶어 한다. 그런데 그 상품이 인기를 끌어 누구나 갖고 있다면 어떨까? 그 상품을 가질 이유가 사라진다. 속물 효과를 우아한 백로白鷺처럼 남들과 다르게 보이려는 심리라는 의미에서 '백로 효과'로 부르는 것도 그래서다.

이를 이용한 대표적인 마케팅이 명품 마케팅이다. 시계나 가방 하나에 수백만 원에서 수천만 원을 호가하는 명품들이 가격을 올려도 소비가 줄지 않는다. 오히려 판매가 더 늘어나는 경우가 많다. 그래서 명품들은 불황이건 호황이건 관계없이 가격을 올린다. 그렇게 해도 살 사람은 다 산다는 일종의 배짱 마케팅이다.

#밴드왜건 #악단 마차 #편승 효과 #스놉 효과 #속물 효과 #백로 효과

075

젠트리피케이션

젠트리가 이사 오니 집값이 올라버렸다

미국 뉴욕의 자치구 중 하나인 브루클린은 한때 대표적인 빈민가로 꼽혔다. 공장이 많았기에 이탈리아 · 폴란드 · 우크라이나 · 포르투갈 등 유럽 빈국에서 온 이민자들이 둥지를 틀었고, 흑인 · 히스패닉 · 화교 등 다양한 인종이 뒤섞여 살았다. 저소득층이 많이 살고 치안이 좋지 않아 집단 폭행과 강간, 강도 사건 발생이 잦았다. 그래서 미국 내 주류로 꼽히는 영국계 미국인들은 살기를 꺼렸다.

하지만 최근의 브루클린은 위험 지역이라기보다는 '핫'한 동네로 분류된다. 도심 맨해튼과 가까운 거리, 다양한 문화가 한데 뒤섞인 데서 발현되는 독특한 분위기, 공장을 개조한 카페 등에서 나타나는 빈티지한 감성 등이 뉴요커들의 마음을 사로잡았기 때문이다. 특히 값싼 작업 공간을 찾던 예술가들이 윌리엄스버그 지역을 중심으로 정착하기 시작했다. 예술가들이 활동하며 거리는 더욱 매력적으로 변해갔고, 부동산 개발 업자들까지 눈독을 들이게 됐다. 지역 곳곳에는 다양한 편의 시설을 갖춘 고급 고층 아파트들이 지어지기 시작했고, 집값도 자연스레 치솟았다. 하지만 이런 변화는 원래 브루클린에 거주하던 주민들에게 재난으로 다가왔다. 갑자기 치솟는 집값을 감당하지 못해 살던 곳을 떠나야 했다. 이들은 좀 더 싼 주거지를 찾아 더 외곽으로 이동했다. 실제 뉴욕시의 인구 변화 리서치에 따르면, 2000년부터 10년간 브루클린 내 백인 인구는 3만 7,000명 늘어난 것에 비해 흑인 5만 명가량이 지역을 이탈했다고 한다.

브루클린의 변화는 '젠트리피케이션gentrification'의 대표적 사례로 꼽힌다. 젠트리피케이션은 슬럼가 등 낙후 지역에 중산층 이상 계층이 들어온 후 거리 자체가 고급 주택가로 탈바꿈하는 현상을 의미한다. 용어를 처음 쓴 사람은 영국의 사회학자 루스 글래스Ruth Glass다. 젠트리피케이션은 산업화가 빨랐던 영국에서 가장 먼저 일어난 현상이었다. 글래스는 1960년대 런던 서부에 위치한 첼시 등 하층계급의 주거지역이 영국의 중산계층인 젠트리gentry의 유입으로 변해가는 모습을 관찰해 이 용어를 붙였다. 그녀는 저서《런던: 변화의 양상London: aspects of change》에서 젠트리피케이션을 "런던의 노동계급 지역이 하나둘씩 중간계급의 침공을 받아 낡고 허름한 작은 집들에서 우아하고 비싼 거주지로 변해가는 과정"이라고 묘사했다. 그리고 이런 변화의 끝에 "지역의 전체적인 사회적 성격도 바뀐다"라고 썼다.

젠트리는 중세 후기 무렵부터 두각을 나타낸 영국의 중산계급을 통칭하는 말이다. 신사를 의미하는 '젠틀맨gentleman'의 유래이기도 하다. 귀족은 아니지만 토지와 부를 소유했다는 점에서 프랑스의 '부르주아'와 비슷하게 여겨지기도 한다. 하지만 엄밀히 말해 부르주아와 젠트리는 차이가 있다. 부르주아가 상인 등으로 구성된 부유한 중간계급을 의미한다면, 젠트리는 태생적으로 상류계급에 좀 더 가깝다. 영국은 작위를 가진 자만을 귀족으로 인정했는데, 가문의 작위는 오로지 장남에게만 계승됐다. 따라서 귀족 집안의 차남 이하는 법률적으로 평민 신분이 된다. 그래도 귀족의 자제인 만큼 걸맞은 대우는 받지만, 후손들의 신분은 평민으로 굳어진다. 대표적인 젠트리로는 영국의 전 총리 윈스턴 처칠Winston Churchill을 들 수 있다. 처칠은 말버러Marlborough 공작 가문의 후손이지만, 아버지가 삼남이라 작위를 계승하지는 못했다.

물론 명문가 출신뿐 아니라 교수, 법률가 등 지식 계층과 신흥 상공업자 등의 중산층도 젠트리로 편입되곤 했다. 따라서 젠트리는 점점 숫자가 늘어났고, 어느 순간부터 영국 사회를 주도하는 지배 계층으로 자리매김했다.

#뉴욕 브루클린 #젠트리피케이션 #루스 글래스 #런던 #중산계층 #젠트리 #젠틀맨 #윈스턴 처칠

076

블랙스완

검다는 이유로 공포가 된 백조

블랙스완black swan은 검은 백조다. 하얀 새라는 의미의 백조白鳥에 검다는 말을 같이 사용하는 것 자체가 모순이지만, 여기에는 그럴 만한 이유가 있다. 18세기까지 사람들은 이 세상의 백조는 모두 하얗다고 믿었다. 그렇지 않은 백조를 본 일이 없기 때문이다. 그러나 호주와 뉴질랜드 등 태평양의 많은 섬을 탐험하고 명칭을 정한 영국의 탐험가 제임스 쿡James Cook 선장이 호주에서 검은 백조를 발견하면서 상황이 달라진다. 좀처럼 있을 수 없는 일이 벌어져 백조는 하얗다는 오랜 믿음과 지식이 한 번에 무너져 내린 것이다.

이를 월가의 투자 전문가인 나심 니컬러스 탈레브Nassim Nicholas Taleb가 저서 《블랙스완The Black Swan》에서 소개하면서 이 용어는 경제 영역에서 널리 사용되기 시작했다. 이후 블랙스완은 극단적으로 예외적이어서 발생 가능성이 없어 보이지만 일단 발생하면 엄청난 충격과 파급효과를 가져오는 사건을 가리키는 말이 됐다. 특히 예기치 못한 경제 위기가 닥칠 때마다 "블랙스완이 나타났다"라고 말할 정도로 블랙스완은 공포의 단어가 됐다. 경제 대공황, 블랙먼데이, 9·11 테러, 서브프라임 모기지 사태 등이 블랙스완의 대표적인 사례들이다.

《블랙스완》에는 이런 내용이 나온다. 칠면조 얘기다. 천 일 동안 매일 주인은 칠면조에게 먹이를 가져다준다. 칠면조에겐 주인이 먹이를 주는 것이 생활의 규칙이었고 흔들리지 않은 고정관념이었다. 그러나 추수감사절 직전 매일 먹이를 갖다주던 주인이 칠면조를 죽인다. 칠면조는 죽는 순간에야 지난 천 일 동안 주인이 먹이를 가져다준 것은 오늘 자신을 죽이기 위해서였다는 사실을 알게된다. 블랙스완 위기 역시 기존 지식과 경험이 일시에 붕괴되면서 초래되는 위기라는 것이다.

블랙스완뿐 아니라 '블랙'이 들어간 단어에는 좋은 말이 별로 없다. 검은색 동물들에는 더욱더 그렇다. 드라마 제목으로도 쓰였던 '블랙도그black dog'가 대표적인 사례. 검은 개에 대한 부정적 인식은 예로부터 있어왔는데, 최근에는 '블랙도그 증후군'이라는 말까지 생겼다. 단지 색이 검다는 이유만으로 검은 유기견 입양을 꺼리는 현상을 뜻한다. 블랙도그는 '우울증'이나 '낙담'을 뜻하는 단어로 쓰이기도 한다. 영국의 총리였던 윈스턴 처칠Winston Churchill은 "나는 평생 블랙도그와 살았다"라며 평소 자신을 괴롭혔던 우울증을 블랙도그에 비유하기도 했다. '블랙시프black sheep'도 단순히 검은 양으로 해석되지 않는다. 집안이나 조직의 골칫덩어리나 말썽꾼을 의미하는 말이다. 유독 검은 양의 성격이 흰 양에 비해 좋지 않을 리 없겠지만, 검다는 이유만으로 부정적인 단어가 됐다. 이외에도 블랙리스트, 블랙머니, 블랙워터, 블랙홀, 블랙마켓, 블랙먼데이, 블랙코미디 등 좋지 않은 데 쓰이는 말이 대부분이다. 우리가 자주 쓰는 말인 '흑역사'도 마찬가지다.

물론 다 그런 것은 아니다. 가물에 콩 나듯 긍정적인 것도 있다. '블랙프라이데이black friday'가 그렇다. 연중 처음 흑자black ink를 기록한다는 데서 유래된 만큼 여기에서의 블랙은 긍정적 의미가 강하다. 미국에서 블랙프라이데이는 추수감사절(11월 마지막 목요일) 다음 날로, 전통적으로 연말 쇼핑 시즌을 알리는 시점이자 연중 최대의 쇼핑이 이루어지는 날이다.

#검은 백조 #호주 #제임스 쿡 #블랙스완 #나심 니컬러스 탈레브 #블랙도그 #윈스턴 처칠 #블랙시프 #블랙프라이데이

077

회색 코뿔소

유순해 보여도 실제로는 무서운 코뿔소

대형 산업재해가 발생할 때마다 '하인리히 법칙Heinrich's law'이 거론된다. 미국 트래블러스 보험사Travelers Insurance Company의 설계 · 조사 부서에 근무했던 허버트 윌리엄 하인리히Herbert William Heinrich가 1931년 제시한 법칙이다. '1:29:300 법칙'이라고도 한다. 심각한 사고가 한 건 일어나기 전에 29건의 경미한 사고가 발생하고, 29건의 경미한 사고 전에는 300건이나 되는 위험 요소가 나타난다는 얘기다. 대형 사고 현장마다 그 전에 수없이 많은 위기 경보음이 울리는데도 이를 간과해서 대형 사고로 이어진다는 것이다.

산업재해만 그럴까. 우리 주변에는 누구나 예측할 수 있는 위험 요인들을 간과하거나 그냥 바라만 보다가 큰 위기에 빠지는 경우가 허다하다. 이를 경제에서는 '회색 코뿔소gray rhino'라고 부른다. 보기에는 유순해 보여도 화가 나면 무서운 특성을 갖고 있는 코뿔소에 빗댄 용어다. 초식동물인 코뿔소는 눈앞만 볼수 있을 정도로 시력이 약하다. 그 대신 후각이 발달해 있다. 평상시에는 온순한 편이지만, 위험한 상황에 처하면 돌변한다. 큰 뿔을 앞세워 위험 대상을 향해 전속력으로 돌진한다. 그 속도가 시속 45킬로미터를 넘는다. 더구나 몸집이 워낙크다 보니 코뿔소가 돌진하면 땅이 흔들릴 정도로 소리도 크다.

이런 특성을 감안하면 이론상으로는 충분히 대처가 가능하다. 덩치가 큰 코뿔소가 달려오면 멀리서도 쉽게 알 수 있고, 설령 제대로 보지 못했더라도 진동을 느낄 수도 있다. 하지만 피할 수 있을 것 같은데 실제로는 쉽지 않다. 코뿔소가 달려오면 두려움 때문에 아무것도 하지 못하거나 대처 방법을 찾지 못하고 허둥대다 큰 상처를 입게 된다고 한다. 예측할 수 있는 위험인데도 이를 피하지 못해 큰 재앙을 맞는 것을 두고 '회색 코뿔소'라고 정의한 이유다. 예측하기 어려운 돌발 위험 상황인 '블랙스완black swan'과는 의미가 다르다.

회색 코뿔소라는 말은 2013년 1월 스위스 다보스포럼에서 세계정책연구소World Policy Institute 대표이사였던 미셸 부커Michele Wucker가 처음 발표한 개념이다. 이후 이 개념은 2016년 《회색 코뿔소가 온다The gray rhino》라는 제목의 책으로 출간되며 화제를 낳았다. 당시 그는 중국 경제의 부채를 '회색 코뿔소'로 지목했다. 중국의 국내총생산GDP 대비 총부채 비율이 너무 급격히 높아지고 있어 중국 경제는 물론 세계경제에도 큰 위험 요인이 될 것이라는 게 그의 주장이었다.

우리나라에도 이미 다 알고 있는 위험, 즉 회색 코뿔소가 많다. 인구 절벽이 대표적인 회색 코뿔소다. 출산율 저하로 머지않아 국가 존립이 위태로울 수 있다는 사실을 다들 알고 있지만, 대처가 제대로 이뤄지지 않아 자칫 큰 재앙을 맞을 수 있다. 뻔히 알면서도 화를 자초하는 형국이다. 청년 취업 대란도 다를 바 없다. 일자리를 찾는 청년들은 넘쳐나는데, 기업 일자리는 좀처럼 늘지 않고 있다. 공공 부문 일자리에 혈세를 쏟아붓고 있지만 '밑 빠진 독에 물 붓기'다. 이 위험이 앞으로 우리 경제에 어떤 악영향을 미칠지 가늠하기 힘든 상황이다. 늘어나는 가계 부채와 부실한 은퇴 준비 등도 마찬가지다. 회색 코뿔소가 아직은 느리게 다가오고 있지만 속도를 내기 시작하면 대처하기가 쉽지 않다.

#하인리히 법칙 #1:29:300 법칙 #회색 코뿔소 #미셸 부커 #회색 코뿔소가 온다 #중국 경제의 부채 #인구 절벽 #일자리

078

레몬 마켓 vs 피치 마켓

레몬은 불량품, 복숭아는 우량품

지금이야 노란색 레몬만 봐도 시다는 느낌이 바로 오지만 처음 레몬이 소개됐을 때만 해도 먹음직스러운 과일일 거라고 생각했다. 그래서 사람들은 아무 생각 없이 한 입 베어 물다 신맛 때문에 소스라치게 놀라곤 했다. 레몬의 원산지는 인도 히말라야다. 레몬이 인도에서 서양에 들어왔을 때 신맛으로 인해 먹지 못할 과일로 여겨졌다. 오렌지와 비슷한 겉모양 때문에 탐스럽기는 하지만 입에 맞지 않는다는 사실을 알아버렸기 때문이다.

이런 레몬의 특징이 경제 분야로 옮아와 겉은 번지르르하지만 불량품만 넘치는 시장을 '레몬 마켓lemon market'이라고 한다. 판매자가 레몬이 시다는 것을 제대로 알려주지 않아 소비자가 이를 모르고 구입하는 것처럼, 정보가 부족한 소비자는 판매자에게 속아서 살 수 있다는 우려 때문에 가능한 한 싸게 제품을 구입하려 한다. 이런 불신이 심하다 보니 시장에 우량품은 자취를 감추고 불량품이나 저가품만 넘쳐나게 되는데, 이런 시장이 바로 레몬 마켓이라는 것이다. 레몬이라는 말에 성능이나 품질이 떨어지는 재화나 서비스를 나타내는 의미가 담겨 있는 것도 그래서다. 일각에서는 레몬처럼 보기 좋지만 먹기 어려운 개살구에 빗대어 '개살구 시장'이라고도 한다. 한때 중고차 시장과 보험 시장이 전형적인 레몬 마켓으로 인식됐다.

그러면 레몬의 반대말은 뭘까? 오렌지가 아니라 복숭아다. 레몬과 달리 탐스러운 모양에다 달콤한 향, 그리고 맛까지 좋은 복숭아를 사람들이 좋아해서 그런 듯싶다. 여기서 유래된 용어가 '피치 마켓peach market', 즉 복숭아 시장이다. 복숭아는 굳이 공들여 고르지 않더라도 구입에 실패하는 경우가 그리 많지 않다. 그런 의미에서 피치 마켓은 가격 대비 고품질의 상품이나 우량한 재화 및 서비스가 거래되는 시장을 뜻한다. 판매자와 구매자 사이에 정보도 균등하게 교류되는 공정한 시장이다.

이런 시장이 따로 구분돼 있다면 편리하겠지만 별도로 있는 게 아니다. 레몬 마켓의 이미지를 털어내고 피치 마켓의 이미지로 구축하는 게 중요하다. 그러면 소비자들 사이에 우량 상품만 판다는 믿음이 생기면서 수요가 증가하게 되고, 시장에 우량 상품도 더 늘어나게 된다. 제품에 대한 충분한 정보 제공은 필수다. 소비자가 제품을 살 때 "혹시 속는 것 아냐"라는 의구심이 들면 공들여 쌓은 탑이 한 번에 무너질 수 있다. 중고차 시장에서 많은 판매업체가 직접 중고차 카페를 운영하거나 실시간 전산으로 모든 실매물 시세를 확인할 수 있도록 하는 것은 레몬 마켓 이미지를 벗어나려는 노력의 일환이다.

물론 시장이 어떻든 제품을 구매하지 않으면서도 실속을 차리는 소비자도 있다. 이른바 '체리 피커 cherry picker'들이다. 신 포도 대신 체리만 골라먹는 사람이라는 뜻으로, 본래는 신용카드 회사의 서비스 혜택만 누리고 신용카드는 사용하지 않는 고객을 가리키는 말이었다. 이들은 상품이나 서비스를 주문해 잠시 사용하다 반품하기도 한다. 기업 입장에서는 당연히 골칫거리일 수밖에 없다. 이런 피해가 많다 보니 기업들은 체리 피커들을 걸러주는 앱을 개발하고 별도의 블랙리스트도 만들어 공동 대응하기도 한다. 개인으로 볼 땐 영리한 소비자이지만 기업에는 얄미운 고객이다.

#레몬 마켓 #불량품 #저가품 #피치 마켓 #우량품 #고품질 #체리 피커

079

파레토 vs 롱테일
머리와 꼬리의 싸움

'상류층 20퍼센트만 잡으면 된다.' 기업들이 애용하는 VIPVery Important Person 마케팅의 핵심이다. 상위 20퍼센트의 고객이 전체 매출액의 80퍼센트를 차지하는 만큼 이들에게 마케팅 활동을 집중하는 전략이다. 기업들이 고객을 일반 회원과 VIP 회원으로 분류해 VIP 회원에게 각종 혜택을 제공하는 것도 이의 일환이다. 기업들의 이런 VIP 마케팅은 무려 100년 전에 제시된 경제법칙에 기초한다. 상위 20퍼센트가 80퍼센트의 부를 가지고 있다는 '파레토 법칙Pareto's Law'이 그것이다. 이탈리아 경제학자 빌프레도 파레토Vilfredo Pareto가 이탈리아 땅 80퍼센트를 인구 20퍼센트가 소유하고 있는 사실을 파악한 뒤 이를 토대로 만든 '20 대 80 법칙'이다.

이 파레토 법칙은 '엘리트 이론'의 정당성을 제공했다. 경제적이든 사회적이든 상위 20퍼센트가 더 많은 부와 권력을 창출해낸다는 논리이기 때문이다. 일 잘하는 20퍼센트가 전체 조직을 먹여 살린다는 경험칙도 여기에 속한다. 그래서 불평등의 법칙으로 불리기도 한다. 이런 논리 때문에 이 법칙을 철저히 정치에 이용한 지도자도 있다. 이탈리아에 파시즘 국가를 건설한 베니토 무솔리니Benito Amilcare Andrea Mussolini다. 그는 파레토 법칙을 파시즘을 주창하는 이론적 틀로 활용했다. 파레토의 강의에 등록했던 것을 근거로 '파레토의 제자'를 자처했던 무솔리니는 파시즘을 내세우면서 파레토 법칙을 엘리트에 의한 정치와 불평등의 논리적 근거로 삼았다.

하지만 이런 정치적 논란을 떠나 파레토 법칙은 우리 생활 속에서 쉽게 발견된다. 일부 상위 계층이 대부분의 부를 장악하는 부의 집중 문제뿐만 아니라 기업의 매출 및 생산성, 그리고 일반적인 삶의 면면에서도 파레토 현상이 나타난다. "백화점 매출액의 80퍼센트는 20퍼센트의 단골손님에게서 나온다"라는 말은 이미 일반화됐을 정도다. 또 사람들이 가장 많이 사용하는 문자 20퍼센트가 실제 사용하는 문장의 80퍼센트를 구성하고, 전체 범죄자의 20퍼센트가 그 사회에서 벌어지는 범죄의 80퍼센트를 저지른다고 한다.

그렇다고 이 법칙이 항상 통용되는 것은 아니다. 오히려 인터넷의 확산과 함께 여기저기서 급격히 허물어지고 있다. 전통적인 마케팅에서는 물리적인 전시 및 유통 공간의 제한으로 히트 상품을 선반의 가장 좋은 자리에 진열하다 보면 틈새 상품은 전시 공간에서 밀려날 수밖에 없지만, 인터넷 세계에서는 상황이 달라진다. 전시 및 유통 공간이 무한하기 때문이다. 틈새 상품일지라도 언제든지 손쉽게 검색할 수 있다. 이런 이점 때문에 오프라인 세계에서 밀려났던 하위 80퍼센트의 틈새 상품들이 상위 20퍼센트의 히트 상품 매출이나 가치를 초과하는 현상이 발생하게 됐다. 이런 틈새 상품들의 판매량을 선으로 연결하면 하나하나의 판매량은 적은 탓에 낮게 그려지지만, 그래도 모두 조금씩 판매된 덕분에 마치 공룡의 꼬리처럼 길게 그려진다고 한다. 그래서 붙여진 이름이 '롱테일 법칙Long tail theory'이다. 이른바 긴 꼬리 법칙인 셈이다. 역逆파레토 법칙인 이 용어는 인터넷 비즈니스 잡지 〈와이어드Wired〉의 편집장 크리스 앤더슨Chris Anderson이 처음 사용한 게 온라인 비즈니스의 대표 이론으로 자리 잡았다.

실제로 오프라인 서점인 반스앤노블Barnes & Noble은 평균 13만 권의 책을 보유하고 있는 데 비해 아마존Amazon은 온라인상에서 130만 권에 달하는 책을 판매하며 세계 최대의 온라인 기업으로 성장했고, 넷플릭스Netflix는 블록버스터나 대형 드라마 외에 다양한 개인 취향에 맞는 콘텐츠를 제공하며 영상 시장의 지각변동을 일으키고 있다. 또 폭발적으로 늘어나는 1인 미디어 콘텐츠들의 다양성을 대형 지상파 방송국들이 벤치마킹할 정도다. 이젠 머리가 아니라 꼬리가 몸통을 흔드는 세상이 됐다.

#VIP 마케팅 #파레토 법칙 #20 대 80 법칙 #롱테일 법칙 #아마존 #넷플릭스

080

스톡데일 패러독스

지옥에서 살아남은 장교 이야기

미 해군 역사상 해군 기념장과 의회 명예 훈장을 동시에 받은 최초의 3성장군 제임스 스톡데일 James Stockdale. 그는 베트남 전쟁 때 무려 8년 동안이나 베트남 포로수용소에 갇혔다가 종전된 뒤에야 겨우 석방됐다. 그사이 같이 수용소에 갇혔던 많은 동료와 부하들은 끝내 고향 땅을 밟지 못했다. 그는 어떻게 그 오랜 기간 고문을 견디며 지옥에서 살아 돌아올 수 있었을까. 기적과도 같은 그의 생환에 미국 국민의 관심이 집중될 수밖에 없었다.

1965년 해군 항공대 조종사였던 스톡데일 중령은 북베트남 공습 명령을 수행하다 대공포에 격추됐지만 간신히 살아남았다. 문제는 그다음부터였는데, 죽는 것보다 못한 고문과 폭행이 그를 기다리고 있었다. 가로 90센티미터, 세로 275센티미터의 독방에도 4년간 감금됐다. 그는 전쟁 포로의 권리를 보장받지 못하고 정해진 석방 일자도 알 수 없는 데다 살아남을 수 있을지조차 불확실한 상태였지만, 끝내 수용소 생활을 견뎌냈다. 또 수용소 측이 전쟁 포로들을 잘 대우해주고 있다는 선전 영상을 찍으려고 하자 자해를 하면서 맞서기도 했다. 모진 시련을 자신만 이겨낸 게 아니다. 가능한 한 많은 포로가 큰 부상 없이 살아남을 수 있도록 자신이 할 수 있는 모든 일을 했다. 그가 포로수용소에서 보여준 이런 모습이 동료 수용자들을 통해 전해지면서 각종 훈장을 받고, 1976년 미국 독립 200주년에는 명예 훈장까지 수여받는 영예도 안았다.

그러면 그의 생환 비결은 뭐였을까? 스톡데일 장군의 설명은 이렇다. "절망적인 현실에서도 풀려나리라는 희망을 단 한 번도 의심한 적이 없다. 하지만 지옥 같은 포로수용소의 현실을 직시했다. 냉정하게 그 현실을 받아들이고 나 자신을 그 현실에 적응시켰다."

미국 경영학자 짐 콜린스Jim Collins는 이를 경영학에 접목해 저서《좋은 기업을 넘어 위대한 기업으로 Good to Great》에서 '스톡데일 패러독스Stockdale paradox', 즉 스톡데일의 역설이라고 명명했다. 냉혹한 현실을 받아들이면서 희망도 잃지 않는 합리적 낙관주의가 그 긴 8년을 버티게 했다는 것이다. 기업도 스톡데일처럼 역경에 처했을 때 희망을 잃지 않고 현실과 정면 대응해 극복해야만 위대한 기업으로 발전할 수 있다는 게 요지다.

수용소에서 가장 먼저 죽음을 맞은 동료는 그냥 낙관주의자였다. 크리스마스 때까지는 나갈 것이라고 말하다가 크리스마스가 지나면 부활절에는 나갈 수 있을 거라고 믿었던 낙관주의자들은 그때도 나가지 못하면 결국 상심하다 죽었다는 것이다. 아예 희망의 끈을 놓은 채 "결국 죽고 말거야"라고 포기한 동료들도 끝내 수용소를 벗어나지 못했다.

기업도 마찬가지다. 막연히 잘될 것이라고 믿는 기업이나 자포자기한 기업이 잘될 리는 만무하다. 희망을 잃지 마라. 그러나 냉혹한 현실을 직시하라. 얼핏 상반돼 보이는 이 두 가치를 잘 지킨 기업만이 위대한 기업이 되었다는 결론이다. 경기 침체로 경쟁이 심화되고 있는 요즘 스톡데일 패러독스가 주는 교훈은 묵직하다.

#제임스 스톡데일 #베트남 전쟁 #포로수용소 #짐 콜린스 #스톡데일 패러독스 #현실 직시 #합리적 낙관주의

081

불 마켓 vs 베어 마켓
초식동물 황소와 육식동물 곰의 싸움

야생의 세계에서 육식동물인 곰과 초식동물인 황소가 싸우는 일은 거의 없다. 행동과 생활양식이 다르기 때문이다. 곰이 아무리 배가 고파도 황소를 잡아먹으려고 공격하지는 않는다. 무리를 지어 다니는 사자와 같은 육식동물과 달리 홀로 움직이는 곰이 잡아먹기에는 황소의 덩치가 너무 크다. 설령 공격하더라도 황소의 민첩성을 따라잡지 못한다. 물론 강제로 싸움을 붙일 수는 있다. 그런 곰과 황소가 주식시장에서는 거의 매일 싸우고 사람들은 이들의 싸움에 엄청난 돈을 건다. 대다수는 황소가 이기길 고대하며 돈을 걸지만, 곰의 승리를 예견하고 베팅을 하는 경우도 있다. 주식시장에서는 강세장을 '황소 장세bull market', 약세장을 '곰 장세bear market'라고 부른다. 이렇게 부르게 된 데는 크게 세 가지 설이 전해진다.

가장 일반적인 설은 황소와 곰의 자세에서 유래됐다. 황소는 화가 나서 싸울 때에 뿔을 밑에서 위로 치받으며 공격하지만, 반대로 곰은 자신의 앞발을 위에서 아래로 내리치며 공격한다. 미국 증권가 사람들은 그 모습이 마치 주가가 밑에서 위로 올라가는 강세장과 주가가 위에서 아래로 곤두박질치는 약세장을 닮았다고 해서 불 마켓과 베어 마켓이라는 이름을 붙였다고 한다. 다른 유래는 18세기 초 보스턴 곰 가죽 시장에서부터 유래됐다는 설이다. 곰 가죽이 귀했던 당시 상인들은 곰 가죽이 부족해지면 비싼 가격으로 대금을 먼저 받고 소비자에게 며칠 뒤에 가죽을 넘기는 방식을 취했는데, 소비자들이 곰 가죽 값이 떨어지길 바라면서 곰이 약세장을 의미하는 동물이 됐다는 것이다. 또 다른 하나는 뉴욕증권거래소 초창기 상장 소식을 공지하는 게시판에서 유래됐다는 설이다. 경기가 좋으면 게시물이 넘쳐나고 경기가 좋지 않으면 비어 있게 되는데, 여기서 공고라는 뜻의 '불러틴bulletin'의 앞부분을 딴 '불bull'과 아무것도 안 덮었다는 의미의 '베어bare'와 발음이 비슷한 '베어bear'가 만들어졌다는 내용이다.

황소와 곰 장세라는 말이 어디서 유래됐든, 황소는 현재 전 세계 자본시장의 상징으로 자리 잡았다. 전 세계 증권거래소에서 황소상을 쉽게 볼 수 있다. 우리나라에도 여의도 한국금융투자협회와 한국거래소에 황소상이 자리 잡고 있다. 미국 금융 · 증권 거래 중심지인 월 스트리트Wallstreet에서 '담wall'은 그냥 담이 아니라 '황소와 곰을 가두는 울타리'라고 말하기도 한다. 어느 나라 투자자든 대다수는 곰보다는 황소가 이기기를 바라지만 앞발을 내리치는 곰의 거친 공격에 속수무책일 경우도 많다.

황소와 곰뿐만이 아니다. 주식시장에는 다양한 동물이 활동한다. 강세장도 약세장도 아닌 애매한 장을 멧돼지boar라고 부르는데, 이는 멧돼지가 특별한 의미가 있어서가 아니라 '불bull'과 '베어bear'를 대충 얼버무려 발음하면 멧돼지를 뜻하는 '보어boar'가 되기 때문이다. 또 순진한 소액 투자자를 양lamb이라 칭하고, 주식시장이 겁에 질려 있는 모습을 치킨chicken으로 표현한다. 겁쟁이라는 얘기다. 시장 전망이 불확실할 때 사슴deer도 종종 언급된다. 사슴이 놀랐을 때 꼼짝도 못한다는 뜻에서 관망 장세를 대표하곤 한다. 선물 시장이 현물 시장을 흔들 때 '왜그 더 도그wag the dog', 즉 '개 꼬리가 몸통을 흔든다'라고 표현한다. 선물이 먼저 급락해 후행적으로 현물 시장이 움직이는 경우가 적지 않기 때문이다. '데드 캣 바운스dead cat bounce'라는 말도 있다. 폭락장 사이에서도 가끔 주가가 튀어 오르는데, 이것이 죽은 고양이가 꿈틀하는 모양과 비슷하다는 것이다. 주식시장은 수많은 동물이 돈을 벌기 위해 다투는 동물 농장인 셈이다.

#주식시장 #황소 장세 #강세장 #곰 장세 #약세장 #왜그 더 도그 #데드 캣 바운스

082

샤워실의 바보

앗 뜨거워, 앗 차가워

중국 송宋나라에 어리석은 농부가 있었다. 모내기를 한 후 벼가 얼마나 자랐는지 궁금해서 논에 가보니 다른 사람의 벼보다 덜 자란 것 같았다. 농부는 궁리 끝에 벼의 순을 잡아 빼보니 약간 더 자란 것 같았다. 이 농부가 집에 돌아와 식구들에게 하루 종일 벼의 순을 빼느라 힘이 하나도 없다고 자랑하자 식구들이 기겁했다. 이튿날 농부의 아들이 논에 가보니 벼는 이미 하얗게 말라 죽어 있었다. 《맹자孟子》에 나오는 '발묘조장拔苗助長'이라는 고사성어의 유래다. 말 그대로 벼의 순을 억지로 뽑아 벼가 빨리 자라게 도와준다는 뜻이다. 벼가 잘 자라려면 햇빛과 비와 시간 등 많은 게 필요한데, 이를 기다리지 않고 순을 잡아 뽑으니 제대로 자랄 리 만무하다. 서두르다 도리어 상황을 더욱 나쁘게 만드는 어리석음을 나타내는 말이다.

이런 어리석음을 나타내는 경제 용어가 있다. 바로 '샤워실의 바보fool in the shower room'다. 바보가 샤워실에 들어가 샤워기를 트니 찬물이 나온다. 그래서 수도꼭지를 온수 쪽으로 최대한 돌리자 이번에는 뜨거운 물이 쏟아진다. 다시 수도꼭지를 찬물 쪽으로 돌린다. 샤워실의 바보는 이 과정을 반복하다 끝내 샤워를 하지 못하고 샤워실에서 도망쳐 나온다.

노벨 경제학상 수상자인 밀턴 프리드먼Milton Friedman이 정부의 성급한 널뛰기식 정책 대응을 '샤워실의 바보'라고 빗대면서 널리 알려진 용어다. 프리드먼은 정부의 시장 개입을 비판하는 이른바 신자유주의자다. 그가 빗댄 샤워실의 바보는 정부와 정책 집행자들이다. 무릇 경제는 시장에서 생기는 보이지 않는 자정 기능으로 스스로 알아서 안정을 찾아가기 마련인데, 정부가 무리하게 개입해 일을 망치고 역효과만 낸다는 게 그의 지론이다. 벼를 빨리 자라게 하려고 벼의 순을 잡아 뽑는 어리석은 농부나 마찬가지인 셈이다. 벼가 제대로 자라게 하려면 순이 자랄 때까지 기다리는 인내가 필요하고, 샤워를 할 때도 따뜻한 물이 나올 때까지 기다려야 하는데, 빨리 성과를 내겠다는 조급증에 오히려 탈이 난다.

경제사에서 이런 우愚는 수없이 반복됐다. 경기 침체기에는 특히 더하다. 경기가 하락하면 어느 나라건 중앙은행이 온수 꼭지를 틀어젖힌다. 돈을 풀고 금리를 낮춘다. 그러다 인플레이션 inflation이라는 뜨거운 물이 나오면 화들짝 놀라 다시 냉수 꼭지를 틀어젖히면서 경기 침체와 실업 등이 야기된다. 수없이 많은 경제 위기 때마다 반복된 상황이다. 부동산 정책은 우리에겐 '샤워실의 바보'의 대표 사례. 어느 정권 할 것 없이 역대 정권들은 수많은 부동산 정책을 쏟아냈지만, 결론적으로 아파트 값만 급등했다. 냉온탕을 오간 결과다. 특히 정권이 교체될 때마다 기존 정책을 허물고 쌓고 또 부쉈다. 그사이 집값이 오르면서 집을 사기 더 어려워졌고, 서민과 부자 간에 집값 양극화만 심화됐다.

프리드먼은 저서 《화려한 약속, 우울한 성과 Bright Promises, Dismal Performance》에서 "정부는 항상 약자를 보호하기 위해 선善한 의도로 시장에 개입하지만 정부의 이런 화려한 약속은 우울한 성과만을 낳는다"라고 강조한다. 프랑스 대혁명 때 공포정치를 펼쳤던 로베스피에르 Maximilien François Marie Isidore de Robespierre는 "어린이는 값싼 우유를 마실 권리가 있다"라며 우유 가격을 강제로 내리게 했다. 하지만 우유 가격 하락으로 사료 값도 건질 수 없게 된 농민들이 우유 공급을 줄이면서 우유 가격은 도리어 치솟았다. '샤워실의 바보'처럼 선부른 개입이 초래한 결과다.

#발묘조장 #샤워실의 바보 #밀턴 프리드먼 #정부의 성급한 널뛰기식 정책 #부동산 정책 #로베스피에르 #우유 가격

083

낙수 효과 vs 분수 효과
서로가 틀렸다고 다투는 경제 이념

중국 초楚나라에 창과 방패를 파는 상인이 있었다. 그는 손님들에게 "이 창은 워낙 예리해 어떤 방패라도 뚫을 수 있다"라고 자랑했다. 방패에 대해선 "이 방패는 견고하게 만들어져 어떤 창이나 칼로도 꿰뚫을 수 없다"라고 설명했다. 이 말을 들은 한 사람이 물었다. "그럼 자네의 창으로 자네의 방패를 찌르면 어떻게 되는가?" 상인은 아무 말도 하지 못했다고 한다. 여기서 생겨난 말이 모순矛盾이다. '창과 방패'라는 뜻이다. 말이나 행동이 앞뒤가 맞지 않을 때 쓴다. 이런 창과 방패도 아닌데, 서로 상대방의 논리가 틀렸다며 다투는 경제 이념이 있다. 바로 '낙수 효과落水效果, trickle-down effect'와 '분수 효과噴水效果, fountain effect'다.

낙수 효과란 말 그대로 물방울이 아래로 떨어져 흐르듯 고소득층의 소득 증대가 소비와 투자 확대로 이어져 궁극적으로 저소득층의 소득도 증가하게 된다는 논리다. 물방울이 떨어진다는 의미에서 '적하 효과滴下效果'라고 부르기도 한다. '성장이 곧 분배'라는 논리의 성장 정책과 맥을 같이한다. 이 용어는 1896년 미국의 국무 장관이었던 윌리엄 제닝스 브라이언William Jennings Bryan의 발언에서 유래됐다. 1896년 민주당 대통령 후보로 지명된 브라운은 전당대회에서 "두 가지 발상의 정부가 있다. 부자들을 더 번창하게 하면 그들의 번영이 위에서 아래로 흘러내린다고 믿는 사람들이 있고, 반대로 대중의 번영이 모든 계층으로 차오르리라고 믿는 사람들도 있다"라고 말했다. 여기서 '낙수 효과'라는 개념이 생겨났다.

반대로 대중의 번영이 모든 계층으로 차오르리라고 믿는 게 분수 효과다. 저소득층의 복지와 경제활동을 장려하면 경제가 성장한다는 개념이다. 이 이론은 거시경제학자 존 메이너드 케인스John Maynard Keynes의 주장을 바탕으로 하고 있다. 영국의 경제학자인 케인스는 불황을 극복하려면 크게 민간 소비, 민간 투자, 정부 지출 등으로 구성되는 총수요 가운데 가장 비중이 높은 민간 소비를 끌어올리는 것이 관건이라는 주장을 폈다. 그리고 소비 진작의 구심점을 저소득층 및 중산층의 소득 증대에서 찾았다. 이를 위해 정부의 적극적인 개입이 필요하다고 역설했다. 이 논리는 이후 최저임금제, 저소득층 복지 정책 등을 주장하는 진보 진영의 유용한 정책 수단이 된다. 낙수 효과의 반대 개념이라고 해서 영어로는 '트리클 업 효과 trickle-up effect'라고 표현하기도 한다.

문제는 이 두 논리가 결코 창과 방패도 아닌데 창과 방패처럼 첨예하게 대립한다는 데 있다. 따지고 보면 서로 보완관계다. 과거 수많은 정부가 성장 위주의 정책을 폈더니 상위층 일부가 전체의 부를 가져가는 양극화라는 부작용을 낳았다. 나라 경제가 좋아졌는데도 상위 1퍼센트가 전체 부의 90퍼센트를 가져가면서 가난한 사람들의 여건이 그리 나아지지 않았다. 이 부작용을 해소하기 위해 제시된 게 분수 효과인데, 어느 순간 창과 방패처럼 맞서고 있다. 보수 진영은 오로지 낙수 효과를, 진보 진영은 분수 효과만을 주장한다. 서로 간에 반대 논리는 반드시 깨부숴야 할 경제 논리일 뿐이다.

대기업 육성책과 중소기업·자영업 육성책도 이 두 전략으로 맞선다. 대기업 육성책은 낙수 효과로, 중소기업 및 자영업 육성책은 분수 효과로 설명할 수 있다. 하지만 자전거에 두 바퀴가 다 필요한 것처럼 경제정책에도 이를 포용하는 투 트랙 two-track 전략이 필요하다.

#모순 #창과 방패 #낙수 효과 #윌리엄 제닝스 브라이언 #분수 효과 #존 메이너드 케인스 #보수 #진보 #대기업 #중소기업

084

풍선 효과

여기를 눌렀는데 왜 저기서 튀어나와?

리처드 닉슨Richard Milhous Nixon 미국 대통령은 1971년 갈수록 범람하는 마약을 퇴치하기 위해 대대적으로 '마약과의 전쟁'을 선포했다. 베트남 전쟁이 종전으로 치달을 때였다. 그는 헤로인과 코카인은 물론 가장 약한 마리화나 흡연자까지 교도소에 보내고, 주요 마약 공급 조직인 멕시코 갱단을 집중 단속했다. 멕시코가 당시 마약 제조의 온상지였기 때문이다. 넷플릭스Netflix에서 방영된 〈나르코스: 멕시코Narcos: Mexico〉, 〈엘 차포El Chapo〉, 〈시카리오Sicario〉 같은 영화는 멕시코를 주 무대로 한 마약 커넥션과 멕시코 출신 마약왕 얘기다. 미국 중앙정보국Central Intelligence Agency: CIA 요원들의 목숨을 건 마약 카르텔 소탕 작전도 실감 나게 펼쳐진다.

닉슨은 마약과의 전쟁 선포로 미국 내 마약 거래가 사라질 것으로 기대했다. 하지만 웬걸, 마약과의 전쟁은 전혀 다른 방향으로 튀었다. 교도소에 갔다 온 초범들이 갱단 조직원으로 바뀌고, 마약 공급처가 콜롬비아 · 볼리비아 같은 중남미 다른 나라로 다변화됐다. 미국 내 상황도 나빠졌다. 교도소 수감자가 늘어나면서 이를 유지하는 데 엄청난 세금을 쏟아부어야만 했다. 실업자도 급증했다. 많은 사람이 금지된 약물을 사용했다는 이유만으로 전과자로 낙인찍히면서 일자리를 구하지 못한 탓이다.

미국 질병통제예방센터Center of Disease Control and Prevention: CDC에 따르면, 2016년 기준으로 12세 이상 인구의 10.6퍼센트가 불법 약물을 투여한 것으로 나타났다. 또 2015년 약물 과다 복용 사망자는 5만 2,404명으로 교통사고 사망자(3만 7,757명)나 총기 사고 사망자(3만 6,252명)보다 월등히 많다. 마약과의 전쟁이 아무런 효과를 보지 못한 것이다.

닉슨의 이런 실패를 빗대어 만들어진 용어가 '풍선 효과balloon effect'다. 한쪽을 누르면 다른 곳이 튀어나오는 풍선의 특징에 착안한 것이다. 멕시코에 있는 마약 카르텔 소탕 작업을 벌였더니 마약 조직이 멕시코에서 콜롬비아 등 중남미 다른 지역으로 옮겨가면서 미국에 공급되는 마약이 전혀 줄지 않은 것과 닮은 데서 유래됐다.

이런 실패가 우리 경제·사회 전반에서 나타나고 있다. 대표적인 게 부동산과 교육정책이다. 역대 정권마다 부동산과의 전면전을 전개했지만 이렇다 할 효과를 거둔 게 없다. 주 타깃은 강남 지역이었다. 그런데 강남을 눌렀더니 다른 수도권 아파트 가격이 오르고, 심지어 지방까지 덩달아 상승하는 악순환이 반복됐다. 강남 지역에 투자하려던 돈이 다른 지역으로 옮아간 탓이다.

교육정책도 이런 실패가 이어졌다. 특목고, 자사고, 외고를 폐지해 교육 평준화를 유지하려던 정책은 기대와 달리 별 효과를 보지 못했다. 부잣집을 중심으로 교육 환경이 좋은 일반고에 가려는 사람이 늘면서 교육 양극화도 여전하고 사교육비도 역대 최고치로 치솟았다. 고소득 계층의 조기 유학 바람도 우려되는 상황이다. 풍선의 이쪽을 눌렀더니 저쪽에서 튀어나오는 형국이다.

그렇다고 온 힘을 다해 풍선을 더 세게 누를 수도 없다. 풍선이 아예 터져버릴 수 있기 때문이다. 그러면 효과를 거두기는커녕 더 큰 혼란에 빠져들게 된다. 닉슨 대통령의 '마약과의 전쟁' 선포가 그랬다.

#리처드 닉슨 #마약과의 전쟁 #풍선 효과 #부동산 정책 #교육정책

085

나비 효과

나비의 날갯짓이 폭풍우를 몰고 오다니

눈사람을 만들 때 조그맣게 눈 뭉치를 만드는 것으로 시작한다. 처음에는 어떻게 이런 작은 눈덩이로 그 큰 눈사람을 만들까 싶지만 계속 굴리다 보면 어느 순간 커다란 눈사람이 된다. 세계적인 거부 워런 버핏Warren Buffett이 은행 금리의 복리 효과를 설명할 때 애용하는 말이다. '스노볼 효과snowball effect'다. 초기에는 원금이 작을지라도 이자에 이자가 붙어서 나중에는 큰 자산이 되는 현상을 눈덩이에 비유한 것이다. 물론 지금은 워낙 금리가 낮아 그 효과가 반감되기는 했지만, 손실 위험이 없는 은행 적금은 여전히 유용한 재테크 수단이다.

이처럼 조그만 눈덩이가 눈사람이 될 수 있다는 것은 어느 정도 예측 가능한 일이다. 하지만 전혀 예측할 수 없는 엄청난 변화를 일으키는 경우도 있다. 작은 나비의 날갯짓이 대기에 영향을 줘 폭풍을 몰고 온다면 어떻게 이해할 수 있을까. 옆에 있어도 전혀 느낄 수 없는 그 미미한 바람이 말이다.

1961년 겨울 미국 매사추세츠공과대학교MIT 기상학과 교수인 에드워드 노턴 로렌즈Edward Norton Lorenz는 당시로서는 성능이 상당히 좋은 컴퓨터로 기상 예측 모델을 시험하고 있었다. 정확한 법칙만 발견하면 날씨를 예측하는 일도 가능할 것으로 믿었던 그는 이미 작업했던 기상 예측 시뮬레이션을 다시 한 번 검토하기로 했다. 마음이 급했던 그는 애초에 입력했던 숫자 0.506127 중 0.506만 입력하고 나머지는 생략했다. 결과는 어땠을까? 0.000127이라는 근소한 차이였는데, 시뮬레이션 결과는 완전히 달랐다. 조그만 차이가 엄청나게 다른 결과를 만들어낸 것이다.

이 실험 결과는 '나비 효과butterfly effect' 이론의 토대가 된다. 브라질 아마존의 정글에 있는 나비의 날갯짓이 몇 주일 또는 몇 달 후 미국 텍사스주에 폭풍우를 만든다는 이론이다. 그러면 그 많은 날것 중 왜 하필 나비였을까? 이는 1952년에 출간된 레이 브래드버리Ray Bradbury의 공상과학소설 〈천둥소리 A Sound of Thunder〉가 근간이다. 중생대의 나비 한 마리로 인해 미래의 대통령 선거 결과가 바뀌어 희대의 과격파 전체주의자가 당선된다는 소설 내용에서 착안한 것이다. 이를 바탕으로 로렌즈는 나비 효과 논문을 발표하고, 이 이론은 과학 이론을 넘어 다양한 사회현상을 설명하는 용어로도 쓰이게 됐다. 복잡하고 불규칙적이어서 미래에 대한 실질적인 예측이 불가능한 양상을 다루는 과학 이론인 '카오스 이론chaos theory(혼돈 이론)'도 나비 효과에서 시작된다.

나비 효과로 설명되는 사회현상은 많다. 미국 경제가 재채기를 하면 세계경제가 독감에 걸린 것처럼 뒤흔들리는 것도 이 효과로 해석한다. 지난 2011년 미국의 신용 등급이 단순히 재정 적자 확대를 이유로 한 단계 강등되자 전 세계 주식시장이 폭락하고 경제성장률이 급락하기도 했다.

코로나19 발생 초기 세계경제가 휘청인 것도 나비 효과의 전형적인 모습이다. 중국에서 코로나19가 발생하면서 공장들이 멈춰 서자 원자재 및 부자재를 의존하던 나라들의 생산이 마비되고 세계경제가 뒤뚱거리는 등 큰 혼란을 겪었다. 그 파장이 앞으로 어떤 변화를 야기할지 예측하기 어렵다.

2020년 초 수개월째 이어진 호주 산불도 따뜻한 인도양이 야기한 나비 효과라는 분석이 많다. 인도양의 해수면 온도가 올라가면서 아프리카 동부 국가에는 홍수를, 호주에는 폭염·가뭄·화재를 야기했다는 것이다. 나비의 날갯짓 같은 미미한 변화라도 결코 허투루 볼 일이 아니다.

#워런 버핏 #스노볼 효과 #에드워드 로렌즈 #나비 효과 #카오스 이론

086

커피

카푸치노, 카페라테가 왜 경제 용어?

우리가 즐겨 마시는 커피는 다양한 종류만큼이나 재미있는 유래도 많다. '에스프레소espresso'는 이탈리아어로 '빠르다'라는 뜻이다. 잘게 간 커피 원두에 뜨거운 물을 넣고 짧은 시간에 추출한 것이다. '아메리카노americano'는 에스프레소에 물을 타 연하게 마시는 커피다. 에스프레소나 드립 커피를 주로 마시는 유럽 사람들이 미국식 커피라는 뜻에서 아메리카노라는 이름을 붙였다. 제2차 세계대전 당시 이탈리아에 주둔했던 미국 병사들이 에스프레소가 너무 쓰다며 물을 부어 마시면서 유래됐다. 아메리카노는 미국을 뜻하는 '아메리카america'에 '~처럼'이라는 뜻의 이탈리아어 접미사 '노no'를 붙여 만들어진 것으로, 직역하면 '미국인처럼'이라는 뜻이다. 여기에는 영어식 부정어 '노no'를 활용해 '커피도 제대로 마실 줄 모르는 미국인'이라는 비아냥조도 숨겨져 있다고 한다.

그러면 미국인들은 왜 유럽인들과 다르게 커피를 연하게 마시게 됐을까? 그유래는 멀리 미국 독립 전쟁까지 거슬러 올라간다. 미국이 영국으로부터 독립하는 계기가 된 보스턴 차茶 사건. 1773년 12월 16일 미국 식민지 주민이 보스턴 항구에 정박 중이던 영국 동인도회사의 선박을 습격해 배에 선적돼 있던 차 상자를 모두 바다에 던져버린 사건이다. 미국 식민지 주민들은 영국이 차에 높은 세율의 세금을 매기며 식민지를 통제하려 하자 배를 습격하고 차 불매운동도 전개했다. 이후 영국과 미국이 극렬하게 대립하면서 찻값이 치솟자 프랑스와 네덜란드 커피 무역상들이 그 틈을 이용해 다량의 값싼 커피 원두를 미국 시장에 들여오기 시작했다. 이때부터 차 대신 커피를 마시게 됐는데, 차에 길들여진 입맛을 쉽게 바꿀 수 없어 차처럼 연한 커피를 마시게 됐다는 것이다. 미국식 커피인 아메리카노가 만들어진 배경이다.

또 '카페라테caffè latte'는 말 그대로 우유latte를 섞었다는 뜻이고, '모카mocha'
는 커피 수출항이었던 예멘의 모카에서 따온 말이다. 과거 아랍인들이 마시던
커피가 이곳을 거쳐 이슬람 전역과 유럽 각국으로 흘러들었고, 이 과정에서 모
카도 커피의 대명사가 됐다. '카푸치노Cappuccino'는 이탈리아 프란체스코회의
카푸친Capuchin 수도회 수사들이 입었던 옷에 달린 모자(후드)와 닮아 붙여진 이
름이다. 수도사들이 머리를 감추기 위해 모자를 쓰면 진한 갈색 커피에 우유 거
품을 부은 형태와 비슷해 카푸치노라는 이름이 붙여졌다는 것이다.

이 커피들 중에 카푸치노와 카페라테는 경제 용어로도 쓰인다. '카푸치노 효
과cappuccino effect'와 '카페라테 효과caffe latte effect'다. 카푸치노 효과란 카푸치
노의 풍성한 거품처럼 재화가 실제의 가치보다 터무니없이 높게 책정된 시장을
말한다. 즉, '거품'이 끼어 있는 버블 경제를 뜻한다. 부동산 시장에서 흔히 나타
난다. 카페라테 효과는 저축의 중요성을 강조하는 말이다. 하루에 카페라테 한
잔의 돈을 절약해 꾸준히 저축하면 목돈을 만들 수 있다는 얘기다. 하루 담뱃값
을 꾸준히 모으면 목돈을 만들 수 있다는 '시가렛 효과cigarette effect'도 이와 유
사한 개념이다. 인간이 입고 먹고 마시는 모든 것이 경제다.

#에스프레소 #빠르다 #아메리카노 #보스턴 차 사건 #카푸치노 효과 #버블 경제 #카페라테 효과
#시가렛 효과

087

스테레오타입 & 클리셰
인쇄 기술에서 유래한 두 단어

아주 오래된 퀴즈 하나. 아버지와 아들이 차를 타고 가던 중 심한 사고를 당해 아버지는 죽고 아들만 응급실로 실려 왔다. 그런데 도착한 병원에 대기하고 있던 당직 의사가 아이를 보고 소스라치게 놀란다. "내 아들이 대체 왜!" 의사와 아들의 관계는 과연 무엇일까. '사고로 죽은 아버지는 새아버지이고 의사가 친아버지다'라는 답을 떠올렸다면 의사에 대한 잘못된 스테레오타입stereotype을 가지고 있는 건 아닌지를 심각하게 고민해봐야 한다. '의사'라는 단어에서 자연스럽게 '남자'를 떠올리지는 않았나? 의사는 여자, 바로 아이의 어머니였는데 말이다.

스테레오타입은 특정한 문화 속에서 공유되는 유형화되고 고정된 이미지를 뜻한다. 우리말로는 고정관념, 선입견, 정형성 등으로 번역할 수 있다. 이 용어는 인쇄 기술에서 유래됐다. 18세기 프랑스에서 인쇄할 때 사용하는 금속판을 의미하던 단어였는데, 똑같이 반복해 찍어낸다는 의미가 발전했다. 참고로 스테레오는 고대 그리스어에서 '고체, 견고한 것'을 의미하는 형용사 '스테레오스stereos'에서 유래했는데, 이 단어는 현재 '입체의'라는 뜻으로도 발전해 '스테레오 사운드(입체음향)' 등으로 활용된다.

오늘날의 의미로 스테레오타입을 처음 쓴 사람은 미국 언론인 월터 리프먼Walter Lippmann이다. 1922년 리프먼은 저서 《여론Public Opinion》에서 여론이 어떻게 형성되는지를 분석하기 위해 이 단어를 가져왔다. 그는 이렇게 썼다. "대개의 경우 우리는 먼저 보고 나서 정의를 내리는 것이 아니라, 먼저 정의를 내리고 나서 본다." 즉, 사람들이 보기 전에 내리는 정의가 바로 스테레오타입이다. 스테레오타입은 대개 지나치게 단순화돼 있거나, 주관적이거나, 불확실한 정보·지식에 의존해 왜곡되는 경우가 많다. 그리고 한번 형성된 스테레오타입은 해당 대상을 실제로 경험한 후에도 쉽사리 수정되지 않는다는 게 리프먼의 견해다.

소설·영화 등 문화 예술 분야에도 일종의 스테레오타입이 있다. 소설이나 영화를 보면 인자하고 무지한 노인이라거나 컴퓨터를 잘하는 안경 긴 친구 같은 전형적인 인물들이 자주 등장한다. 첫 만남이 최악이었던 상대가 옆집에 이사 와 지내다 보니 사랑에 빠진다는 틀에 박힌 상황도 나온다. 이런 상투적 인물이나 진부한 표현, 판에 박힌 상황 등을 소설이나 영화에서는 '클리셰cliché'라고 부른다. 클리셰라는 단어도 인쇄 연판을 뜻하는 프랑스어에서 나왔다. 스테레오타입과 유래가 같은 셈이다. 특히 자주 쓰이는 단어를 매번 조판하지 않아도 되도록 아예 한 꾸러미로 미리 묶어둔 것을 클리셰라고 했다. 글을 쓰는 사람도 기계적으로, 인쇄하는 사람도 반복적으로, 그리고 읽는 사람도 습관적으로 넘기는 단어들, 그런 게 바로 클리셰인 셈이다.

소설이나 영화 속 클리셰를 반드시 나쁘게 볼 일은 아니다. 짧은 시간 안에 숱하게 많은 사건이 벌어지는 상황에서 전형적인 인물이나 틀에 박힌 대사는 이야기를 쉽고 빠르게 이해하도록 돕는다. 그래서 작가들은 일부러 틀에 박힌 상황과 인물을 설정해 이야기를 효율적으로 끌어가기도 한다.

사실 클리셰는 사람들이 매력을 느끼기에 클리셰가 됐다. 출발부터 진부한 것은 아니었다. 예컨대 '날개 돋친 듯 팔리다' 같은 문구를 생각해보면, 지금이야 진부하지만 처음 나왔을 때는 분명 참신했을 것이다. 너무 참신해서 많은 사람들이 따라 썼고, 그러다 보니 상투적인 표현이 됐을 뿐이다.

#스테레오타입 #고정관념 #선입견 #인쇄 금속판 #월터 리프먼 #클리셰 #전형적인 인물 #상투적인 표현

088

호구·꽃놀이패·대마불사…
바둑에서 유래된 말들

우리나라에서 바둑을 두기 시작한 건 삼국시대부터로 전해진다.《삼국사기三國史記》에 따르면 고구려 장수왕長壽王이 바둑을 좋아하는 백제 개로왕蓋鹵王에게 바둑을 잘 두는 도림道琳이라는 승려를 첩자로 보냈다는 기록이 있다. "신선놀음에 도낏자루 썩는 줄 모른다"라는 속담이 있는데, 이때 신선놀음도 바둑이다. 가로세로 19줄의 반상에서 펼쳐지는 수는 무궁무진하고 변화무쌍하기에 질리는 법이 없다.

바둑은 동아시아 전역에서 즐겼는데 특히 한·중·일에서 유행했다. 발원지는 중국이다. 3세기 중국 진晉나라의 장화張華가 저술한《박물지博物誌》에 따르면, 기원전 2300년 전 요堯나라의 임금이 아들에게 인생을 가르치기 위해 바둑을 만들었다고 한다. 무려 4,000년이 넘는 역사인 셈이다. 일본의 바둑은 한국에서 들어갔다고 전해진다. 일본에서 바둑은 '고碁'라고 불리는데, 주로 일본을 통해 동양 문물을 받아들였던 유럽에서도 바둑을 '고Go'라고 지칭한다. 이세돌과 승부를 겨뤘던 인공지능artificial intelligence: AI 컴퓨터 '알파고'의 이름도 구글의 지주회사 이름인 '알파벳'과 '고'를 결합해 붙여졌다.

중국어로는 '웨이치圍棋'이고, 우리는 순우리말인 '바둑'이라고 부른다. 바둑이라는 말의 유래에 대해서는 의견이 분분하다. 우선 '바닥·판에 두는 돌'이라고 해서 해방 전에는 '바독' 또는 '바돌'로 불리다 바둑이 되었다는 얘기가 있다. 또 우리의 옛날 바둑에서는 17개 지점에 바둑돌을 미리 두고 시작했는데, 이를 '배자排子'라고 불렀고, 배자가 배돌, 바돌, 바독 등으로 음이 바뀌다 바둑이 되었다는 설도 있다. 육당六堂 최남선은 돌·방위·이정표·체스 따위를 가리키는 인도네시아어 '바투batu'에서 왔다는 견해를 밝히기도 했다.

이토록 오랜 역사를 지닌 바둑이기에 우리말에 많은 영향을 끼쳤다. 예컨대 어수룩해 이용하기 좋은 사람을 지칭하는 '호구虎口'라는 용어는 바둑에서 나왔다. 바둑돌 석 점에 둘러싸여 있고 한쪽만 트인 속이 호랑이가 입을 벌리고 있는 모습 같다 하여 호구라고 했는데, 상대의 돌이 이리로 들어오면 당장 따낼 수가 있는 튼튼한 형국이다. 호구로 돌을 들이미는 상대는 '날 잡아드시오' 하는 셈이다. '꽃놀이패'도 화투 용어 같지만 사실은 바둑 용어다. 지더라도 내게는 별다른 손해가 없고 이긴다면 상대에 큰 타격을 주는 패를 마치 봄철에 꽃놀이하는 기분으로 싸울 수 있다고 하여 꽃놀이패라고 불렀다. 또 착수着手, 묘수妙手, 꼼수, 요행수僥倖手, 자충수自充手 등 일상에서 자주 쓰는 '수手'가 붙은 용어는 대부분 바둑에서 왔다고 봐야 한다. 바둑판에 바둑돌을 번갈아 한 수씩 두는 것을 착수라 하고, 생각해내기 힘든 좋은 수를 묘수, 남을 꾀려는 쩨쩨한 수를 꼼수라 한다. 요행수는 뜻밖에 얻은 행운의 수라는 의미이고, 자충수는 자기가 놓은 돌로 자기의 수를 줄이는 '자충自充'의 한 수를 뜻한다.

바둑에서 유래했지만 원뜻과는 다르게 쓰이는 단어도 있다. 바로 '대마불사大馬不死'다. 대마는 여러 개의 돌이 무리를 이루고 있는 형세를 가리킨다. 그렇기에 대마는 상대의 공격을 받더라도 아직 남아 있는 돌로 대응하고 반격할 수 있는 여지가 많고, 순간 위태롭게 보여도 쉽게 죽지 않는다는 것이다. 이 단어가 경제학으로 넘어오며 규모가 큰 기업은 경제 흐름이 안 좋은 상황에서도 쉽사리 도산하지 않는 것을 비유하게 됐다. 그런데 2008년 글로벌 금융 위기를 극복하는 과정에서 위기의 원흉이었던 대형 은행들을 국가가 구제금융으로 구해주는 일이 생겼다. 정상적인 기준으로는 도산을 하는 게 마땅했지만 부작용이 너무 커 도산시키기보다 살리는 것을 택했다. 이로 인해 대마불사라는 말이 원래의 뜻에서 다소 변형돼 '너무 커서 망할 수가 없다Too big to fail'라는 부정적 의미를 갖게 됐다.

#호구 #꽃놀이패 #착수 #묘수 #꼼수 #요행수 #자충수 #대마불사

089

옥

완벽과 하자는 같은 보물에서 나왔다

서양의 전설 혹은 역사에서 귀한 보물을 상징하는 것은 황금이다. 예컨대 그리스 신화 속 세 여신 헤라, 아테나, 아프로디테는 파리스Paris의 황금 사과를 차지하기 위해 경쟁했고, 16세기 에스파냐 사람들은 모든 것이 황금으로 뒤덮인 도시 '엘도라도El Dorado'를 이상적인 낙원으로 꿈꿨다. 반면 고대 동양에서 가장 귀하게 여겨진 보물을 꼽자면 단연 옥玉이다. 특히 고대 중국인들은 옥을 지극히 상서롭고 순결한 천지의 정수로 여겼다고 한다. 일례로 중국인의 자긍심인 공자孔子의 탄생 설화를 보면, 왕을 점지한다는 상상 속 동물인 기린麒麟이 공자의 어머니에게 다가와 글씨가 써진 보물을 토해내고 떠났다고 전해진다. 이때 토해낸 보물이 바로 옥이다.

흠잡을 데 없이 완전하다는 뜻을 지닌 '완벽完璧'이라는 단어 역시 옥과 관련이 깊다. 고대 중국에서 천하의 보물로 여겨졌다는 '화씨지벽和氏之璧'에서 비롯된 것이다. 사마천司馬遷이 쓴 역사서 《사기史記》의 〈염파인상여열전廉頗藺相如列傳〉에는 다음과 같은 이야기가 나온다.

춘추전국시대 조趙나라 혜문왕惠文王은 어느 날 귀하다는 보석 화씨지벽을 손에 넣게 됐다. 소식을 들은 진秦나라의 소왕昭王은 성城을 15개 줄 테니 화씨지벽과 바꾸자고 제안한다. 욕심 많은 소왕이 약속을 지킬 리가 없었으나 그렇다고 거절하면 강대국인 진나라가 쳐들어올 것이 뻔했기에 혜문왕은 고민에 빠진다. 이때 훗날 재상의 자리까지 오르는 인상여藺相如라는 책략가가 문제를 해결해 보이겠노라 등장한다.

인상여는 직접 사신으로 가 일단 화씨지벽을 소왕에게 바쳤다. 하지만 보물을 받아 든 소왕은 역시 성 얘기는 꺼내지도 않았다. 이를 예상했던 인상여는 사실 보석에 작은 흠이 있으니 알려주겠다고 말해 화씨지벽을 돌려받은 후 약속을 지키지 않으면 보석을 땅에 던져 산산조각 내겠다고 왕을 위협한다. 깜짝 놀란 소왕이 약속을 지키겠다고 했지만 인상여는 천하의 보배를 받으려면 5일간 목욕재계를 한 경건한 몸이어야 한다고 추가 제안까지 한다. 소왕은 인상여의 말을 받아들여 목욕재계를 시작했고 그 틈을 타 인상여는 화씨지벽을 조나라로 돌려보낸다. 이렇게 보석이 하나도 손상되지 않은 채 원래 그대로 조나라로 돌아왔다고 하여 '완벽귀조完璧歸趙'라는 표현이 생겼고, 이때부터 그 준말인 '완벽'이 쓰이기 시작했다.

덧붙여 '옥의 티'라는 뜻을 가진 '하자瑕疵'라는 단어 또한 동일한 고사에서 유래됐다. 인상여가 소왕에게서 화씨지벽을 돌려받기 위해 꾀를 냈던 '보석에 작은 흠이 있다'는 말에서 유래된 것이다.

한편 화씨지벽을 탐내던 진나라는 결국에는 보석을 손에 넣게 되는데, 바로 기원전 221년 진시황秦始皇이 전국을 통일하면서다. 진시황은 화씨지벽을 깎아 전국옥새傳國玉璽를 만들게 했다고 전해진다. 전국옥새는 황제를 상징하는 물건으로 자리매김하며 이후 1,000년간 왕조를 바꿔가며 이어진다. 하지만 후당後唐의 마지막 황제인 이종가李從珂가 거란의 침입을 피해 도망치다 옥새와 함께 분신자살하면서 실종됐다고 한다.

#공자 #옥 #화씨지벽 #춘추전국시대 #조나라 #진나라 #완벽귀조 #하자 #옥의 티 #진시황

더치페이

네덜란드인들이 싫어하는 단어

네덜란드 하면 가장 먼저 떠오르는 단어가 뭘까. 우선 '튤립의 나라'를 연상하기 쉽다. 경우에 따라선 '더치페이Dutch pay'를 생각하는 사람도 있을 것이다. '더치Dutch'가 바로 네덜란드인을 의미하기 때문이다. 그런데 1934년 네덜란드 정부는 '더치'라는 말 대신 '네덜란드'라는 말을 사용하도록 종용한 적이 있다. 왜 그랬을까. 더치라는 말에는 네덜란드 사람을 깔보는 역사가 담겨 있는 탓이다. 실제로 20세기 초까지 네덜란드 사람 앞에서 더치라는 말을 쓰면 심한 모욕이었다.

'각자 내기'를 뜻하는 '더치페이'의 유래만 살펴봐도 알 수 있다. 네덜란드와 영국은 오랜 기간 경쟁자였다. 17세기에만 세 번의 큰 전쟁을 치렀다. 대부분 제해권制海權과 식민지를 둘러싼 전쟁이었다. 수많은 생명을 앗아간 이런 전쟁을 치렀으니 당연히 네덜란드에 대한 영국인들의 감정이 좋을 리 없었다. 물론 네덜란드도 마찬가지였을 것이다. 문제는 이때부터 영국인들이 네덜란드를 겨냥해 '더치'라는 단어에 경멸의 뜻을 넣어 유포시키기 시작한 것인데, 더치페이라는 말도 이때 생겨났다.

'더치페이'의 어원을 찾아보면 '더치 트리트Dutch treat'로 나온다. '트리트treat'는 '한턱내기' 또는 '대접'을 뜻한다. 남을 대접하는 게 네덜란드의 오래된 관습이었기 때문이다. 하지만 영국인들은 이 의미를 아예 바꿔버렸다. '트리트' 대신 반대의 뜻을 지닌 '페이pay'로 바꿔 식사를 한 뒤 자기가 먹은 음식 비용을 각자 부담한다는 뜻으로 썼다. 이기적이고 쩨쩨한 네덜란드인이라고 비하하기 위한 용어였다.

'더치'가 들어간 영어 단어에 유독 부정적인 말이 많은 것도 그래서다. '더치 액트Dutch act'는 '자살행위', '더치 엉클Dutch uncle'은 '사정없이 비판하는 잔소리꾼', '더치 커리지Dutch courage'는 '술김에 부리는 허세'를 의미한다. 또 '더치 콘서트Dutch concert'는 '각자 다른 노래를 동시에 부르는 소음', '더치 리브Dutch leave'는 '치사한 이별'을 뜻한다. "아임 어 더치맨I'm a Dutchman"의 의미는 더 상상을 초월한다. "나는 네덜란드인이다"라는 뜻이 아니라 "성을 간다" 혹은 "내 손에 장을 지진다"라는 말이다. "잇스 트루, 오어 아임 어 더치맨It's true, or I'm a Dutchman"이라고 하면 "그건 사실이야. 아니면 내가 성을 간다"라고 해석한다. 모두 네덜란드를 조롱하는 영어식 표현으로, 영국과 네덜란드가 격렬하게 다퉜을 때 생겨난 말의 잔재들이다.

더구나 '더치'라는 단어에는 '독일의Deutsch'라는 다른 의미도 있다. 이는 이 단어가 원래 독일과 네덜란드를 포함한 게르만 일반을 가리켰기 때문이다. 이로 인해 도이치 중에서 좀 더 열등한 저급 도이치가 더치라는 이미지도 풍겼다. 네덜란드 정부가 한때 '더치'라는 말의 사용을 자제하도록 종용한 이유다.

네덜란드를 비하하는 의미를 담은 더치페이가 이젠 우리에게 너무도 일반화된 단어가 됐다. 김영란법이 도입되면서 접대 문화가 급격히 줄어든 데다 경제가 침체되면서 주머니 사정마저 나빠져 남이 먹은 것까지 계산하기가 부담스러워졌기 때문이다. 특히 젊은 층 사이에선 밥값, 술값은 물론 데이트 비용까지 각자 부담하는 분위기다. 더치페이 앱까지 만들어졌을 정도다. 공정한 사회 구현을 위해 더치페이 문화가 확산되는 게 나쁠 건 없지만, 네덜란드를 비하하는 뜻이 담긴 이 단어는 다른 말로 바꿔 쓰는 게 좋을 듯싶다.

#더치 #네덜란드인 #영국 #더치페이 #더치 트리트 #아임 어 더치맨

091

인지 부조화

예언이 실패해도 믿음은 깨지지 않는다

어떤 사안에 강한 확신을 품은 사람들과 논쟁하다가 완벽한 반박 증거를 찾아 들이민 순간 오히려 출처를 의심받은 경험이 있는가? 심지어 이들은 증거를 조작하는 일이 식은 죽 먹기라며 상대의 순진한 세계관을 비웃기까지 한다. 왜 확신에 찬 사람들은 뚜렷한 반대 증거에도 불구하고 생각을 바꾸지 않는 걸까.

미국 심리학자 레온 페스팅거Leon Festinger는 이런 의문을 품다가 1954년 어느 날 우연히 한 신문 기사를 읽게 된다. 전생에 예수였다는 '사난다'에게 우주의 메시지를 받고 있다는 영매 키치 부인의 이야기였다. 키치 부인은 곧 지구를 뒤덮을 거대한 홍수가 들이닥친다는 사난다의 메시지를 전하며 구원을 받으려면 자신을 따라야 한다고 했다. 그러면 대홍수의 순간 클래리온 행성 외계인들이 비행접시를 타고 나타나 우리를 안전하게 태워 새로운 삶으로 데려다준다는 것이다. 허무맹랑한 소리인데도 추종자가 적지 않았다. 페스팅거 교수는 과연 이 확신이 거짓으로 드러날 때 추종자들이 어떻게 반응할지 궁금했다. 그래서 자신을 포함한 다섯 명을 집단에 위장 투입해 상황을 관찰하기로 했다.

약 4개월간의 관찰 결과는 흥미로웠다. 예언은 계속 틀렸지만 추종자들의 믿음은 흔들리지 않았다. 이들은 외계인이 데리러 온다는 메시지를 받을 때마다 공군 비행장 혹은 거리 한복판으로 달려갔지만 한 번도 외계인을 만나지 못했다. 그렇지만 좌절하지 않았다. 실제로 왔지만 사람들의 폭동이 우려돼 되돌아갔다는 교주의 설명을 한 치의 의심도 없이 받아들인 것이다. 대홍수가 난다는 운명의 날인 1954년 12월 21일에도 비 한 방울 내리지 않았다. 일부는 자신의 어리석음을 깨닫고 그곳을 떠났지만, 다른 추종자들의 믿음은 오히려 강해졌다. 심지어 일부는 "우리의 열렬한 기도가 세상을 구원했다"라며 기뻐하기도 했다.

페스팅거 교수는 관찰 결과와 분석을 담아 1956년 《예언이 실패할 때When Prophecy Fails》라는 책을 출간했고, 이런 현상에 '인지 부조화cognitive dissonance'라고 이름을 붙였다. 인지 부조화란 자신이 가진 확신과 실제 현실에서 일어나는 일이 서로 불일치할 때 사람들은 심한 불편함을 느끼고 인지를 재구성하려 한다는 이론이다. 이때 심한 불편함을 '부조화 압력'이라고 한다. 즉, 오랜 기간 예언을 믿어온 사람들은 예언이 실패하고 조롱을 받자 심한 부조화 압력을 느끼고 예언이 틀리지 않았다고 자신의 인지를 바꿔버린 것이다. 페스팅거 교수는 믿음에 더 많은 투자를 했다는 사람들일수록 믿음을 저버리지 못했다는 사실도 확인했다.

인지 부조화를 설명하는 다른 사례로는 《이솝 우화》 속 '여우와 포도' 이야기가 있다. 포도가 높이 달려 애를 써도 먹을 수 없자 여우는 "어차피 시어서 맛도 없을 텐데"라며 자기 합리화를 한다. 먹고 싶은 마음과 먹을 수 없는 현실 사이에 나타난 부조화를 잠재우기 위해 포도가 시다고 비난한 것이다. 이런 상황을 두고 '신 포도 심리'라고 하는데, 반대에는 '달콤한 레몬 심리'라는 것도 있다. 자신이 가지고 있다는 이유만으로 신 레몬을 달콤하다고 치켜세우는 심리를 뜻한다.

달콤한 레몬 심리는 영국 심리학자 피터 웨이슨Peter Wason이 1960년 제시한 '확증 편향confirmation bias'과도 유사하다. 확증 편향은 자신의 선입견을 뒷받침하는 근거와 자신에게 유리한 정보만 선택적으로 수집·수용하는 것을 말한다. 어떤 물건을 살 때 구입 전에는 장단점에 관한 다양한 리뷰를 찾아보다가 구입한 후에는 긍정적인 리뷰만 찾아보는 행동 등을 설명해주는 이론이다.

#인지 부조화 #레온 페스팅거 #키치 부인 #예언의 실패 #이솝 우화 #여우와 포도 #신 포도 심리 #달콤한 레몬 심리 #확증 편향

092

가스라이팅
가스등은 멀쩡하고 네가 이상한 거야

부유한 상속녀 폴라는 잘생기고 자신감 넘치는 그레고리와 사랑에 빠져 결혼까지 한다. 하지만 사실 그레고리는 폴라의 저택에 숨겨진 보석을 훔치려고 그녀와 위장 결혼을 한 범죄자다. 그레고리는 폴라를 정신이상자로 몰아 재산을 가로채려고 갖가지 속임수를 쓴다. 이를테면 폴라의 지갑 속에다 슬쩍 자신의 시계를 넣어놓고 그녀가 훔친 것이라고 추궁한다. 또 브로치를 몰래 숨겨놓은 다음 폴라가 찾지 못하면 "당신은 뭐든지 잘 잃어버려"라고 타박한다. 결정적으로 폴라가 밤마다 방 안의 가스등이 희미해지는 것 같다고 말하자 그게 바로 폴라의 망상이며, 그녀가 미쳐가는 증거라고 몰아세운다.

사실 폴라는 틀리지 않았다. 그레고리가 숨겨진 보석을 찾으려고 다락방에 몰래 들어가 가스등을 켰기에 가스를 나눠 쓰던 폴라 방의 등이 어두워졌던 것이다. 하지만 폴라는 남편에게 계속 비난을 받자 나중에는 자신을 의심하기 시작한다. "내가 정말 이상한가 봐. 현실과 꿈이 구분되지 않아." 남편의 말대로 폴라는 불안하고 히스테릭하며 무력한 사람으로 변해간다.

1944년 제작돼 여배우 잉그리드 버그만Ingrid Bergman에게 오스카상을 안겨준 할리우드 영화 〈가스등Gaslight〉의 줄거리다. 최근 사용 빈도가 부쩍 잦아진 용어 '가스라이팅Gaslighting'은 바로 이 영화에서 유래됐다. 가스라이팅이란 타인의 심리나 상황을 교묘히 조작해 정서적으로 그 사람을 조종하려는 학대 행위를 의미한다.

가스라이팅은 미국의 심리 치료사 로빈 스턴Robin Stern이 2007년 펴낸 책《가스등 효과The Gaslight Effect》이후 널리 알려지기 시작했다. 이 책에 따르면 30

년간 다양한 여성들의 심리 상담을 진행한 스턴 박사는 한 부류의 여성들을 만나고 의문을 갖는다. 이들은 겉으로는 매력적이고 능력이 넘쳐 보이는데, 정작 당사자들은 자신이 무능력하고 부족하기 짝이 없는 한심한 사람이라고 여겼던 것이다. 박사는 연구를 통해 이들의 주변에는 현실감각을 흐리게 하고 스트레스를 줘 불안하게 만드는 사람들, 즉 가해자가 있다는 공통점을 확인한다. 가해자인 가스라이터는 피해자의 연인 혹은 배우자이기도 했고, 때로는 직장 상사나 동료, 친구이기도 했다. 가족인 경우도 많았다. 이처럼 가스라이팅은 주로 친밀한 관계에서 일어나는 심리적 학대 행위를 의미한다.

하지만 이들의 관계를 단순히 가해자-피해자로 해석해서는 문제를 해결하기 어렵다. 스턴 박사는 이 기묘한 관계에서 가해자와 피해자가 공동 책임을 지고 있다고 했다. 물론 가해자가 상황이나 심리를 교묘히 조작해 피해자가 자신의 판단력을 의심하게 만드는 것이 가스라이팅의 일차적 원인이지만, 피해자 역시 어떠한 대가를 치르더라도 가해자와의 관계를 유지하려는 욕구가 있기에 이 관계가 지속된다는 것이다. 그렇기에 저자는 가스라이팅 관계를 그만둘 수 있는 힘이 피해자에게 있다고 강조한다. 가스라이팅을 당하고 있는 피해자들은 지금 자신에게 무슨 일이 벌어지고 있는지를 이해해야 한다는 것이다. 상황을 정확히 이해하고 나면 자신을 궁지로 몰기 위해 행해지는 가해자의 왜곡된 언행을 명확하게 부정하고 자신의 판단을 믿는 단계로 나아갈 수 있다는 얘기다. 이때 주변 사람들의 도움을 받으면 더 좋다.

영화 속 폴라가 가스라이팅에서 회복되는 계기도 주변의 도움을 통해서였다. 폴라는 사건을 수사하러 집에 찾아온 형사로부터 가스등이 희미해지는 것을 보았다는 이야기를 듣고 나서야 비로소 자신이 잘못된 것이 아니라는 확신을 갖는다. 그리고 마침내 잃어버린 자신을 되찾는다.

#가스등 #폴라와 그레고리 #가스라이팅 #로빈 스턴 #가스라이터 #가해자

케빈 베이컨의 6단계 법칙

여섯 단계만 거치면 서로 다 아는 사이?

1994년 1월 미국의 인기 토크쇼 〈존 스튜어트 쇼The Jon Stewart Show〉에 한 통의 편지가 도착했다. 크레이그 패스Craig Fass · 마이크 기넬리Mike Ginelli · 브라이언 터틀Brian Turtle 등 대학생 세 명이 쓴 편지였다. 흥미를 느낀 방송사는 이들을 배우 케빈 베이컨Kevin Bacon과 함께 출연시켰다. 쇼에 출연한 세 사람은 청중이 배우들의 이름을 댈 때마다 그 배우가 케빈 베이컨과 어떻게 연결되는지를 막힘없이 풀어냈다. 예컨대 덴절 워싱턴Denzel Washington은 케빈 베이컨과 작품을 하지 않았지만, 영화 〈필라델피아Philadelphia〉에서 톰 행크스Tom Hanks와 출연했고, 톰 행크스는 〈아폴로 13Apollo 13〉에서 케빈 베이컨과 출연했으니 한 다리만 건너면 인연이 닿는 셈이다.

이날 방송은 큰 화제를 모았고, 미국에서는 '케빈 베이컨 게임'이라는 놀이가 대유행을 하게 된다. 케빈 베이컨과 함께 출연한 관계를 1단계로 설정한 다음 다른 배우들이 몇 단계 만에 베이컨과 연결되는지를 확인하는 게임이다. 이때 베이컨과 다른 배우의 관계를 나타낸 숫자는 '베이컨 넘버'라고 불렀다. 예컨대 케빈 베이컨과 영화 〈어 퓨 굿 맨A few good men〉을 함께 찍은 톰 크루즈Tom Cruise의 베이컨 넘버는 1이고, 덴절 워싱턴은 2다. 중요한 것은, 이 베이컨 넘버가 6을 넘어가는 경우가 거의 없다는 사실이었다. 이런 점에 착안해 세 대학생은 1996년 《케빈 베이컨의 6단계Six Degrees of Kevin Bacon》라는 책까지 낸다. 실증 연구까지 나왔는데, 1998년 미국 코넬대학교 연구진은 할리우드 영화배우 약 16만 명을 추려 시뮬레이션한 결과, 일곱 명을 제외한 모든 사람의 베이컨 넘버가 6 이하였다는 사실을 확인했다.

세 청년 덕분에 대중적으로 유명해지긴 했지만, 사실 이 케빈 베이컨 법칙은

'6단계 분리 법칙Six degrees of separation'이라는 이론으로 이미 유명했다. 헝가리 극작가이자 저널리스트였던 프리게시 카린티Frigyes Karinthy가 1929년 발표한 단편소설 〈체인 링크Chain-links〉에서 이 말을 쓰며 유명해졌다. 해당 소설은 문명의 발전으로 지구 상의 15억 인구가 5명 이하의 지인으로 모두 연결된다는 설정으로 시작한다. 6단계 법칙을 실험적으로 처음 증명한 사람은 미국 심리학자 스탠리 밀그램Stanley Milgram이다. 그는 1967년 미국 내 주민 160명을 무작위로 뽑아 메사추세츠주에 사는 A와 B에게 편지를 전달하게 하는, 이른바 '작은 세상 실험Small World Experiment'을 실시한다. 즉, 실험 대상자들은 자신의 친구 중 A, B를 알고 있거나 알고 있을 것 같은 사람에게 편지를 보내면 되는 것이다. 결과는 놀라웠다. 편지 160통 중 42통이 목표 인물에게 전달됐는데, 평균 경유 횟수는 5.5명에 불과했다. 전혀 모르는 사람들이었는데, 대여섯 명만 거치니 실제로 연결된 것이다.

사실 오늘날 케빈 베이컨이 배우의 중심이라고 하긴 어렵다. 베이컨의 출연이 점점 줄어들고 있기에 신인 배우와의 베이컨 넘버는 점점 커지고 있는 것이다. 실제 구글은 베이컨과 8~9단계에서 만나는 배우를 숱하게 찾아냈다고 한다. 하지만 이것이 이 법칙의 근본적 오류를 입증하는 증거라 보긴 어렵다. 그동안은 베이컨이 할리우드 네트워크의 중심축 역할을 했다면, 이제 다른 다작 배우에게 자리를 내준 것뿐이다.

다들 느끼다시피 인터넷과 소셜 네트워크 서비스Social Network Service: SNS의 등장으로 세상은 점점 더 좁아지고 촘촘하게 연결되고 있다. 2008년 마이크로소프트가 1,800억 개의 메신저 대화창을 분석한 결과, 세계의 사람들이 평균 6.6개의 연결 고리link를 통해 이어져 있다고 발표했다. 페이스북도 2016년 비슷한 연구를 진행했는데, 페북의 세상에서는 3단계만 거쳐도 연결될 수 있는 것으로 나타났다.

#케빈 베이컨 #할리우드 배우 #베이컨 넘버 #스탠리 밀그램 #6단계 법칙

미란다 원칙

정의도 적법해야 한다

"당신은 변호사를 선임할 수 있으며 묵비권을 행사할 수 있습니다. 또 당신의 발언은 법정에서 불리하게 적용될 수 있습니다." 경찰이나 검찰이 피의자를 구속하거나 자백을 받기 전에 반드시 피의자에게 권리를 알려주는 '미란다 원칙'이다. 이를 어기고 체포나 구속을 해서 얻는 증거의 경우 유죄를 판단하는 자료로 사용할 수 없다. 지금이야 미란다 원칙이 널리 알려져 있고 이 사건을 둘러싼 판결은 미국에서 가장 위대한 판결 중 하나로 꼽히지만, 판결이 나온 1966년 당시에는 논란이 많았다. "세상 물정을 모르는 늙은이(대법관)들이 미국을 망쳤다", "미란다 같은 쓰레기를 위해 미국의 고귀한 가치가 희생됐다" 등의 비난이 쏟아졌다.

왜 그랬을까. 사건의 당사자인 멕시코계 미국인 에르네스토 미란다Ernesto Miranda는 1963년 3월 피닉스시의 한 극장에서 18세 여성을 차량으로 납치해 강간한 혐의로 체포됐다. 범행 현장에서 피해자의 동생이 그의 차를 목격했고, 피해자도 범인 식별 절차에서 그를 지목했다. 그 역시 심문 2시간여 만에 범행을 자백했다. 그가 서명한 진술서에는 "경찰의 강압이 아니라 자유의사로 조사에 임했다"라는 구절도 포함됐다. 하지만 재판이 시작되면서 미란다가 갑자기 말을 바꾼다. 무죄를 주장하고 나선 것이다. 강요된 자백에 따라 진술서를 억지로 썼다고 주장했다. 그러나 법원은 미란다의 주장을 받아들이지 않았다. 범죄 사실이 너무도 명백했기 때문이다. 애리조나주 법원은 그에게 '최저 20년, 최고 30년'의 중형을 선고했다. 미란다는 상고했지만 항소법원도 원심을 인용했다.

그러나 사건은 여기서 끝나지 않았다. 그는 연방 대법원으로까지 이 사건을 끌고 갔고, 1966년 6월 13일 연방 대법원은 당초 예상을 깨고 미란다의 손을 들어주는 극적 판결을 내린다. 연방 대법관 아홉 명 가운데 네 명은 미란다의 유죄를 주장했지만 다섯 명은 무죄라는 미란다의 주장을 받아들였다. 이 판결로 그는 석방됐다. 대법원의 무죄 이유는 이랬다. 불리한 증언을 하지 않아도 될 권리(미국 헌법 제5조)와 변호사의 조력을 받을 권리(미국 헌법 제6조)를 침해당했다는 것이다.

　1심과 상고심을 뒤엎는 판결로 곳곳에서 비난이 쏟아졌다. 범죄 증거가 명확한 데다 정작 당사자인 미란다는 피의자의 권리나 인간의 존엄과는 거리가 먼 흉악범이었기 때문이다. 그는 10대 때부터 강도 및 성폭행 혐의로 교도소를 들락거렸던 범죄자였다. 그런데 판결 취지가 아무리 흉악한 범죄를 저지른 사람이라도 자신을 방어할 수 있는 기본 권리를 침해받아서는 안 된다는 것이었으니 상식적으로 쉽게 이해될 리 없었다. 하지만 이 판결은 이후 '미란다 원칙'을 탄생시키며 우리나라를 비롯해 각국의 법과 판례에 녹아들었다. 미란다의 삶은 흉악했지만 그의 이름은 '인권의 대명사'로 길이 남은 셈이다. 또한 이 판결은 정의도 적법한 절차를 통해 이루어져야 한다는 교훈을 남겼다.

　그러면 무죄로 석방된 미란다의 삶은 어땠을까. 교도소에서 풀려난 후 동거 여인의 증언으로 다시 유죄가 확정돼 옥살이를 했고, 1972년 가석방됐지만 4년 뒤인 1976년 술집에서 싸움을 하다가 죽었다.

#미란다 원칙 #변호사 선임 #묵비권 #에르네스토 미란다 #미국 연방 대법원

착한 사마리아인 법

도덕이 무너진 사회

한 남자가 강도를 만나 돈을 다 털리고 상처투성이가 돼 쓰러져 있다. 존경받는 유대교의 율법사가 그를 맨 처음 발견했지만 아무런 도움도 주지 않고 그냥 지나쳤다. 그다음에 그를 본 사람은 레위인이었다. 하느님의 말씀을 충실히 따라 복을 받은 부족으로, 성전에서 봉사하는 직무를 수행하거나 이스라엘 민족의 사제가 될 수 있는 특수한 신분이었다. 하지만 레위인 역시 못 본 척하고 상처투성이인 남자를 그냥 놔두고 오던 길을 되돌아갔다.

그 남자는 어떻게 됐을까. 다행히 모두가 무심하진 않았다. 천하디천한 사마리아인이 그를 도와준다. 사마리아인은 유대인들이 '사마리아'라는 말만 들어도 침을 뱉을 정도로 경멸하고 무시한 종족이었다. 그들은 유대인들 속에서 비천한 직업에 종사하며 살아가고 있었다.

유대인들이 사마리아인들을 경멸하게 된 데는 역사적 배경이 있다. 기원전 722년 이스라엘이 아시리아인들에게 정복됐을 때 아시리아인들은 많은 유대인을 죽이거나 추방하고 외국인을 불러들여 그 지역에 살게 했다. 이 외국인들이 그곳에 남아 있던 유대인들과 통혼해 혼혈인을 낳았는데, 이들이 사마리아인이다. 이스라엘의 옛 수도인 사마리아의 이름을 따서 사마리아인으로 부르게 됐다. 이들은 하느님뿐 아니라 외국의 신도 섬겼다. 유대인으로선 사마리아인을 미워하고 천시할 수밖에 없었다.

그런 사마리아인이 강도를 만난 그 남자를 구해 정성껏 돌보고 자신의 돈까지 내준다. 사마리아인에게 '착한 사마리아인', 또는 '선한 사마리아인'이라는 말이 붙게 된 배경이다. 《신약성경》〈누가복음〉 10장에 나오는 얘기다.

그런데 왜 성경에서 율법사도, 레위인도 아닌 사마리아인을 굳이 착한 사람으로 만들었을까. 율법학자가 예수에게 묻는다. "누가 제 이웃입니까?" 예수가 되묻는다. "너는 이 세 사람 중에서 누가 강도를 만난 사람의 이웃이라고 생각하느냐?" 율법학자가 "자비를 베푼 사람입니다"라고 답하자 예수가 명령한다. "너도 가서 이와 같이 하라. 네 이웃을 네 몸과 같이 사랑하라." 이후 착한 사마리아인은 친절과 자비의 대명사가 된다.

이런 배경에서 유래된 '착한 사마리아인'이 오늘에 이르러서는 아예 법으로 정착되고 있다. 이른바 '착한 사마리아인 법'이다. 구조하면 살 수 있는데 율법사나 레위인처럼 못 본 척한다면 이들을 어떻게 할 것인지에 대해 법으로 정해놓은 게 바로 착한 사마리아인 법이다.

세계적으로 이 법을 시행 중인 나라가 꽤 있다. 프랑스는 구조를 거부하면 최고 5년 이하의 징역형에 처한다. 1997년 영국의 국민 왕세자빈으로 불리던 다이애나 스펜서 Diana Spencer가 파파라치들의 추격을 피하려다 교통사고로 사망하자 법원은 파파라치들에게 과실치사, 사생활 침해 외에 착한 사마리아 법인 '구조거부죄'를 추가했다. 사진만 찍고 적극적으로 구조 활동을 하지 않았기 때문이다. 미국의 경우 1964년 한 여성이 귀가하던 중 강도를 당해 구조를 요청했지만 많은 목격자가 신고조차 하지 않아 결국 살해되는 사건이 발생한 이후 30여 개 주에서 착한 사마리아인 법 조항을 도입했다.

하지만 우리나라를 비롯해 많은 나라에는 아직 방관자에 대한 이런 처벌 조항이 없다. 도덕의 영역을 법으로 강제하는 게 맞느냐는 논란 때문이다. 자칫 개인의 자율권이 침해될 수 있다는 것이다. 착한 사마리아인 법이 취지가 아무리 좋아도 본격적인 도입이 지연되고 있는 이유다.

#율법사 #레위인 #사마리아인 #누가복음 #착한 사마리아인 법

페니실린

우연히 탄생한 페니실린은 결코 우연이 아니다

대체 사람은 왜 병에 걸리는가. 인류의 오랜 수수께끼였다. 사람들은 귀신 들리거나 신의 분노를 사서 질병에 걸린다고 생각했다. 정답에 가까운 가설도 있었다. 1세기경 고대 로마의 저술가 마르쿠스 바로Marcus Terentius Varro는 이렇게 생각했다. "눈에 보이지 않을 만큼 아주 작은 동물이 코나 입을 통해 우리 몸속에 들어와 죽음에 이르는 질병을 일으킨다." 그의 가설은 1,500여 년이 지난 1674년 네덜란드의 현미경학자 안톤 판 레이우엔훅Anton van Leeuwenhoek이 만든 현미경을 통해 실증된다. 레이우엔훅이 자신이 만든 300배율의 현미경으로 빗방울을 관찰하다 사람의 눈으로는 결코 볼 수 없었던 미생물微生物, microbe의 세계를 발견한 것이다. 미생물이라는 단어는 말 그대로 맨눈에는 보이지 않는 작은 생명체를 뜻한다. 미생물의 대표 주자는 세균bacteria이다. 세균의 영어 단어 '박테리아'는 '작은 막대'를 의미하는 라틴어 '박테리아bacteria'에서 유래했는데, 레이우엔훅이 최초로 발견한 세균이 막대기 모양이었기 때문이다. 세균이 질병의 원인이라는 생각은 19세기 들어서야 겨우 과학계에 받아들여진다. 프랑스의 과학자 루이 파스퇴르Louis Pasteur와 독일의 로베르트 코흐Heinrich Hermann Robert Koch의 연구 덕분이다.

파스퇴르 이전의 사람들은 세균이 더러운 환경에서 자연 발생하기에 감염성 질병 역시 몸속에서 자연히 발생한다는 '자연발생설'을 믿었다. 하지만 파스퇴르는 미생물이 온도·습도·양분 등 다양한 조건 속에서 증식한다고 생각했다. 그의 생각을 입증한 것이 유명한 1860년 '백조목 플라스크' 실험이다. 파스퇴르는 목이 S자 모양으로 길고 가는 플라스크 안에 고기 육즙을 넣어 가열한 후 입구를 닫지 않고 장기간 보관해도 미생물이 전혀 생성되지 않는다는 것을 눈으로 보여줬다. 육즙을 가열하면 수증기가 발생해 목 입구 지점에 물이 고이는데,

이렇게 되면 공기 속 미생물이 물을 먼저 만나 갇히기에 육즙까지 도달할 수 없다. 또 오랜 기간 미생물이 번식하지 않았던 육즙인데, 플라스크를 기울여 물에 닿게 하자 며칠 만에 부패해버렸다. 미생물의 자연발생설을 제대로 반박한 것이다. 결정적인 한 방은 1876년 코흐가 날렸다. 그는 "같은 질병에 걸린 환자들에게는 공통 병원체가 발견돼야 한다", "발견된 병원체는 실험실에서 배양할 수 있어야 한다" 등의 4단계 '코흐의 법칙'을 발표했다. 그리고 자신의 법칙 아래 탄저균, 결핵균, 콜레라균 등을 줄줄이 발견했다. 세균이 감염병의 원인이라는 '세균병인설'을 명쾌하게 증명한 것이다.

숱한 질병의 원인이 세균이라는 사실이 확인되자 과학계는 분주해졌다. 살균법을 활용해 식품 보관에 관심을 쏟았고, 세균 번식을 막기 위해 소독제를 쓰기 시작했다. 파스퇴르도 저온살균법을 개발했는데, 오늘날까지 우유 등 식품의 멸균법으로 쓰이고 있다. 또 많은 과학자가 코흐의 법칙을 따라 장티푸스균, 나병균, 이질균 등 숱한 병원균을 잇따라 발견했다. 이들은 내친김에 치료법까지 찾아 나섰고, 세균 발육을 억제하거나 사멸시키는 다양한 '항생물질'을 발명하기에 이른다. '기적의 약물'로 불리는 항생제 페니실린penicillin이 대표적 사례다.

영국의 알렉산더 플레밍Alexander Fleming은 1928년 어느 날 다른 연구를 하던 중 균을 배양하던 배지培地가 오염돼 푸른곰팡이penicillium가 자란 것을 보았는데, 놀랍게도 곰팡이 주변으로 균이 깨끗하게 녹아 있는 모습을 발견한다. 그는 곰팡이에 세균 성장을 억제하는 물질이 있다고 확신해서 연구를 거듭했고, 마침내 이 물질이 항균 효과는 뛰어나면서도 인체에 해가 적다는 사실을 확인해 약으로 만든다. 페니실린이 탄생된 배경이다. 페니실린은 이후 제2차 세계대전 중에 본격적으로 사용되기 시작해 수많은 환자의 목숨을 구한다.

#안톤 판 레이우엔훅 #현미경 #자연발생설 #루이 파스퇴르 #백조목 플라스크 실험 #로베르트 코흐 #코흐의 법칙 #세균병인설 #알렉산더 플레밍 #푸른곰팡이 #페니실린

097

백신

가장 치명적인 전염병을 박멸한 인류 최고의 발명품

'천연두天然痘, smallpox'는 한때 인류에 가장 치명적인 전염병 중 하나였다. 전염성과 치사율이 매우 강해 천연두에 걸린 사람 가운데 약 30퍼센트가 사망했다. 또 고열을 동반한 물집과 고름이 대량 발생해 한번 걸리면 치료된 후에도 얼굴에 곰보 자국이라는 흉터를 남겼다. 천연두 바이러스를 통해 감염되는 질병은 기원전 1만 년 전 아프리카 북동부에 농업이 정착된 시대부터 있었던 것으로 추정된다. 기원전 1157년 사망한 이집트 파라오 람세스 5세Ramses V의 미라에서도 천연두 자국이 관찰될 정도니 그 역사가 길다. 특히 천연두는 16세기 유럽 탐험가와 군대에 의해 신대륙으로 전파되며 피해 규모를 키웠다. 당시 에르난 코르테스Hernán Cortés가 이끌던 에스파냐 군대가 신대륙을 지배하고 있던 아스테카, 마야, 잉카 문명을 손쉽게 몰락시켰던 가장 큰 이유도 사실 천연두 때문이라고 한다. 에스파냐 군인들의 몸에 묻어왔던 바이러스가 아스테카 왕국의 도시 등으로 무섭게 번진 것이다. 결국 아스테카 문명은 2년 만에 몰락한다.

천연두는 20세기까지 유행해 매년 전 세계 인구 3억~5억 명을 죽음에 이르게 한 무서운 질병이었다. 하지만 21세기 들어 천연두는 지구 상에서 사라졌다. 세계보건기구World Health Organization: WHO는 1980년 5월 천연두가 완전히 퇴치됐음을 공식 선언했다. 전염병과의 싸움에서 이긴 인류 최초의 승리였다. 이같은 승리는 천연두를 예방하는 백신접종vaccination 덕분에 가능했다. 잘 알려졌다시피 인류 최초의 백신은 1798년 영국 의사 에드워드 제너Edward Jenner에 의해 개발됐다. 하지만 제너의 종두법種痘法이 개발되기 이전에도 비슷한 민간 요법은 있었다. 환자의 몸에서 추출한 천연두 바이러스를 다른 이의 몸에 접종해 가볍게 병에 걸리게 한 후 면역력을 키우는 인두법人痘法이다. 16세기 중국에서 유래됐다고 하는 이 요법은 실크로드를 타고 유럽으로 전해졌다.

인두법이 유럽까지 전파된 데는 18세기 영국 귀족 메리 위틀리 몬태규Mary Wortley Montagu 부인의 활약이 컸다. 그녀는 오스만 대사로 부임한 남편을 따라 터키에 잠시 머물렀는데, 그때 이 치료법을 알게 된다. 그리고 의사의 도움을 받아 자신의 다섯 살배기 아들에게도 천연두 고름을 접종한다. 그녀의 아들은 다행히 천연두를 조금 앓다가 금세 회복했고, 이후로는 천연두에 걸리지 않았다. 몬태규 부인은 이 방법을 영국에서 널리 알리려 했는데, 의사들의 반대가 심했다. 그래서 그녀는 과감한 실험을 한다. 일곱 명의 사형수에게 이 접종을 받고 괜찮다면 석방해주겠다는 조건을 걸어 인체 실험을 실시한 것이다. 결과는 성공적이었다. 일곱 명 모두 1~2주 내에 회복됐다. 안전이 확인되자 몬태규 부인은 왕실을 설득해 공주의 두 딸에게 인두를 접종했고, 이들 역시 곧 회복해 천연두의 공포에서 해방된다.

신뢰를 얻은 인두법은 유럽 사회에 천연두 예방을 위한 표준 치료법이 돼 수많은 생명을 구했다. 하지만 여전히 위험은 존재했다. 천연두 바이러스가 워낙 치명적인 탓이다. 제너는 좀 더 안전한 예방법을 찾았고, 때마침 목장에서 소젖을 짜는 처녀들은 천연두에 잘 걸리지 않는다는 얘기를 듣는다. 그는 천연두보다 덜 치명적인 우두牛痘, cowpox를 앓아도 천연두에 걸리지 않는다는 가설을 세워 실험에 나선다. 우두에 걸린 처녀의 고름을 채취해 정원사의 여덟 살 된 아들에게 접종하고 6주 뒤 천연두에 걸린 환자의 인두를 접종한 것이다. 그의 가설은 맞았다. 우두를 접종한 어린이는 면역이 생겨 천연두에 걸리지 않았다. 이후 우두 접종법을 전파하려는 제너의 노력이 이어져 영국 정부는 마침내 1840년 백신법을 제정하기에 이른다. 이때부터 백신이 공식적으로 사용되기 시작해 오늘에 이르렀다.

#천연두 #에르난 코르테스 #에스파냐 군대 #신대륙 #에드워드 제너 #종두법 #인두법 #백신

098

쿼런틴

40을 의미하는 단어가 검역이 된 사연

2019년 말 중국에서 시작된 '코로나19'가 중국을 넘어 세계 각국으로 퍼져나가면서 전 세계에 비상이 걸렸다. 나라마다 국경을 봉쇄하고 사회적 거리두기도 실시하며 확산 방지에 총력을 기울였지만 '팬데믹pandemic(세계적 대유행)'을 막지 못했다. 코로나19로 나라마다 초미의 관심사가 된 것은 검역 또는 격리 체계, 영어로는 '쿼런틴quarantine'이다. 쿼런틴은 원래 '40forty'이라는 의미를 갖고 있다. '40'을 뜻하는 이탈리아어 '쿼란타quaranta', '40일간'을 뜻하는 '쿼란티나quarantina'에서 나온 말이다.

그러면 40을 의미하는 단어가 어떻게 검역이나 격리라는 단어로 일반화됐을까. 사연은 이렇다. 14세기 흑사병(페스트)이 창궐하면서 당시 유럽 인구의 30퍼센트(4,000만~6,000만 명)가 목숨을 잃자, 전염병을 막기 위해 이탈리아는 일종의 격리 조치를 취했다. 감염 지역이나 그럴 위험이 있는 곳에서 온 배는 40일 동안 항구에서 격리된 뒤 흑사병이 발생하지 않아야 승객과 화물을 내릴 수 있게 했다. 흑사병을 물리치는 데 40일이 필요하다고 여긴 것이다. 이후 쿼런틴은 검역이나 격리라는 의미로 일반화됐다. 지금의 의미로 '자가 격리'나 마찬가지인 셈이다.

왜 하필 40일이었을까. 40은 성서에서 특별한 의미를 지닌 숫자다. 〈창세기〉에서 하느님은 악으로 가득 찬 세상을 정화하기 위해 40일 동안 비를 내려 대홍수를 일으켰고, 모세는 하느님의 계명을 받기 위해 40일 동안 시나이산에서 지냈다. 또 이집트에서 종살이를 하던 이스라엘 민족이 노예 생활을 벗어나 하느님이 약속한 땅에 들어가기까지 40년간 광야 생활을 해야만 했다. 예수는 세례를 받은 뒤 광야에서 40일 동안 지내면서 사탄의 유혹에 시달린다. 이 유혹을 물리친 것을 기리는 시기가 사순절四旬節이다. 예수는 부활한 뒤에도 40일 동안 세상에 있다가 승천했다.

당시 종교는 삶의 모든 것이었다. 감염 지역에서 온 배를 40일간 항구에 격리한 것은, 이 기간 동안 예수가 광야에 머물며 사탄의 유혹을 물리친 것처럼 흑사병도 이렇게 해야 물리칠 수 있다고 믿었을 것이라는 추측이 많다. 어쩌면 하느님이 40일간 비를 내려 세상을 정화시킨 것처럼 이 기간 동안 격리시키면 흑사병도 치유될 수 있다는 믿음이 깔려 있었을 수도 있다.

이런 자가 격리에서 벗어나 '사회적 거리두기'가 검역의 한 방법으로 등장한 것은 1918년 스페인 독감 때다. 독감의 원인이 바이러스라는 사실조차 모르는 상태에서 사회적 거리두기가 당시 사용한 전염병 퇴치법이었다. 스페인 독감은 1918년 봄에 작은 유행을 만든 후 여름에 잦아들었다가 그해 가을에 전 세계적으로 크게 유행하면서 약 5,000만 명의 목숨을 앗아갔다. 당시 스페인 독감이 미국에도 퍼지자 미국 교회가 예배 모임을 중단하고 사람 간 접촉을 삼가는 운동을 한 것이 사회적 거리두기의 시초로 알려져 있다.

아이러니한 것은 스페인 독감이 에스파냐에서 유래된 게 아니라는 사실이다. 많은 나라가 국민들의 사기가 떨어질 것을 우려해 전염병 확산 문제에 대해 쉬쉬하고 있을 때 에스파냐 정부와 언론이 이를 적극 알리면서 스페인 독감이라고 이름이 붙여졌을 뿐이다. 발병 원인이나 피해 정도와는 무관하게 역사에는 스페인 독감으로 남게 됐으니 에스파냐 사람들로선 땅을 치며 억울해할 일이다.

#40 #쿼란타 #쿼란티나 #검역 #격리 #흑사병 #스페인 독감 #사회적 거리두기

099

바이러스

세균과 바이러스는 어떻게 다를까?

세균과 더불어 감염병을 일으키는 대표 병원체로 꼽히는 바이러스virus의 존재를 눈으로 확인한 것은 세균보다 약 250년 더 늦었다. 17세기에 레이우엔훅Anton van Leeuwenhoek이 현미경으로 사람 눈에는 보이지 않는 미생물의 세계를 발견했지만, 바이러스는 세균보다 훨씬 작아 전자현미경이 나온 후인 1931년에야 관찰할 수 있었다. 약 30억 년 전부터 지구 상에 존재했던 바이러스는 불과 90여 년 전에야 사람들 앞에 모습을 드러낸 것이다.

인류 역사상 최초로 발견된 바이러스는 담배모자이크바이러스다. 이 바이러스는 담배 · 토마토 등의 식물에 감염돼 잎과 줄기를 상하게 하는 모자이크병을 일으키고 작물 수확에 큰 피해를 준다. 담배모자이크병의 존재가 확인됐던 1883년은 코흐Heinrich Hermann Robert Koch에 의해 질병의 원인이 세균이라는 사실이 발표된 지 7년이 채 되지 않은 때였다. 과학자들이 오랜 기간 정체불명이었던 각종 질병의 원인균 찾기에 앞다퉈 돌입한 시기였고, 러시아 식물학자 드미트리 이바놉스키Dmitri Iosifovich Ivanovsky도 그중 한 사람이었다. 이바놉스키도 담배모자이크병의 병원체가 세균이라고 믿고 1892년 병에 걸린 담뱃잎 추출물을 세균은 통과하지 못하는 필터로 걸러냈다. 그런데 웬걸, 걸러낸 여과액도 여전히 담배를 질병에 감염시키는 것이었다. 필터를 통과한 무엇이 여과액에 여전히 남아 있다는 말인데, 현미경으로 아무리 들여다봐도 보이지는 않았다. 이바놉스키는 이 물질이 독이라고 생각했다. 세균보다 작고 병을 일으키는 것은 독밖에 없다고 생각했기 때문이다. 그의 생각은 6년 뒤 네덜란드의 학자 마리티뉘스 빌럼 베이에링크Martinus Willem Beijerinck에게 이어졌다. 베이에링크는 여러 번의 실험을 거쳐 이바놉스키와 같은 결론을 내렸고, 이 물질에 라틴어로 '독'을 의미하는 '비루스Virus'라는 이름을 붙였다.

바이러스의 가장 큰 특징은 아주 작다는 것이다. 아무리 커도 수백 나노미터(10억 분의 1미터) 정도에 그친다. 세균보다 백 배에서 천 배는 작다는 의미다. 또 세균은 생물이지만, 바이러스는 생물과 무생물의 경계에 있다. 세균은 비록 생물 가운데 가장 미세하고 하등한 단세포 생명체이지만 스스로 에너지를 만들어 성장하고 번식한다. 예컨대 대장균의 경우 자신과 똑같은 세포를 하나 더 만드는 방식으로 무성생식을 하는데, 이를 이분법二分法이라고 한다. 하나의 대장균이 두 개로 늘어나는 데 걸리는 시간은 20분이면 충분하다. 하지만 바이러스는 유전정보를 담은 핵산(DNA 혹은 RNA)과 그것을 둘러싼 단백질 껍질 정도로만 구조가 이뤄져 스스로는 생존하고 번식할 수가 없다. 그래서 바이러스는 다른 생물의 세포에 기대어 살아간다. 남의 세포를 숙주로 삼아 자신들의 유전정보를 담은 핵산을 집어넣고 남의 세포를 번식시켜 자신들의 유전자를 늘려가는 것이다. 바이러스에 의한 감염병이 치료가 힘든 이유는 바로 여기에 있다. 약물 등으로 바이러스를 죽이면 바이러스의 숙주인 세포마저 죽일 수 있기 때문이다.

작고 간단한 구조의 바이러스는 돌연변이도 잘 일어난다. 새로운 숙주를 만나면 기생 방법을 최적화하기 위해 금세 몸을 바꾸다 보니 적시에 치료법을 찾기가 쉽지 않다. 분자구조가 불안정한 RNA 바이러스가 DNA 바이러스에 비해 변형이 더 쉽고 잦다고 한다. 독감을 일으키는 바이러스이자 아직도 완벽한 치료제가 나오지 않은 인플루엔자바이러스influenza virus가 대표적인 RNA 바이러스다. 인플루엔자바이러스는 새에게 기생해 조류독감을, 돼지에게 붙어 돼지독감을 일으켰다. 코로나바이러스도 비슷하다. 수없이 많은 변종 코로나바이러스 중 지금까지 인체 감염이 보고된 건 총 일곱 종인데, 네 종은 가벼운 감기 증상에 그치지만 세 종은 중증 폐렴을 일으킨다. 중증 폐렴을 일으키는 바이러스가 바로 사스SARS(중증급성호흡기증후군), 메르스MERS(중동호흡기증후군), 신종 코로나바이러스감염증COVID-19이다.

#전자현미경 #담배모자이크바이러스 #드미트리 이바놉스키 #마리티뉴스 빌럼 베이에링크 #비루스 #독 #바이러스

100

X선

아내의 손을 실험해 탄생하다

1895년 12월 22일 빌헬름 뢴트겐Wilhelm Conrad Röntgen은 자신이 발견한 알 수 없는 광선을 아내의 손에 비춘다. 그랬더니 놀라운 일이 벌어졌다. 피부 속 손뼈와 함께 약지에 끼여 있던 결혼반지까지 선명하게 나타났다. 'X선X-ray'으로 찍은 최초의 사진이었다.

원인을 알 수 없다는 의미에서, 수학에서 미지수를 뜻하는 'X'에서 따온 뢴트겐의 X선은 이렇게 개발됐다. 뢴트겐은 아내의 손가락을 찍는 데 성공한 며칠 뒤 〈새로운 종류의 광선에 대하여Über eine neue Art von Strahlen〉라는 제목의 논문을 발표한다. 일단 병원에 갔다면 누구나 한 번쯤은 찍게 되는 X선이 세상에 드러나는 순간이었다.

수술을 하지 않고도 살아 있는 사람의 몸속을 들여다볼 수 있다는 사실은 가히 충격적이었다. 뢴트겐의 아내는 X선으로 촬영한 자신의 손을 들여다보며 깜짝 놀라 "오, 하느님! 나 자신의 죽음을 들여다보고 있는 기분이 듭니다"라고 말할 정도였다. 프랑스 신문 〈르프티파리지앵Le Petit Parisien〉은 1896년 1월 10일 X선으로 찍은 손뼈 사진을 싣고 "손뼈는 물론 손가락 마디, 관절까지 모두 드러난다. 손가락의 윤곽은 전혀 알 수 없고 살아 있는 인간의 손이라고는 상상할 수 없는 해골만 드러날 뿐이다. 이것이 얼마나 위대한 발견인지 더 이상 무슨 설명이 필요한가"라고 적었다.

당시 독일 바이에른 뷔르츠부르크대학교의 물리학과 교수였던 뢴트겐이 세상을 떠들썩하게 한 이 위대한 발견은 당초 목표한 게 아니었다. 다른 연구를 하다 우연히 발견한 것이었다. 그는 실험실에서 음극선 실험을 하고 있었다. 두꺼운 검은 종이로 덮은 진공 유리관에 전류를 통하게 하자 의자 위에 둔 작은 스크린에 예상치 못한 녹색 빛이 맺힌 것을 볼 수 있었다. 그는 곧 일종의 보이지 않는 광선이 진공관에서 나와 종이를 뚫고 스크린을 녹색으로 빛나게 했다는 점을 알아차렸다. 그는 연구를 거듭해 이 광선이 종이, 천 등은 쉽게 통과하지만 밀도가 높은 물질은 통과하지 못한다는 사실도 밝혀냈다. 하지만 이 광선이 무엇인지 알 수 없어 X선이라고 이름을 붙인다.

최초의 인체 실험 대상은 아내 베르타였다. 그는 그녀의 손에 X선을 투사해 피부를 뚫고 그 밑의 뼈가 적나라하게 드러나는 것을 증명했다. 그다음부터는 뢴트겐이 상상한 것 이상의 놀라운 혁신이 이뤄진다. X선 발견 소식이 전 세계에 급속도로 퍼지며 세계 각국 의료 기관에 X선 기술이 도입됐고, 심지어 군사 병원에까지 X선 촬영 기기가 설치됐다.

단지 X선이 병원에만 도입된 게 아니었다. X선은 20세기 물리학에서 새로운 혁명의 출발점이었다. 뢴트겐의 발견에 자극받아 프랑스의 앙투안 앙리 베크렐Antoine Henri Becquerel은 우라늄에서 최초의 방사선을 발견했다. 또 음극선 연구도 더욱 활발해지면서 영국의 조지프 존 톰슨Joseph John Thomson은 1897년 음극선의 전하량과 질량의 비를 측정해 음극선의 입자성을 발견한다. 음극선의 입자성 발견은 20세기 상대성이론이 출현하는 데 중요한 계기가 됐다.

뢴트겐은 이런 업적으로 1901년 최초의 노벨 물리학상 수상자로 선정됐고, 현대물리학에서 혁명의 출발점이 된 X선은 런던과학박물관The Science Museum이 2011년 선정한 '지난 100년간 세계를 바꾼 10대 발명품'에서 단연 1위로 꼽혔다.

#X선 #미지수의 광선 #빌헬름 뢴트겐 #아내의 손가락 #최초의 노벨 물리학상 수상자

PART 3
알아두면 쏠쏠할 것 같은

101

스타벅과 세이렌

스타벅스를 상징하는 그와 그녀

커피를 좋아하는 사람이라면 누구나 한 번은 초록색 동그라미 속 '그녀'와 눈을 마주쳐본 경험이 있을 것이다. 세계적인 커피 전문점 스타벅스 Starbucks 로고 속에서 미소 짓고 있는 긴 머리의 여인 말이다.

눈썰미가 좋은 사람이라면 눈치챘겠지만, 로고 속 여인은 인간이 아닌 인어人魚다. 두 꼬리를 양 갈래로 펼친 채 왕관을 쓰고 있는 이 인어의 정체는 그리스 신화에 등장하는 '세이렌 Seiren'이다. 세이렌은 아름다운 노랫소리로 선원들을 유혹해 바다에 빠뜨리고 배를 난파시킨다는 바다 마녀로 알려져 있다. 신화 속 세이렌은 상반신은 아름다운 여인, 하반신은 새인 것으로 묘사된다. 그러나 배를 난파시키는 바다 마녀 이미지가 짙어 사람들이 세이렌을 인어와 같은 이미지로 기억하는 경우가 많아졌다고 한다.

스타벅스가 세이렌을 브랜드 대표 이미지로 가져온 이유는 의외로 간단하다. 1971년 미국 항구도시 시애틀에서 처음 문을 연 스타벅스는 바다와 관련된 독특한 이미지를 찾다가 꼬리가 둘 달린 세이렌의 15세기 판화 이미지를 발견하고 선택했다고 한다. 초창기 로고 속 세이렌은 옛 그림을 그대로 따와 다소 기괴한 느낌을 주기도 하는데, 1987년 하워드 슐츠 Howard Schultz가 스타벅스를 인수한 후 로고에 초록색을 입히고 헤어스타일도 다듬어 지금의 친근한 이미지를 만들어냈다.

로고 속 '그녀'를 만나봤으니 브랜드명 속 '그'도 한번 알아보자. 스타벅스라는 브랜드명은 허먼 멜빌 Herman Melville의 소설 《모비 딕 Moby Dick》에 등장하는 일등항해사 '스타벅 Starbuck'의 이름에서 유래됐다. 스타벅은 머리가 흰 거대 고래에게 한쪽 다리를 잃은 선장 '에이허브Ahab'의 광기 어린 복수담을 그린 소설에서 선장의 광기를 설득하려 애쓰는 이성적인 인물로 묘사된다. 지혜롭고 합리적인 스타벅의 인물상은 훌륭하지만, 대체 왜 커피 전문점에 일등항해사의 이름이 붙은 걸까. 커피와 전혀 관계없을 것 같은 이름 탓인지 한때는 소설 속 스타벅이 커피 애호가여서 그랬다는 뜬소문까지 돌았다.

실제 이름이 붙은 과정은 다음과 같다. 스타벅스를 처음 만든 세 명의 창업자인 제럴드 제리 볼드윈Gerald Jerry Baldwin, 고든 보커Gordon Bowker, 지브 시글Zev Siegl은 커피 원두 회사의 문을 열며 여러 이름을 고민했는데, 그중에는 소설 《모비 딕》에 나오는 포경선의 이름인 '피쿼드Pequod'도 있었다고 한다. 하지만 한 브랜드 컨설턴트가 이들이 고른 이름들은 별로 좋지 않다며 'st'로 시작하는 단어가 발음도 좋고 기억에도 남기 쉬울 거라는 조언을 했다. 이후 창업자들은 1호점이 문을 연 시애틀과 관련된 이름을 고민하다 근처에 위치한 '스타보Starbo'라는 광산을 발견했고, 피쿼드호를 이끈 항해사 '스타벅'을 떠올렸다. 그러고는 스타벅 뒤에 's'를 붙이면 부르기도 좀 더 자연스럽고 듣기 편하다는 의견을 반영해 회사 이름을 '스타벅스'로 짓자는 결론을 내렸다고 한다.

이렇게 탄생한 스타벅스는 뱃사람을 바다에 빠뜨릴 정도로 매혹적인 세이렌의 노래처럼 중독적인 커피 맛과 독보적인 분위기를 제공하며 전 세계에서 승승장구하는 중이다. 세이렌의 이름 역시 현재 스타벅스 매장에서 이용할 수 있는 모바일 주문 서비스 '사이렌 오더'에 사용되며 사람들에게 더욱 친숙해지고 있다.

스타벅스 # 세이렌 # 그리스 신화 # 바다 마녀 # 사이렌 오더 # 모비 딕 # 스타벅 # 항해사

102

테슬라

에디슨을 이기고도 2인자로 기억되는 과학자

초등학생도 에디슨Thomas Alva Edison은 다 안다. 백열전구를 발명한 세기의 발명왕이라는 사실과 "천재는 1퍼센트의 영감과 99퍼센트의 노력으로 이루어진다"라는 그의 명언이 잘 알려져 있기 때문이다. 그러면 테슬라는 어떨까. 어쩌면 전기 차를 만드는 미국 회사 정도로 알고 있을 수 있다. 하지만 테슬라는 에디슨을 이긴 천재 과학자였다. 전기 자동차 회사 테슬라는 '니콜라 테슬라Nikola Tesla'라는 이 과학자의 이름에서 따온 것이다. 테슬라는 1856년 크로아티아에서 태어난 세르비아인이었다. 젊은 시절 미국으로 이민을 가 에디슨 연구소에 입사한다. 에디슨이 그의 천재적 재능을 알아봤기 때문이다. 테슬라가 에디슨 연구소에 들어간 후 그 둘은 상관과 부하이면서 동업자 관계였다.

그런 동업 관계가 전기를 보내는 방법을 놓고 대립 관계로 변하기 시작한다. 이른바 '전류 전쟁'이다. 2019년 국내에서 상영된 〈커런트 워The current war〉는 이를 소재로 한 영화로, 에디슨과 테슬라의 싸움을 그렸다. 전기를 싼값에 효과적으로 전달하는 방법을 고민하던 에디슨은 그 방법을 찾으면 거액을 주겠다고 테슬라에게 약속한다. 그 약속을 믿은 테슬라는 당시로선 혁신적인 교류 시스템을 발명했지만, 에디슨에게 철저히 무시당한다. 당시 에디슨은 직류 방식을 밀고 있었기 때문이다. 이에 화가 난 테슬라가 회사에 사표를 던지고 에디슨과 결별하면서 마침내 둘 간의 전쟁이 본격화된다.

에디슨이 민 직류는 항상 같은 방향으로 일정하게 흐르는 전기를, 테슬라의 교류는 전기의 방향이 주기적으로 변하는 전기를 말한다. 전력 손실을 최소화하면서 전기를 멀리까지 보내려면 전기의 세기인 전압을 높여야 한다. 하지만 직류 방식은 에너지 손실이 커 수 킬로미터 이상 떨어진 곳에 전기를 보내기에는 무리가 있었다. 당시에는 110볼트를 6,000볼트까지 전압을 올리는 기술이 개발되지 않은 탓이다. 이런 단점을 극복하고 전기를 멀리 보내려면 곳곳에 발전소를 설치해야 한다. 반면 테슬라가 개발한 교류 방식은 싸고 편리하게 전기를 공급할 수 있었다. 송전 시 에너지 손실도 적어 직류 방식처럼 발전소도 많이 필요하지 않았다. 지금 우리가 쓰고 있는 전기가 220볼트 교류 방식인 것도 이런 이점 때문이다. 위기감을 느낀 에디슨은 직류와 달리 교류 방식은 감전 위험이 높다며 1만 5,000명이 보는 앞에서 교류 방식으로 코끼리를 죽이면서까지 '교류＝감전 위험'이라는 인식을 심으려 애썼다.

하지만 결과는 어땠을까? 당연히 테슬라의 승리였다. 미국 굴지의 전기회사인 웨스팅하우스가 미국 전역에 공급하는 전기 설비를 전부 교류 시스템으로 바꿨다. 그런데 애꿎게도 테슬라는 에디슨에게 가려졌고 에디슨은 위대한 발명가로 남았다. 천재성에서는 테슬라가 앞섰지만, 사업가 기질과 사교술은 에디슨이 탁월했던 탓이다. 그런 테슬라가 100년을 훌쩍 뛰어넘어 화려하게 부활했다. 스페이스XSpaceX를 설립해 화성에 가는 야망을 펼치고 있는 일론 머스크Elon Reeve Musk가 2003년 전기 차 회사를 설립하면서 회사명을 '테슬라'로 정했기 때문이다. 이 회사 주가는 연일 치솟으며 천재 테슬라의 명성도 되살리고 있다.

에디슨과 테슬라 사이의 감정이 얼마나 나빴는지는 노벨상 공동 수상을 거부한 데서 쉽게 유추할 수 있다. 1915년 에디슨과 테슬라는 노벨 물리학상 수상자로 공동 선정됐는데, 테슬라가 이를 거부해 둘 다 끝내 수상의 영예를 안지 못했다.

#토머스 에디슨 #니콜라 테슬라 #커런트 워 #직류 #교류 #전기 자동차 #일론 머스크

103

구글

이름에서부터 다 계획이 있었던 기업

오늘날 전 세계 인터넷 검색의 90퍼센트를 독점하고 있는 IT 기업 구글Google. 최근에는 온라인 속의 정보뿐 아니라 현실 세계에서의 위치 정보(구글 맵), 지리 정보(구글 어스와 구글 오션), 천문학 정보(구글 스카이), 모든 책의 콘텐츠(구글 북스 라이브러리 프로젝트) 등을 수집하며 마치 세계 모든 정보를 다 꿰고 말겠다는 듯한 사업 확장 야심을 보여 모두를 놀라게 하고 있다. 구글의 이런 야심은 처음부터 계획된 것이었을지도 모르겠다. 사실 창업자인 래리 페이지Larry Page와 세르게이 브린Sergey Brin은 1998년 회사를 설립하면서부터 자신들의 꿈을 충분히 표현해왔다. 구글이라는 이름을 통해서 말이다.

구글의 이름은 10의 100제곱, 즉 1 뒤에 0이 100개 달린 수를 뜻하는 '구골googol'에서 비롯했다. 구골은 1940년 미국의 수학자 에드워드 캐스너Edward Kasner가 저서 《수학과 상상력Mathematics and the imagination》에서 처음 소개한 수다. 구골이라는 이름은 그의 아홉 살짜리 조카 밀턴 시로타Milton Sirotta가 붙인 것이라 한다. 구골은 이름이 붙은 수의 단위 중 가장 큰 단위로 알려져 있다. 즉, 두 사람은 엄청나게 큰 수인 '구골'처럼 온라인상의 셀 수 없이 많은 정보를 정리하겠다는 의미를 회사 이름에 담아낸 것이다. 덧붙여 미국 캘리포니아주 마운틴뷰에 있는 구글 본사 건물의 이름인 구글플렉스Googleplex는 10의 구골제곱, 즉 1 뒤에 0이 구골 개 붙는 수를 뜻하는 '구골플렉스googolplex'에서 따온 말이다. 그런데 구골은 왜 구글이 된 걸까. 어느 날 두 사람이 한 투자자를 만나 10만 달러 수표를 받게 됐는데, 투자자의 실수로 구골이 아닌 구글이 적혀 있었다고 한다. 오타인 셈이지만 두 창립자는 잘못 쓰인 이름이 더 마음에 들었다. 지금의 구글이 그렇게 탄생했다.

구글은 2015년 8월 11일 지주회사 체제로 전환하면서 모회사로 편입되는데, 새로 만들어진 모회사의 이름이 또 화제를 모았다. 지주회사의 이름은 바로 '알파벳'. 구글 측은 왜 알파벳인가 하는 의문에 대해 구글의 모든 사업 포트폴리오를 담아내기 위해 알파벳이라는 이름을 선택했다고 설명했다. 실제로 래리 페이지는 "'알파벳'은 회사들의 컬렉션"이라고 말했다. 그들의 의도는 알파벳 홈페이지를 보면 더 명확해지는데, 'G는 구글G is for Google'이라는 문구가 선명히 적혀 있다. 그렇다면 동영상 플랫폼인 유튜브YouTube는 Y이고, 생명공학 기업인 칼리코Calico는 C인 것이다.

하지만 이런 공식적 설명보다 사람들이 더 좋아하는 해석은 구글이 마침내 인터넷 세계의 신으로 군림하려는 야심을 드러냈다는 이야기일지도 모르겠다. 알파벳은 그리스문자의 첫 번째 글자 알파alpha와 두 번째 글자 베타beta를 합해서 만들어진 말이다. 그리고 그리스 알파벳에서 연상되는 유명한 성경 구절에 신의 말씀이 있으니 다음과 같다.

"나는 알파와 오메가요, 처음과 나중이요, 시작과 끝이라I am the Alpha and the Omega, the First and the Last, the Beginning and the End."(요한계시록 22장 13절)

참고로 알파는 그리스문자 24개의 첫 글자, 오메가는 마지막 글자다. 그리고 지주회사 알파벳의 홈페이지 주소는 재밌게도 'https://abc.xyz'이다.

#구글 #구골 #10의 100제곱 #래리 페이지 #세르게이 브린 #알파벳 #알파 #베타 #오메가

104

안드로이드

진화하는 인간을 닮고 싶은 IT 기술

애플Apple Inc.을 탄생시킨 스티브 잡스Steve Jobs는 생전에 "애플은 언제나 인문학과 기술이 만나는 지점에 존재했다"라고 말했다. 실제로 그의 인생을 바꾼 강의는 엉뚱하게도 캘리그라피(서체학) 수업이었다. 아름다운 서체를 연구하는 이 수업에 빠진 잡스는 캘리그라피를 컴퓨터에 접목해 오늘날의 애플을 있게 한 매킨토시 컴퓨터를 히트시켰다. 그는 아이폰에도 인간에게 필요한 모든 것을 담아 아이폰 세계를 만들려고 노력했다.

잡스만 그랬던 게 아니다. 세상을 바꿔가는 수많은 IT 기술에는 기술과 인간을 접목시키려는 의지가 담겨 있다. 구글의 스마트폰 운영체제인 '안드로이드Android'도 마찬가지다. 그리스어로 '안드르andr'는 '인간'이다. '오이드oid'는 '~같은'의 의미다. 안드로이드는 '인간 같은 것', 또는 '인간과 닮은 것'이라는 뜻인 셈이다.

안드로이드라는 말을 처음 만들어 쓴 사람은 프랑스의 상징주의 소설가 오귀스트 드 비에르 드 릴라당Auguste de Villiers de L'Isle-Adam이다. 그는 1886년 출간한 공상과학소설《미래의 이브L'Ève future》에서 인간과 매우 흡사한 인조인간 '안드레이드andréide'를 전면에 내세운다. 안드레이드는 안드로이드에서 따온 이름으로, 안드로이드보다 더 인간의 모습과 행동을 적극적으로 흉내 낸다는 의미를 담고 있다. 구글의 스마트폰 운영체제에 안드로이드라는 이름이 붙은 것도 IT 기술이지만 끊임없이 진화하는 인간을 닮고 싶어 하는 의지를 상징화한 것이라고 보면 무리는 아닐 듯싶다.

이미 일반화된 말인 로봇 역시 기계를 인간과 닮게 하고 싶어 하는 의지에서 발명한 개발품이다. 로봇이라는 말은 체코어의 '일한다'라는 '로보타robota'에서 유래했는데, 체코 작가 카렐 차페크Karel Capek가 1920년에 발표한 희곡 〈R.U.R.〉에 언급되면서부터 일반용어로 퍼졌다. 이 작품에서 로봇들은 인간과 맞서 반란을 일으키지만 나중에는 개량이 필요해 다시 인간을 찾을 수밖에 없는 존재로 그려진다.

'안드르'를 활용한 이름은 그리스·로마 신화에도 나온다. '인간의 통치자'라는 뜻을 갖고 있는 '안드로메다Andromeda'다. 에티오피아의 왕 케페우스의 딸인 안드로메다는 어머니 카시오페이아의 오만함으로 인해 바다 괴물의 제물로 바쳐질 운명에 처한다. 하지만 메두사를 퇴치하고 돌아오던 영웅 페르세우스Perseus가 그녀에게 반해 그녀와 결혼하는 것을 조건으로 바다 괴물과 싸워 이긴다. 안드로메다는 죽은 뒤 페르세우스와 함께 성좌星座가 되었다고 한다.

이런 기술들뿐 아니라 우리 삶에 깊숙이 파고든 다른 IT 기술이나 제품의 유래 역시 재미있고, 그 나라 고유의 역사를 담고 있다. 트위터twitter는 새소리를 연상시키는 'twttr'라는 단어를 바탕으로 몇몇 철자가 추가돼 명명됐다. 수십 마리의 새 떼가 소통하는 방식이라는 의미를 담고 있다.

무인 비행체 드론drone은 수벌에서 따왔다. 드론의 영어 뜻에는 낮게 윙윙거리는 소리나 수벌이라는 의미가 있는데, 무인 비행체 드론의 소리가 이와 유사해 작명됐다. 다른 설도 있다. 1930년대 영국에서 포격 연습용 무인 비행체 'DH-82 QUEEN BEE'가 개발됐는데, 여왕의 나라 영국에서 '여왕벌'이라는 무인 비행체를 포격하는 것에 대한 비난 여론이 커져 'QUEEN BEE'를 수벌인 'DRONE BEE'로 바꿔 부르면서 일반화됐다는 것이다.

#스티브 잡스 #캘리그라피 #안드로이드 #안드르 #인간 #안드레이드 #로봇 #로보타 #일한다
#안드로메다 #페르세우스 #트위터 #새소리 #드론 #수벌

105

블루투스
무선통신에까지 이름을 남긴 바이킹의 왕

선線 없는 통신 시대의 서막을 연 블루투스Bluetooth. 휴대폰, 노트북, 이어폰 등 휴대 기기를 선이 없이도 서로 연결해 정보를 교환할 수 있게 하는 블루투스는 활용 범위가 갈수록 넓어지며 와이파이Wi-Fi: Wireless Fidelity와 함께 근거리 무선통신 산업의 표준이 됐다. 단순히 음악을 듣거나 통화를 할 때를 넘어 사진 파일과 음악 파일 전송은 물론이고, 자동차를 비롯한 각종 전자 장비에도 블루투스 기능이 탑재된다. 그런데 왜 그 이름이 블루투스일까.

블루투스는 10세기 스칸디나비아 국가인 덴마크와 노르웨이를 통일한 바이킹의 왕 '하랄 블루투스 곰슨Harald Bluetooth Gormsson'의 이름에서 유래됐다. 그가 스칸디나비아 국가들을 통일한 것처럼 서로 다른 통신 장치들을 하나의 무선통신 규격으로 통일한다는 뜻을 담고 있다. 블루투스, 즉 '푸른 이빨'은 그의 별명이다. 푸른 이빨이라는 별명이 붙여진 데는 전투 중에 치아를 다쳐 파란색 의치義齒를 해 넣었기 때문이라는 설도 있고, 블루베리를 워낙 좋아해서 늘 치아가 푸르게 물들어 있었기 때문이라는 설도 있다.

블루투스는 덴마크 최초의 통일국가를 세웠다고 평가받는 곰 왕Gorm the Old의 둘째 아들로 태어났다. 어려서부터 바이킹의 전통에 따라 배를 타고 원정을 다녔다. 그의 형인 카누트Canute 역시 마찬가지였는데, 그가 잉글랜드 북부 어느 마을을 습격하다가 사고로 사망하자 블루투스가 왕위를 계승했다. 그는 왕이 되자마자 아버지가 다하지 못한 통일 덴마크 구축에 심혈을 기울여 먼저 국가를 안정시킨다. 이후 눈을 밖으로 돌려 노르웨이 공격에 나서 노르웨이도 지배하게 된다.

국민의 평가도 좋았다. 그가 나라를 다스리는 동안 수많은 전쟁을 치르면서도 평화로운 방식의 통치를 이어갔고, 덴마크를 기독교로 전면 개종하는 과정에서도 다른 나라들과는 달리 무력을 동원하지 않았다. 국민들의 삶 또한 이전보다 크게 개선됐다. 부모에게 효성이 지극했을 뿐만 아니라 기독교로 개종한 뒤에는 다른 사람들에게 모범을 보이고자 행동도 조심했다.

그러면 어떻게 무선통신기기에 블루투스라는 이름이 붙여진 것일까. 1994년 스웨덴의 통신 장비 회사 에릭슨Ericsson Inc.은 기기마다 복잡하게 케이블로 연결돼 있는 것을 무선으로 대체할 수 있는 저전력, 저가의 무선통신 기술을 고안했다. 그런데 막상 그런 무선 솔루션을 개발하고 나니 단순히 케이블을 대체하는 것 이상의 다양한 응용 능력을 갖추고 있음을 알게 됐다. 그것은 모든 기기를 하나의 무선통신 기술로 연결할 수 있는 것이었다. 에릭슨사는 이 기술 개발을 구체화하기 위한 프로젝트를 본격화하는데, 공교롭게도 이 프로젝트에 참여한 한 프로그래머가 블루투스 왕에 관한 역사소설을 읽고 있었다. 이 프로그래머는 스칸디나비아를 통일한 블루투스 왕의 노력과 치적이 자신들이 개발하고 있는 기술의 이상과 유사하다고 보고 이 프로젝트에 블루투스라는 이름을 붙였다.

이후 에릭슨사는 1998년 에릭슨, 미국 IBM과 인텔Intel, 핀란드의 노키아Nokia, 일본의 도시바Toshiba 등 다섯 개 회사로 구성된 블루투스 그룹을 결성해 블루투스를 세상에 선보였다. 로고도 하랄 블루투스의 첫 글자 H와 B를 따서 이를 스칸디나비아 전통 언어인 룬문자로 변형해 만들었다. '푸른 이빨'인 블루투스가 스칸디나비아 통일을 넘어 무선통신 기술까지 통일하게 된 배경이다.

#블루투스 #푸른 이빨 #바이킹의 왕 #스칸디나비아 #에릭슨 #무선통신

106

라이벌
강물을 두고 경쟁을 벌인 사연

홍수가 우려되면 사람들은 힘을 합쳐 둑을 쌓는다. 둑을 쌓지 않으면 너 나 할 것 없이 모두 수해를 피할 방법이 없기 때문이다. 하지만 가뭄이 들 땐 상황이 달라진다. 처음에는 우물을 파 농경지에 댈 물을 찾지만 그래도 부족하면 강물을 끌어다 대야 한다. 그러다 강물마저 부족해지기 시작하면 어떻게 될까. 넉넉할 땐 이웃사촌이지만 부족할 땐 경쟁 관계로 돌변하기도 한다. '강river'에서 '라이벌rival'이라는 단어가 만들어진 이유다. 강은 라틴어로 '리부스rivus', 강을 같이 쓰는 이웃을 '리발리스rivalis'라고 했다.

로마제국 시대에 프랑스 남부 론강 유역의 비옥한 토지에서 무럭무럭 자라는 밀로 풍족하게 살던 하류 마을 사람들이 있었다. 그런데 강줄기가 메말라가기 시작했다. 농사는커녕 마실 물도 찾기 힘들어졌다. 도대체 강줄기가 메말라가는 것이 이해가 되지 않아 그 이유를 알아봤더니 중류 마을 사람들이 하류 마을 사람들의 밀 농사를 시기해 강줄기를 아예 막아버린 것이다. 중류 마을 사람들뿐 아니었다. 강의 이권을 놓고 상류 마을 사람들까지 가세하면서 물줄기를 둘러싼 분쟁이 본격화돼 무려 90년이나 이어졌다. 한 세기 가까이나 지속된 이 분쟁은 가까스로 협동조합을 만들면서 해결됐지만, 이 분쟁은 강을 같이 쓰는 이웃인 리발리스를 경쟁 관계인 라이벌로 변하게 했다.

하지만 함께하는 이웃에서 파생된 라이벌은 적의로만 가득 찬 관계나 서로를 못 잡아먹어 안달인 관계와는 다르다. 후자는 적, 에너미enemy다. 적과는 전쟁을 불사하지만, 라이벌은 경쟁을 통해서 서로를 인정하고 발전하는 구도다. 피카소Pablo Picasso와 마티스Henri Matisse, 레오나르도 다빈치Leonardo da Vinci와 미켈란젤로Michelangelo Buonarroti, 경제학자 케인스John Maynard Keynes와 슘페터 Joseph Alois Schumpeter 등이 그런 관계였다. 경쟁하면서 서로에게 자극을 주고 예술이나 경제학 이론을 발전시켰다. 애플Apple과 삼성전자, 아마존Amazon과 구글Google, 코카콜라Coca-Cola와 펩시콜라PepsiCo, 명문 축구 클럽 레알마드리드Real Madrid와 FC 바르셀로나Futbol Club Barcelona 등도 마찬가지다.

특히 피카소는 자신보다 나이가 열두 살이나 많고 먼저 성공한 마티스를 넘어서기 위해 몸부림쳤다. 피카소 생애 최고의 역작으로 꼽히는 〈아비뇽의 아가씨들Les Demoiselles d'Avignon〉은 마티스의 〈삶의 기쁨Le Bonheur de Vivre〉에서 영향을 받았다. 두 그림을 자세히 살펴보면 그림 속 여인의 자세가 비슷하다. 하지만 마티스의 부드러운 곡선을 거칠고 각진 형태로 재창조하면서 〈아비뇽의 아가씨들〉이 〈삶의 기쁨〉보다 더 유명해졌다. 피카소는 마티스가 죽은 뒤 "나는 그의 유산을 물려받았다"라고 말할 정도였다.

더비Derby라는 말도 비슷한 개념이다. 원래 잉글랜드에서 '가까운 지역 라이벌 축구팀 간 경기'를 뜻했다. 맨체스터 유나이티드Manchester United와 맨체스터 시티Manchester City의 맨체스터 더비, 토트넘Tottenham과 아스널Arsenal이 치르는 북런던 더비 등이 대표적이다. 잉글랜드에서 유래된 이 말은 이젠 전 세계 다른 스포츠에서도 자주 쓴다. 국내에서도 축구·야구·농구에서 더비라는 말을 쓰는데, 야구의 '잠실 더비'가 가장 잘 알려져 있다.

더비의 어원은 크게 두 가지다. 하나는 1780년 잉글랜드 더비Derby 백작이 시작한 경마 경기에서 비롯됐다는 설이고, 다른 하나는 12세기 초 잉글랜드 더비셔 지역 애슈본 마을에서 윗동네와 아랫동네 주민들이 치른 축구 경기에서 비롯됐다는 설이다. 후자가 현대적 의미의 '더비'와 더 가깝지만, 정설로 받아들여지는 건 전자다. 아무리 상황이 악화하더라도 경쟁 관계인 라이벌이 에너미로 바뀌어서는 안 될 일이다.

#강 #라이벌 #피카소 #아비뇽의 아가씨들 #마티스 #삶의 기쁨 #더비

107

아마추어

돈보다 일 자체를 사랑하는 사람

아모르Amor는 로마 신화에 나오는 사랑의 신이다. 큐피드Cupid라고도 한다. 그리스 신화에서는 에로스Eros다. 아모르를 거꾸로 쓰면 로마Roma가 된다. 에로스가 제우스 이전에 생긴 최초의 신들 중 하나라는 설도 있지만, 미의 여신 아프로디테의 아들로 더 잘 알려져 있다. 아프로디테가 등장하는 대부분의 미술 작품에 어린아이 에로스가 함께 등장하는 것도 이 때문이다.

에로스가 쏜 금화살에 맞은 사람은 사랑에 빠지고, 납화살에 맞은 사람은 무조건 자신을 사랑하는 사람으로부터 도망치도록 만든다. 어느 날 태양의 신 아폴론이 아름다운 요정 다프네를 보고 반했는데, 에로스는 자기보다 잘생기고 활도 잘 쏘는 아폴론을 시기해 그에게 금화살을 쏘고, 다프네에겐 납화살을 쐈다. 아폴론은 다프네를 사랑하게 되고, 납화살을 맞은 다프네는 아폴론을 너무도 싫어하게 된다. 그래도 아폴론이 열심히 다프네를 쫓아다니자 다프네는 아폴론이 보는 앞에서 월계수로 변해버렸다. 사랑하는 여인이 월계수로 변해버리자 절망에 빠진 아폴론은 영원히 이 나무를 기렸다고 한다.

이 신화에 나오는 에로스, 즉 '아모르'에서 만들어진 말이 '아마추어amateur'다. 어떤 일을 사랑하는 사람이나 좋아하는 사람을 뜻한다. 즉, 아모르의 금화살에 맞은 사람이라는 얘기다. 영어로 하면 '러버lover'라고 할 수 있다. 우리가 흔히 "왜 그래? 아마추어같이"라고 비아냥거리는 것과는 전혀 다른 의미다. 현대에 와서 아마추어라는 말이 퇴색됐다고나 할까. 원래 의미는 애호가나 어떤 것을 미치도록 사랑하는 마니아mania의 개념에 가깝다.

그 반대 개념인 '프로페셔널professional'은 라틴어로 '고백하다', '공표하다',

'선언하다'를 뜻하는 '프로페시오professio'에서 유래했다. 고백하거나 선언할 만큼 책임을 진다는 의미다. 교수를 '프로페서professor'라고 하는 것도 이 어원에서 비롯됐다. 지식을 고백하는 사람이라고나 할까.

어원에서 보듯 프로페셔널 또는 프로는 어떤 일에 전문적인 지식을 갖추고 있거나 뛰어난 재능을 가진 이를 통칭한다. 하지만 스포츠만큼 아마추어와 프로를 명확히 구분하는 분야는 없다. 특히 19세기까지만 해도 영국에서 아마추어는 단순히 금전적 대가만 받지 않고 스포츠 경기에 나서면 되는 게 아니었다. 중상류층과 노동자 계층의 신분을 구별하는 또 다른 형태였다. 영국 아마추어 조정 협회는 수공업자, 정비공, 노동자들은 아마추어로 대접받을 수 없다고 규정해놓을 정도였다. 직업 때문에 아마추어가 될 수 없다는 의미다. 그런데 스포츠 관련 사업을 하는 사업가들에게 더 많은 관중을 경기장으로 불러 모으기 위해 노동 계층이지만 스포츠에 특출한 재능을 갖고 있는 선수도 필요했다. 이들에게는 물질적 보상도 필요했다. 생계를 위해 돈을 벌어야 하는 선수들이 스포츠를 아마추어 선수처럼 즐길 수는 없기 때문이다. 영국에서 프로페셔널리즘이 확산된 이유다.

한편 트로트 가수 김연자가 불러 인기를 끈 〈아모르 파티amor fati〉는 독일의 철학자 프리드리히 니체Friedrich Wilhelm Nietzsche가 사용한 용어로, 영어로 하면 '러브 오브 페이트love of fate'다. 자신의 운명을 사랑하라는 의미다. 한마디로 운명애運命愛다. 삶이 만족스럽지 않거나 힘들더라도 자신의 운명을 받아들여 긍정적이고 적극적으로 살라는 얘기다. 니체는 "인간은 자신의 운명을 알고 그것을 받아들인다는 점에서 위대하다"라고 말했다.

#아모르 #큐피드 #에로스 #아폴론 #다프네 #월계수 #아마추어 #프로페셔널 #아모르 파티 #운명애 #프리드리히 니체

108

프리랜서
창을 들고 자유롭게 싸운 용병

로마 교황청이 있는 바티칸을 지키는 근위대는 스위스 병사들이다. 16세기 때부터 지금까지 바티칸을 지키고 있다. 벌써 500년이 넘었다. 이런 오랜 역사 때문인지 매년 5월 6일 바티칸시에서는 근위병들의 특별 행사가 열린다. 새롭게 선발된 스위스 근위대 병사들이 충성 서약을 하는 일이다. 모두 용병傭兵인 근위대의 선발 조건은 이렇다. 스위스 국적의 전과가 없는 미혼 남성으로 19~30세의 나이에 신장이 최소 174센티미터 이상 돼야 한다. 가톨릭 신자여야 함은 물론이다. 그러면 바티칸은 이탈리아 영토 안에 있는데, 바티칸 근위대는 왜 스위스인 병사로 구성돼온 것일까.

그 궁금증은 스위스 특유의 지역적 조건과 스위스인의 기질을 알면 풀린다. 스위스는 눈이 많은 산골짜기 나라다. 지금이야 관광으로 먹고살지만 예전에는 먹을 것이 부족했다. 그래서 생계를 유지할 수 있는 직업을 찾아야만 했다. 전 세계적으로 유명해진 시계 산업이 번창한 것도 훨씬 뒤의 일이었다. 이런 험한 환경 속에서 교황 식스투스 4세Sixtus IV가 스위스연방과 동맹을 체결한 것을 계기로 스위스 용병들이 이탈리아반도에서 벌어지는 전쟁에 나서게 된다. 산을 오르내리며 단련된 덕분에 용병으로서 제격이었다. 특히 1527년 5월 6일, 신성 로마제국의 카를 5세Karl V가 군대를 이끌고 로마를 약탈할 때, 다른 용병들은 모두 도망쳤으나 스위스 근위대 189명 가운데 147명이 전사한 가운데서도 살아 있는 나머지 용병은 끝까지 교황의 피신을 도왔다. 이때를 기점으로 로마의 교황청 수비를 스위스 용병이 맡는 전통이 생겨났다고 전해진다. 매년 5월 6일 스위스 근위대가 충성 서약을 하는 전통이 생긴 것도 당시 희생된 근위병들을 추모하기 위해 지정된 것이라고 한다.

스위스 용병의 공적은 이외에도 많다. 나폴레옹Napoléon의 군대가 로마를 침략했을 때인 1798년 교황 피우스 6세Pius VI를 위해 스위스 용병들은 끝까지 용맹하게 싸우다 대부분 전사했고, 제2차 세계대전을 일으킨 히틀러Adolf Hitler가 로마에 진격했을 때에도 죽음으로 독일군의 바티칸 진입을 막아냈다고 한다.

일정한 소속이 없이 자유계약으로 일하는 사람, 즉 프리랜서freelancer가 바로 용병이다. '자유로운'이라는 의미의 '프리free'에 '창병槍兵'이라는 의미의 '랜서lancer'가 합쳐진 말로, 자유로운 창병이라는 뜻이다. '랜스lance'는 원래 말을 탄 기사騎士들이 들고 다니던 기다란 창을 일컬었다. 당시 용병들이 창으로 무장하고 다닌 탓이다. 서구 중세의 기사에서 유래된 말이 바로 프리랜서인 것이다. 이들은 돈을 받고 전쟁터에 나가서 프리랜시, 즉 용병이라고 불리기는 했지만, 지금 의미로 보자면 국방을 책임지는 직업군인이나 마찬가지인 셈이다.

프리랜서라는 말이 중세에 만들어졌어도 실제 용병의 역사는 더 이전이다. 고대 이집트도 용병대를 운용했으며, 고대 그리스와 페르시아 또한 용병을 많이 사용한 것으로 기록돼 있다. 이런 오랜 역사를 가진 '자유로운 창병'이라는 의미의 프리랜서가 최근에는 '임시직'이라는 말의 대명사가 됐다. 일부를 제외하고 대다수가 필요할 때 일시적으로 일을 맡았다가 해고되는 게 일반화돼 있을 정도로 신분이 열악하다. 창을 든 자유로운 군인이라는 말 자체가 무색해지는 현실이다.

#바티칸 근위대 #스위스 용병 #프리랜서 #자유로운 창병

109

레인메이커

비가 올 때까지 기우제를 지내는 주술사

아메리카 신대륙을 발견한 탐험가 크리스토퍼 콜럼버스Christopher Columbus. 이탈리아 출신 상인이자 탐험가인 그는 에스파냐 왕실의 후원을 받아 1492년 처음으로 신대륙에 도착했을 때 그곳을 인도라고 착각했다. 그래서 원주민들을 인도 사람이라는 뜻의 '인디오'라고 불렀다. 인디언이 우리에게도 익숙한 단어가 된 이유다. 콜럼버스가 발견한 신대륙이 인도 땅이 아님을 밝혀낸 사람은 이탈리아의 항해사이자 신대륙 탐험가인 '아메리고 베스푸치Amerigo Vespucci'였다. 그의 이름을 따서 '아메리카America'라는 이름이 탄생했다.

콜럼버스가 신대륙을 향해 죽음의 항해를 시작한 것은 오로지 황금에 대한 욕심 때문이었다. 신대륙에 묻힌 엄청난 양의 황금을 상상하며 생명을 건 항해를 결정했다. '크리스토퍼Christopher'라는 이름하고는 이율배반적인 행태였다고나 할까. 크리스토퍼는 그리스어로 '예수를 업고 다니는 자' 또는 '예수를 따르는 사람'이라는 뜻이다. 하지만 그 자신은 '황금을 따르는 사람'이었다. 그가 자신의 이름인 크리스토퍼를 버리는 것에 대해 심각하게 고민한 것도 이 때문이다.

황금 때문에 콜럼버스의 끝도 좋지 않았다. 에스파냐 왕실과 약속한 할당량을 채우지 못해 재산과 제독 지위를 몰수당하고 비참한 노년을 보내다 54세의 나이로 쓸쓸한 죽음을 맞았다. "죽어서도 에스파냐 땅을 밟지 않겠다"라는 유언까지 남긴 채.

그가 만난 인디언들은 독특한 사고방식을 갖고 있었다. 모든 것에 영혼이 있다고 믿었다. 나무, 바람, 동물 등 자연의 모든 사물에 영혼이 있고, 인간은 그중 하나에 불과하다고 생각했다. 그래서 인디언들은 말을 타고 달리다가 이따금

말에서 내려 자신이 달려온 쪽을 한참 동안 바라본다고 한다. 행여 걸음이 느린 자신의 영혼이 따라오지 못할까 봐 기다려주는 배려라는 것이다.

가뭄이 들었을 때 비를 부르는 사람도 있었다. 인디언 주술사인 레인메이커rainmaker다. 레인메이커가 들판에 홀로 나가 하늘에 제사를 지내면 신기하게도 반드시 비가 내렸다. 여기서 '인디언 기우제'라는 말이 생겨났다. 비가 내리는 게 레인메이커가 영험해서라기보다는 비가 내릴 때까지 계속해서 기우제를 지내기 때문이란다. 어떤 것이 맞는지 해석이 분분하지만 인디언 기우제의 뜻은 후자 쪽으로 일반화됐다.

이 말은 현재 긍정적·부정적 의미가 혼재돼 사용된다. 긍정적 의미의 인디언 기우제는 각자가 가지고 있던 인생의 부정적 요소들을 끝까지 극복하고, 자신이 원하는 삶으로 바꿔가는 정신을 뜻한다. 비가 내릴 때까지 기우제를 지내는 불굴의 정신이다. 인디언 주술사에서 유래된 레인메이커가 '행운을 가져오는 사람'이라는 의미로 쓰이는 것도 이런 이유에서다. 조직이나 회사에 이익을 가져다주는 사람으로도 해석된다. 조직이나 회사의 성과에 단비를 내려주는 사람이라는 얘기다.

부정적 의미는 정치판에서 주로 쓰인다. 검찰이 정치인의 비리를 끝까지 파헤치면 "인디언 레인메이커가 비가 올 때까지 기우제를 지내는 것처럼 검찰이 비리가 나올 때까지 수사를 한다"라고 비판한다. 한마디로 먼지털이식 과잉 수사라는 얘기다.

\# 크리스토퍼 콜럼버스 \# 인디오 \# 아메리고 베스푸치 \# 아메리카 \# 레인메이커 \# 인디언 기우제

110

시너지 효과 vs 링겔만 효과
팀워크의 딜레마

팀워크를 얘기하면 가장 먼저 떠오르는 단어가 시너지synergy다. 시너지라는 말은 '함께 일하다'라는 뜻의 그리스어 '시네르고스syn-ergos'에서 나왔다. 공동 작업이라는 얘기다. 한 집단이 함께 작업을 해서 동반 상승효과를 낼 때 '시너지 효과synergy effect'를 낸다고 한다. 쉽게 1+1이 단순히 2가 아니라 그 이상의 효과를 낼 때 많이 쓴다. 이렇게만 된다면 더 바랄 게 없는 최적의 효과다. 하지만 사람들이 모이는 집단에서 이런 팀워크를 발휘하기가 쉽지 않다. 누구나 2가 아닌 3, 4의 시너지를 내자고 말은 하기 쉽지만 2는커녕 오히려 효과가 반감돼 1이 될 수도 있고, 그 이하로 떨어질 수도 있다.

시너지의 반대 효과를 내는 것이 바로 '링겔만 효과Ringelmann effect'다. 1913년 프랑스의 농업 전문 엔지니어 링겔만Maximilien Ringelmann이 줄다리기 실험을 통해 얻어낸 결과여서 그의 이름을 붙였다. 내용은 단순하다. 줄다리기를 하는 줄에 힘 측정 장치를 단 뒤 3명, 5명, 8명의 순으로 줄다리기 참가자를 늘려가며 각각의 힘을 측정했다. 이론상으로는 개인의 힘 크기를 100퍼센트라고 가정하면 사람이 늘어날 때마다 그에 비례해서 힘이 강해져야 한다. 그런데 참가자가 늘어날수록 개인별 힘의 합계보다 힘의 강도가 작아졌다.

왜 이런 일이 벌어졌을까. 줄다리기를 해본 사람이라면 누구나 알 수 있는 내용이다. 사람이 많아지면 '나 하나쯤이야'라고 생각해 힘을 주지 않는다. 그러면 나만 그럴까. 다른 사람들도 마찬가지다. 다들 조금씩 힘을 빼면서 예상보다 힘이 나지 않게 된다. 무조건 사람만 많이 모은다고 좋은 게 아니다. 시너지를 낼 수 있는 적정한 규모를 갖추는 게 더 중요하다.

그러면 힘센 사람만 모아놓으면 되지 않을까. 물론 아니다. '아폴로 신드롬Apollo syndrome'이라는 게 그것이다. 1981년 영국의 경영학자 메러디스 벨빈Meredith Belbin이 행한 실험에서 나온 말이다. 그는 우수한 인재들만 모아 팀을 구성한 뒤 '아폴로 팀'이라고 명명했다. 그런 다음 이 팀과 다른 일반 팀의 성과를 비교했더니 아폴로 팀의 성과가 그리 뛰어나지 못했다. 오히려 성과가 낮아지는 결과도 나왔다. 달 탐사에 성공한 아폴로 11호 우주선을 만드는 일처럼 어렵고 복잡한 일일수록 명석한 두뇌를 가진 인재들이 필요할 것 같지만 사실 그렇지 않다는 것이 이 실험을 통해 밝혀지면서 이 용어가 퍼지게 됐다. 사공이 많으면 배가 산으로 가는 법이다. 아폴로 팀의 팀원들은 아이디어를 내고 주장을 펴는 데 집중했을 뿐 누구 하나 상대방의 주장을 수용하려고 들지 않았다. 그러다 보니 좀처럼 합의가 이뤄지지 않았고 실행은 뒷전으로 밀렸다. 팀이 꼴찌가 됐을 때에는 서로를 비난하기에 바빴다.

마블Marvel이 만든 영화 〈어벤져스Avengers〉가 딱 그런 내용이다. 지구 최강의 히어로를 모아놓았지만 서로 의견이 갈라지면서 아예 편을 나눠 싸우기까지 한다. 팀워크를 극대화하려면 우수 인재만 필요한 게 아니라 팀이 요구하는 역할과 개인의 특성들이 어떻게 조화를 이뤄내느냐가 더 중요하다. 이것에 따라 시너지 효과가 날 수도 있고 링겔만 효과가 날 수도 있다. 리더의 역할이 중요할 수밖에 없는 이유다.

#시너지 #시네르고스 #함께 일하다 #시너지 효과 #링겔만 효과 #줄다리기 실험 #아폴로 신드롬

이코노미

집안일을 관리하는 일

나라를 통치하고 천하를 평정하고 싶다면 먼저 해야 할 일은 뭘까? 몸과 마음을 수양하고 집안을 잘 다스리는 것이다. 중국 사서삼경四書三經 중 하나인 《대학大學》에 나오는 '수신제가치국평천하修身齊家治國平天下'의 내용이다.

이처럼 개인이나 이런 개인들로 이뤄진 집단을 잘 다스리는 게 중요하다는 생각은 동양 사상에서만 그런 게 아니다. 서양도 마찬가지였다. 경제학의 아버지 애덤 스미스Adam Smith가 주창한 '보이지 않는 손invisible hand'의 내용도 개인이 중심이다. 애덤 스미스는 《국부론The wealth of Nations》에서 개인이 오직 자신만의 이익을 위해 경쟁하다 보면 누가 의도하거나 계획하지 않아도 시장에 의해 자율 조정되면서 사회 구성원 모두에게 유익한 결과를 가져오게 되는데, 이를 '보이지 않는 손'이라고 정의했다. 경제활동의 주체인 개인이 각자 꿈과 희망을 잘 실현시킬 수 있도록 곁에서 도와주기만 하면 '보이지 않는 손'에 의해 한 나라의 부富가 증가한다는 것이다.

이런 개인의 집안일을 관리하는 게 '이코노미economy'였다. 이코노미는 고대 그리스어로 '집'이라는 뜻의 '오이코스oikos'와 '관리하다'라는 뜻의 '노미아nomia'를 결합한 '오이코노미아oikonomia'에서 나온 말이다. 한마디로 '가정관리'가 이코노미였던 셈이다. 16세기 후반까지 이코노미스트economist도 가정관리인을 뜻했다.

가정관리를 뜻하던 이 단어가 국가 차원의 경제활동 전반을 지칭하는 용어로 확대된 것은 17세기에 이르러서였다. 절대왕정을 옹호하는 이론가였던 토머스 홉스Thomas Hobbes가 유명한 저서 《리바이어던The Leviathan》에서 처음 그렇게 사용했다는 것이 영어 사전 편찬자들의 주장이지만, 이에 대해서는 여전히 논란이 많다.

이코노미를 한자로 '경제 經濟'라고 쓰게 된 것은 19세기 서양 학문을 먼저 받아들인 일본인들이 이렇게 번역했기 때문이다. 세상을 다스려 백성을 어려움에서 구한다는 경세제민 經世濟民이라는 말에서 따왔다. 경국제세 經國濟世라고도 한다. 중국 고전의 이 말이 딱 맞겠다고 해서 붙인 이름이다. 물론 처음 이코노미라는 말이 들어왔을 때에는 '제산학 制産學', '가정학 家政學' 등으로 번역되다가 최종적으로 '경제'라는 번역어가 정착됐다고 한다.

이코노미가 가정관리에서 세상을 다스린다는 의미로 확장된 데 그치지 않고 진화를 거듭해 '절약'이라는 뜻도 담게 됐다. 대표적인 게 비행기를 탈 때 저렴한 좌석인 '이코노미 클래스 economy class'다. 직역하면 경제석 經濟席이라는 얘기인데, 사실상 '3등석'이나 '좁은 좌석'을 말한다. 하지만 '좁은 좌석'의 불편함을 참아내면 그만큼 비용도 절약할 수 있어 이코노미라는 말이 붙었다. '이코노미 사이즈 economy size'나 '이코노미 팩 economy pack'이라는 말도 마찬가지다. 비교적 많은 양이 들어 있는 것을 저렴하게 산다는 뜻이 담겨 있다.

이런 어원의 역사에서 보면 이코노미, 즉 경제라는 것은 가정관리를 효율적으로 하는 것이다. 이를 확장한 나라 경제관리 역시 가정관리가 그 중심이 돼야 한다. 이는 나라가 할 일은 "백성을 배부르고 등 따습게 해야 한다"라는 말과도 일맥상통하는 얘기다.

#이코노미 #오이코노미아 #가정관리 #토머스 홉스 #리바이어던 #경제 #경세제민 #경국제세
#이코노미 클래스

소금

월급이 소금이었다고?

노예해방 전쟁으로 알려진 미국 남북전쟁. 《소금Salt: A World History》의 저자 마크 쿨란스키Mark Kurlansky의 의견은 다르다. 그는 남북전쟁이 실은 소금으로 인해 촉발됐고, 남부군이 패한 것도 소금 때문이라고 주장한다. 당시 생필품의 대부분을 수입에 의존해온 남부 지역에는 소금 생산 지역이 한정돼 소금은 귀하디귀한 생필품이었다. 전쟁 중에도 소금 제조업자들에게는 병역을 면제해줬을 정도였다. 그래서 소금 공장마다 탈영병들로 넘쳐났다고 한다. 이를 잘 알고 있는 북부군은 주로 남부의 소금 공장을 조준해 포격했고, 급기야 버지니아 주의 소금 마을인 솔트빌까지 장악해버리자 남부군은 더 이상 버텨내지 못하고 항복을 선언했다는 것이다. 남부군의 한 장교는 "우리는 소금 때문에 졌다"라고 말했을 만큼 소금은 이 전쟁의 승패를 결정짓는 중요한 역할을 했다는 게 마크 쿨란스키의 주장이다.

실제로 소금은 '빛과 소금'이라는 말이 있을 정도로 예로부터 귀한 존재였다. '하얀 황금'으로까지 불렸다. 사람에게 반드시 필요하지만 생산 지역이 제한됐던 탓이다. 세계의 문명이 소금이 풍부한 지역을 중심으로 꽃을 피운 것도 그래서다. 1만 년 전에 생긴 인류 최고最古의 도시 예리코가 사해 인근에서 융성한 것은 결코 우연이 아니다. 고대 소금의 주요 생산지였던 이탈리아 · 이집트 · 그리스 등은 어김없이 교역의 중심지가 됐고, 제노바 · 베네치아는 대표적인 소금 무역 도시였다. 모차르트Wolfgang Amadeus Mozart의 고향 오스트리아 '잘츠부르크Salzburg'는 '소금의 도시'라는 의미다.

귀한 탓에 전쟁의 원인이 되기도 했다. 18세기 프랑스 대혁명과 19세기 인도 간디Mohandas Karamchand Gandhi의 비폭력 저항운동도 소금에 매긴 과도한 세금에 반발하면서 시작됐다. 간디의 저항운동은 1882년 영국이 제정한 인도의 소금법, 즉 소금 생산을 독점해 세금을 매기는 데 대한 불복종운동이었다. 또 에스파냐와 영국은 식민지 지배의 토대를 마련하기 위해 소금 각축전을 벌였고, 미국 독립 전쟁에 영국은 소금 봉쇄로 맞서기도 했다.

동양에서도 마찬가지였다. 마르코 폴로Marco Polo의 《동방견문록Divisament dou Monde》에는 중국에서 본 소금 얘기가 곳곳에 나온다. 세금을 소금으로 거둔 적도 있고, 허가받지 않은 사람이 소금을 만들거나 팔면 관가에 붙들려 가 큰 벌을 받았다고 한다. 조선 시대에도 소금은 쌀과 함께 환금작물이었다.

워낙 귀해 로마 시대에는 화폐로도 쓰였다. 로마 시대 군인들은 봉급의 일부로 소금을 받기도 했다. 소금의 영어인 '솔트salt'에서 봉급을 의미하는 '샐러리salary'가 유래된 배경이다. 흔히 우리는 월급쟁이를 '샐러리맨salary man'이라고 하는데, 영어권에서는 쓰지 않는 말이라고 한다. 피동형을 써서 '샐러리드 맨salaried man'으로 쓰면 된다는 주장도 있지만, 이보다는 '오피스 워커office worker'나 '비즈니스맨businessman'이 더 통용된다고 한다. 군인을 의미하는 '솔저soldier' 역시 '솔트salt'에서 나왔다. 소금을 뜻하는 라틴어 '살sal'이 프랑스어 '솔드solde(봉급)'가 됐고, 이것이 '솔저soldier'의 어원이 됐다. '샐러드salad'의 어원도 '솔트salt'다. 로마인들은 채소를 소금으로 절이면 채소의 쓴맛이 사라진다고 믿었기 때문이다.

지금이야 믿기 힘든 얘기지만, 소금은 한때 정력 증강제로도 인식됐다. 그래서 이집트 성직자들은 소금을 삼갔고, 결혼하는 신랑은 소금을 따로 넣어가기도 했다고 전해진다. 가능한 한 싱겁게 먹으라며 기피 음식이 된 소금의 역사는 사실상 인류의 역사와 궤를 같이했다고 해도 과언이 아니다.

#미국 남북전쟁 #마크 쿨란스키 #하얀 황금 #간디 #솔트 #샐러리 #솔저 #샐러드

달러

달러는 미국에서 태어나지 않았다

화폐를 대표하는 이름이 있다면 그건 아마도 '달러dollar'일 것이다. 캐나다, 호주, 뉴질랜드, 홍콩 등 세계 20여 개 나라가 자국 통화의 이름으로 달러를 택했다. 물론 이름만 같을 뿐 화폐의 생김새나 가치는 전혀 다르지만 말이다. 달러 중의 달러를 꼽자면 역시 미국 달러다. 미국 달러는 현재 국제간의 결제나 금융 거래의 기본이 되는 통화인 '기축통화key currency'로 군림하며 세계경제에 막강한 영향력을 미치고 있다. 그래서 국가 이름을 붙이지 않고 달러라고 하면 대부분 미국 달러라고 생각한다. 하지만 달러라는 이름이 탄생한 곳은 미국이 아니다. 달러의 탄생지는 바로 유럽, 지금 위치로는 체코의 서부쯤에 있었던 옛 보헤미아 왕국이다.

보헤미아 왕국은 중세 중부 유럽을 차지했던 신성로마제국의 제후국 중 하나다. 1516년 이 보헤미아 야히모프 지방의 산자락 요아힘스탈에서 거대한 은銀광산이 발견됐다. 영주였던 슐리크 백작은 광산에서 발견된 은으로 은화를 제작했는데, 요아힘 골짜기에서 나온 돈이라는 뜻을 담아 '요아힘스탈러 그로셴Joachimsthaler grochen'이라 이름 붙였다. 하지만 이름이 너무 길다 보니 '탈러 그로셴' 또는 요아힘스탈러 등으로 줄여서 불렀고, 나중에는 그냥 '탈러thaler'가 됐다. 탈러는 품질이 아주 좋아 유럽 전역에서 호평을 받았다. 탈러는 점차 화폐를 지칭하는 대명사로까지 자리매김해 국경을 넘어 다른 고가 은화들의 이름에도 영향을 미쳤다. 예컨대 이탈리아에서는 '탈레로tallero', 네덜란드에서는 '달더르daalder', 덴마크와 스웨덴에서는 '달러daler'가 됐다. 요하힘스탈에서 탈러가 탄생한 이래 세계 각국에서 탈러라는 이름으로 발행된 돈은 약 9,000여 종에 이를 정도다.

미국의 달러는 독립 전쟁 이후인 1785년 7월 6일 열린 대륙회의에서 탄생했다. 달러가 생기기 이전 미국은 영국·에스파냐 등에서 발행된 외국 화폐와 각 주에서 발행한 화폐를 혼용했다. 당시 기축통화는 영국 파운드화였고 미국 내 유통량도 가장 많았지만, 영국의 식민지배를 받다가 독립한 미국은 영국에 대한 반감이 컸다. 그래서 미국은 파운드화 대신 멕시코를 통해 미국에서 유통되던 에스파냐의 식민지 통화 '달러dollar'를 골랐다.

달러라는 이름이 파운드·실링 등을 대신하는 '반영국적' 의미의 화폐로 사용된 곳은 또 있었는데, 바로 스코틀랜드다. 스코틀랜드에서는 제임스 6세James VI 국왕이 통치하던 1567년 30실링짜리 은화를 발행했는데, 사람들은 표면에 날카로운 검 문양이 있다는 이유로 이 화폐를 '검 달러 sword dollar'라고 불렀다. 또 1578년 주조된 은화는 스코틀랜드 국화인 엉겅퀴가 도안으로 들어가 있어 '엉겅퀴 달러 thistle dollar'라고 했다.

1785년 미국의 화폐가 된 달러는 1792년 화폐주조법이 제정된 후에야 공식 화폐 단위로 지정됐다. 하지만 달러는 꽤 오랜 시간 미국의 일부에서만 쓰였다. 사람들은 여전히 각 주에서 발행된 자체 화폐 혹은 파운드화를 선호했던 것이다. 달러가 미국의 실질적인 단일 통화로 온전히 자리매김한 것은 1913년 이후 연방준비제도Federal Reserve System를 출범시켜 연방 지폐를 제외한 다른 돈의 발행을 중단시키면서다. 1·2차 세계대전의 영향도 있었다. 전쟁 비용을 충당하기 위해 영국이 화폐를 대량으로 찍어내며 파운드화의 가치가 떨어진 것에 반해 미국은 무기 판매를 통해 막대한 돈을 벌어들였다. 미국 달러는 1944년 국제통화기금International Monetary Fund: IMF의 창설과 함께 파운드화를 밀어내고 마침내 세계에서 가장 영향력 있는 돈이 됐다.

#미국 달러 #기축통화 #보헤미아 왕국 #요아힘스탈러 그로셴 #탈러 #미국 연방준비제도 #세계대전

114

포트폴리오
서류 가방에서 분산투자까지

디자이너, 사진작가, 일러스트레이터 등 이른바 예술 분야에서 취업이나 이직을 꿈꾸는 사람이라면 누구나 포트폴리오portfolio를 준비한다. 이때 포트폴리오란 자신의 실력을 보여주기 위해 과거에 만든 작품이나 관련 성과물 등을 모아놓은 자료철 또는 자료 묶음을 의미한다. 하지만 이 포트폴리오라는 단어가 금융 투자 업계로 넘어오면 투자 대상이 되는 여러 종류의 주식이나 채권을 모아놓은 것, 즉 개개의 금융기관이나 개인이 보유하는 각종 금융자산의 명세표라는 의미로 쓰인다. 또 이렇게 포트폴리오를 구성한다는 표현 자체가 자금을 주식이나 채권 등 다양한 대상에 나눠 투입해 운용하는 '분산투자'의 뜻을 함축하기도 한다. 포트폴리오가 대체 뭐기에 이렇게 많은 뜻을 지니게 된 걸까.

포트폴리오를 사전에서 찾아보면 가장 첫 줄에 '서류 가방'이라는 뜻이 나온다. 이탈리아어 '포르타포글리오portafoglio'가 유래인데, '나르다'라는 뜻의 '포르타porta'와 '책의 한 페이지, 묶이지 않은 서류 한 장' 등을 의미하는 '포글리오foglio'가 결합해 만들어진 단어다. 즉, 낱장으로 된 종이들을 모아 나르는 물건이나 서류 가방이나 작품집이라는 뜻으로는 딱 적절한 셈이다.

서류를 나르던 가방이 금융 투자 업계의 일상어가 된 것은 1930년대다. 당시 미국 뉴욕에서는 매일 유가증권시장의 거래 계약이 끝난 후 거래자 사이에 실물 증권이 실제로 오갔다. 증권을 산 사람들이 대금을 지불하면 증권을 판 사람들이 종이로 된 실물 증권을 전달하는 것이다. 하지만 일일이 만나기가 점점 귀찮아졌기에 이런 실물 증권 운반을 도맡아 하는 심부름꾼이 탄생했다. 이들은 여러 사람 소유의 증권을 동시에 운반함으로써 시간과 비용을 단축했는데, 이때 이 증권들이 서로 섞이지 않게 하기 위해 안에 칸막이가 된 가죽 가방을 가지고 다녔다. 여러 증권을 나르던 이 가죽 가방은 원뜻대로 포트폴리오라고 불렸는데, 점점 여러 증권의 모음, 투자 대상의 집합이라는 뜻으로까지 확장됐다.

포트폴리오가 분산투자의 의미까지 갖게 된 것은 경제학자 해리 맥스 마코위츠Harry M. Markowitz 덕분이다. 그가 1955년 박사 학위를 위해 쓴 논문은 주식 투자를 할 때 왜 분산투자를 하는 것이 유리한가 하는 질문에 대해 수학적 해답을 제시하는데, 논문의 제목이 바로 〈포트폴리오 선택 Portfolio Selection〉이었다. 그리고 포트폴리오 선택 이론은 자금을 1~2개 주식에만 몰아넣었던 기존 투자 형태를 완전히 바꿔놓는다. 그는 이 공로를 인정받아 1990년 노벨 경제학상을 수상했다.

포트폴리오 구성, 즉 분산투자와 관련된 가장 유명한 격언으로는 "계란을 한 바구니에 담지 말라"가 있다. 이 말은 국경을 넘는 단기성 외화 거래에 부과하는 세금 '토빈세Tobin tax'로도 유명한 경제학자 제임스 토빈James Tobin의 일화에서 비롯됐다. 토빈은 마코위츠의 포트폴리오 이론에 기여한 공로로 1981년 노벨 경제학상을 수상하는데, 수상 직후 열린 기자회견에서 이론을 쉽게 설명해달라는 질문을 받고 이렇게 답했다고 한다. "계란을 몽땅 한 바구니에 담아서는 안 됩니다. 만일 바구니를 떨어뜨리면 모든 것이 끝장나기 때문이죠." 토빈의 말은 이튿날 세계 대다수 신문의 헤드라인을 장식했고, 이후 이 말은 투자의 황금률黃金律, golden rule로 여겨지기 시작했다.

#포트폴리오 #포르타포글리오 #서류 가방 #작품집 #여러 증권의 모음 #해리 맥스 마코위츠 #포트폴리오 선택 이론 #분산투자 #제임스 토빈 #계란을 한 바구니에 담지 말라 #투자의 황금률

115

회사

빵을 같이 먹고 사는 곳

마이크로소프트Microsoft Corporation의 창업자 빌 게이츠Bill Gates의 어록 중에는 회사 생활의 냉혹함을 지적한 말들이 있다. 대표적인 것들을 소개하면 이렇다. "학교 선생이 까다롭다고 생각되거든 사회에 나와서 직장 상사의 진짜 까다로운 맛을 느껴봐라." "인생은 학기처럼 구분되어 있지도 않고 방학도 없다. 스스로 알아서 하지 않으면 직장에서는 가르쳐주지 않는다." "TV는 현실이 아니다. 현실에서는 커피를 마셨으면 일을 시작하는 게 옳다." "공부밖에 할 줄 모르는 '바보'한테 잘 보여라. 사회에 나온 다음에는 아마 그 '바보' 밑에서 일하게 될지 모른다."

회사에 다니는 직장인이라면 누구나 수긍하는 말이다. 하지만 그런 살벌한 회사를 뜻하는 '컴퍼니company'의 어원을 살펴보면 생각보다 그 의미가 깊고 오묘하다. 접두사 '컴com-'은 '함께'라는 뜻이다. 뒷부분의 '팬pan'은 라틴어로 '빵'을 뜻하는 '파니스panis'에서 유래됐다. 따라서 원래의 뜻은 '함께 빵을 먹는다'가 된다. 같이 빵을 나눠 먹자며 사람들이 모여 만든 조직이 바로 회사인 셈이다. 같은 어원에서 나온 '컴패니언companion'은 '동반자'나 '친구'를 뜻한다. 어원대로 풀이하면 빵을 나눠 먹는 사람들이다. 회사를 뜻하는 다른 말 '코퍼레이션corporation'의 '코퍼corpor'는 라틴어로 '단결'을 의미한다. 경영자와 사원이 단결해서 경영을 해나가는 것이 바로 회사, 코퍼레이션이다.

조직을 만들어 빵을 나눠 먹자니 무엇보다 이를 운영하는 리더leader의 역할이 중요할 수밖에 없다. 지금도 많은 회사에는 팀장, 부장, 이사, 상무, 전무, 부사장, 최고경영자CEO 등 무수히 많은 리더가 존재한다. 직위에 따라 자연스레 갑과 을의 관계도 형성된다. 단순히 갑은 권력자, 을은 피권력자로 인식할 수 있지만, 이 역시 리더의 참뜻과는 거리가 멀다. 회사의 의미가 변했듯 리더의 의미도 변색된 것이다.

리더의 유래에는 여러 가지 설이 있다. 우선 앵글로색슨의 고대어 '레단ledan'에서 유래됐다는 설이다. 그 뜻은 '가다to go'로 리더는 '앞서 가는 자', 즉 솔선수범하는 자라는 의미를 내포하고 있다. 리더십 전문가인 존 맥스웰John Maxwell은 "여행을 할 때는 안내자가 필요하고 그 안내자의 역할이 바로 리더의 역할"이라고 설명한다. '먼지를 뒤집어쓰는 사람'이라는 의미가 있는 것도 이와 무관치 않다. 먼저 희뿌연 현실을 직시하며 기꺼이 먼지를 뒤집어쓰고 미래를 향해 새로운 길을 개척해나가는 사람이라는 얘기다. 그 외에도 '참다', '고통 받다', '견디다'라는 뜻을 가진 독일 고어에서 어원을 찾는 학자도 있고, 인도유럽어를 어원으로 보고 전쟁터에서 깃발을 들고 맨 앞에 서서 적을 공격하는 사람, 즉 적에게 가장 먼저 공격을 당해서 사망할 위험이 큰 사람을 묘사하는 단어라고 해석하기도 한다.

이런 의미의 리더가 현대에 와서 어원과 달리 너무 변질된 탓인지 리더가 부하를 섬겨 목표를 달성하는 '서번트 리더십servant leadership'이 새로운 경영 이념으로 각광을 받고 있다. 이른바 '섬기는 리더십'이다.

#컴퍼니 #함께 빵을 먹는다 #컴패니언 #빵을 나눠 먹는 사람들 #코퍼레이션 #리더 #앞서 가는 자 #먼지를 뒤집어쓰는 사람 #서번트 리더십

116

유머

유머러스한 사람이 인기 많은 이유

유머러스한 사람들은 언제 어디서나 인기가 많다. 좋아하는 상사나 동료를 묻는 조사를 보면 '유머 감각이 있는 사람'은 항상 당연하다는 듯 상위권을 차지한다. 연예인은 물론이며 정치인이나 기업 총수 등의 리더들에게도 유머 감각은 중요하다. 유머러스한 사람은 협력과 지지를 쉽게 얻어내기에 리더로서 성공할 가능성이 높기 때문이다. 예컨대 영국 총리 윈스턴 처칠Winston Churchill이나 제44대 미국 대통령 버락 오바마Barack Obama는 탁월한 정치 감각에 더해 뛰어난 유머 감각까지 갖춰 국민들에게 많은 사랑을 받았다. 실제 미국 ABC 방송국이 2015년 실시한 설문 조사에 따르면, 성공한 정치인의 필수 자질로 '유머'를 뽑은 국민이 74퍼센트에 달했다고 한다. 유머의 가치가 이토록 높이 평가받다니 의아하기도 하다. 하지만 유머라는 단어의 뿌리를 찾아가다 보면 옛 선인들은 유머를 더욱 중요시했다는 사실을 알 수 있다. 인간의 본질을 구성하는 핵심 요소라고 여겼던 것이다.

유머는 '축축한 것, 수분, 흐르다' 등을 뜻하는 라틴어 '우모르Umor'에서 유래된 말이다. 처음에는 재미있다든가 하는 의미는 없었다. 근원을 찾아가면 서양 의학의 아버지로 불리는 그리스의 명의 히포크라테스Hippocrates에게 도달한다. 히포크라테스는 인간의 체질과 기질이 몸속의 네 가지 체액의 배합에 의해 정해진다고 믿었다. 이때 4체액설을 '후모리슴humorism', 체액을 '후모르humor'라고 불렀다. 네 가지 체액은 혈액blood, 점액phlegm, 담즙yellow bile, 흑담즙black bile이었다. 히포크라테스에 따르면 네 가지 체액의 균형이 맞으면 건강한 상태이고, 이 중 어느 하나라도 과다하거나 모자라면 병이 나거나 특이체질이 된다고 했다. 혈액이 너무 많으면 쾌활하고 활동적이지만 화가 많은 다혈질이 되고, 점액이 과다하면 감정이 차갑지만 의지가 강한 점액질이 된다. 또 담즙이 너무 많으면 침착하고 인내력이 강한 반면 냉혹하고 거만한 담즙질이 되고, 흑담즙이 많으면 명랑하지 못하고 답답한 우울질이 된다는 것이다. 이런 차이들은 체질 혹은 기질적 특성으로 여겨졌는데, 당초 '체액'이라는 뜻을 가졌던 '유머'라는 단어에도 점점 인간의 특질이라는 의미가 부여됐다.

유머가 오늘날처럼 '재미, 해학'의 의미를 지니게 된 때는 17세기부터로 기록된다. 영국의 극작가 벤 존슨Ben Jonson은 1598년 풍자극 〈십인십색Every Man in His Humour〉을 성공리에 상연해 소위 '기질희극comedy of humours'이라고 불리는 장르를 유행시킨다. 기질희극이란 히포크라테스의 4체액설에 근거를 두고 이 중 한 가지 기질이 두드러지게 나타나는 전형적인 인물을 내세워 웃음을 자아내는 희극이었다. 기질희극이 대중에게 인기를 끌며 비로소 유머라는 단어는 재미있다거나 우스꽝스럽다는 의미와 연결이 됐다.

참고로 '우울감'을 의미하는 현대 영어 단어 '멜랑콜리melancholy'는 흑담즙을 뜻하던 그리스어 '멜랑콜리아melancholia'에서 왔다. 흑담즙이 많으면 우울질이 된다는 히포크라테스의 해석을 그대로 가져온 것이다.

#유머 #우모르 #히포크라테스 #체액 #벤 존슨 #기질희극 #멜랑콜리

117

실루엣

물감을 아끼려다 검은 윤곽의 상징이 된 프랑스 장관

18세기 말 프랑스 루이 15세 Louis XV 때 재정대신(재무 장관)에 기용된 에티엔 드 실루엣 Etienne de Silhouette. 영국과의 7년 전쟁으로 프랑스가 심각한 재정난에 빠져 있을 때였다. 이런 프랑스 경제를 살려내는 임무가 그에게 부여됐다.

취임하자마자 그가 추진한 정책은 강력한 긴축과 증세 정책이었다. 특권계층에 부과되는 세금을 늘리고 세금을 부과할 수 있는 모든 것에 과세를 추진했다. 그중 단연 압권은 '공기세'였다. 신선한 공기를 마실 수 있는 것도 루이 15세의 은혜라는 명분이었다. 이뿐만이 아니었다. 영국에서 추진하던 '창문세'도 차용했다. 잘사는 집에 창문이 많은 것에 착안해 창문 개수나 너비에 따라 세금을 부과하는 것이다. 일종의 부유세인 셈이다.

국가 재정난의 원인 중 하나가 귀족의 사치에 있다고 보고 강력한 긴축정책도 추진했다. 특히 귀족들이 호화로운 초상화를 그리는 데 막대한 돈을 들이는 것을 보고 이것을 절약하는 방법을 고민했다. 당시 프랑스 귀족들의 초상화 비용은 정부가 대고 있었다. 그래서 찾아낸 아이디어가 비싼 물감을 쓰지 말고 윤곽선을 그린 뒤 검은색 하나로만 칠하게 하는 것이었다. 이를 강제하는 법령까지 발표했다. 그 자신도 몸소 실천해서 자신의 초상화도 윤곽만을 그리게 했다.

그의 이런 실험은 성공했을까. 물론 아니다. 귀족들의 반발로 성과를 내기는커녕 임기를 1년도 채우지 못하고 쫓겨난다. 이후 고향으로 돌아간 실루엣은 스스로 윤곽선 그림을 그리며 여생을 보냈다고 전해진다. 실루엣의 개혁이 실패한 가장 큰 이유는 증세에 대한 귀족들의 반발 때문이었다. 창문세를 부과하니 세금을 내지 않으려고 창문을 흙이나 합판으로 가려 위장하는가 하면, 아예 창문을 벽돌로 막아버리기까지 했다. 세금이 제대로 징수될 리 없으니 증세의 효과가 나타나지 않았다. 역사를 돌이켜보면 수많은 혁명의 도화선이 된 게 세금 문제였다. 과거는 물론이고 현대에 이르기까지 왕권 교체와 시민혁명 뒤에는 과도한 세금에 대한 불만이 숨겨져 있다. 영국 청교도혁명이 그랬고, 프랑스 대혁명, 미국 독립 전쟁, 러시아 혁명도 다 세금 문제에서 비롯됐다. 물감을 아끼기 위해 초상화를 검은색으로 윤곽선만 그리라는 것 역시 귀족들로선 받아들이기 힘든 개혁 조치였다.

결국 실루엣은 실패한 재정대신으로 초단기로 물러났지만, 역사에는 이름을 남겼다. 그림자나 그림의 검은 윤곽을 의미하는 실루엣이라는 말이 그의 이름에서 탄생했기 때문이다. 당시 귀족들이 반발했지만 예술 기법으로 한자리를 차지했다. 특히 19세기에는 유럽에서 크게 유행하면서 '실루엣'이라는 단어가 정식 프랑스어로 인정받았고, 지금도 패션·영화 등에서 다양하게 적용되고 있다. 영화에서 실루엣은 주인공의 보디라인을 강조하면서 관객의 시선을 사로잡는 중대한 기법으로 활용되고 있고, 패션에선 어깨·허리 등 옷의 전체 윤곽을 결정하는 기준선이 되기도 한다.

실루엣에 담긴 또 다른 의미도 있다. 지나가는 그림자처럼 짧게 재임했다는 뜻이다. 조급하게 성과를 내려다 실패한 실루엣 장관에 대해 비아냥거리는 말이다.

#에티엔 드 실루엣 #프랑스 재무 장관 #증세 정책 #공기세 #창문세 #귀족 초상화

118

로망
로마가 로망이 되고 낭만주의로 발전한 사연

사랑을 뜻하는 라틴어 '아모르amor'는 거꾸로 읽으면 '로마Roma'다. 도시 전체가 커다란 박물관인 로마가 '사랑의 도시'로 인식되는 것도 이와 무관치 않다. 낭만과 추억, 예술이 넘쳐나서인지, 한때 "모든 길은 로마로 통한다"라는 말이 생겨났을 정도로 로마가 세계의 중심이어서 그랬는지 명확하지 않지만 로마라는 단어에서 많은 말이 파생된다.

대표적인 게 프랑스어 '로망roman'이다. 일반적으로 '간절히 실현하고 싶은 소망이나 이상'을 의미하지만, 본래는 라틴어의 방언을 뜻했다. 로마에 있던 지식인들은 고급 라틴어로 철학과 예술을 논했다. 하지만 로마의 지배를 받던 프랑스·에스파냐·포르투갈·루마니아 등 주변 지역 사람들은 여기에 지역 나름의 사투리를 섞어 독자적인 언어 체계를 구축하게 되는데, 이것이 로망스어였다. 로마 지식인들이 볼 때 사투리가 섞인 서민의 라틴어였고 라틴어의 방언이었다. 이런 어원을 가진 '로망'이 시간이 지나며 '로마의 지배를 받던 지역의 언어'라는 뜻에서 하나의 문학 장르를 의미하는 단어로 발전돼 '로마 스타일의 문학'을 일컫게 된다. 그러면 로망이 어떻게 간절한 소망이나 꿈, 사랑을 뜻하는 단어로 변하게 된 걸까.

당시 로망스어로 쓰인 로마 스타일의 문학은 주로 소설이었다. 고급 라틴어를 쓰는 로마 지식인들에게 소설은 로망스어로 쓰인 천박한 문학이었고 경멸의 대상이었다. 그들 입장에서는 문학도 아니었다. 그런 소설은 대부분 중세 기사의 모험과 사랑을 담은 이야기였다. 한마디로 통속소설이나 다름없었다. 중세의 현실을 배경으로 하고 있지만 소설 속 이야기는 과거 혹은 사회의 이념과는 다른 상상과 공상의 세계를 다룬 게 특징이었다. 기사들의 모험담에 재미있는 사랑도 가미됐다. 그래서 기사들의 무용담을 그린 이야기가 기사들의 사랑 이야기로, 그리고 기사들과는 상관없는 그냥 사랑 이야기로 의미가 바뀐 것이다. 로망이 간절히 하고 싶은 소망이나 꿈을 의미하는 단어가 된 이유다.

여기서 유래한 단어가 '로맨틱romantic'이다. 원래는 '로마Roma스럽다'라는 뜻이지만, '낭만적이다, 사랑스럽다'라는 의미를 갖게 됐다. '로맨스romance' 역시 마찬가지다. 당시 '로맨틱'의 의미에는 라틴어가 아닌 언어로 쓰인 책의 주인공처럼 행동한다는 뜻이 내포되어 있었다. 하지만 로마 지식인들에게 천대받던 로망스어가 변방에만 머물지는 않았다. 어느 순간 주류 언어로 부상하는데, 그 계기는 지금도 유명한 거작《신곡La Divina Commedia》을 쓴 단테Alighieri Dante의 공이다. 피렌체 출신의 단테는 라틴어 대신 로망스어로《신곡》을 쓰면서 로망스어가 크게 확산됐고, 이후 이탈리아어로 정착됐다.

18세기 말부터 19세기에 걸쳐 고전주의에 대한 반동으로 나타난 '로맨티시즘Romanticism', 즉 낭만주의도 그 어원은 로마이고 로맨스다. 낭만주의는 고전주의와 합리주의를 반대하고 개성·감성·정서 등을 중시한다. 그런데 우리는 이를 왜 낭만주의라고 부르게 된 걸까. 여기에는 일본의 영향이 크다. 일본에 '로망'이라는 단어가 유입됐을 때 발음이 비슷한 '낭만浪漫'이라는 단어를 차용해 부르게 된 게 그대로 우리말로 받아들여진 탓이다. 한국어로는 '낭만'이지만 일본 발음은 '로만'이다. 한자 단어 '낭만'의 뜻과 '로망'의 의미가 바로 연결되지 않는 것은 단지 발음만 차용했기 때문이다.

#로마 #로망 #로망스어 #로마 스타일의 문학 #통속소설 #기사들의 무용담 #기사들의 사랑 이야기 #로맨틱 #로맨스 #단테 #신곡 #낭만

119

통계

국가의 필요에 의해 만들어진 언어

통계는 한 사회에 나타나는 수많은 현상을 정확한 숫자로 보여준다는 점에서 가장 객관적이고 믿을 만한 자료로 여겨진다. 하지만 통계의 객관성을 의심하는 사람은 아주 많다. 《허클베리 핀의 모험The Adventures of Huckleberry Finn》으로 잘 알려진 20세기 미국 소설가 마크 트웨인Mark Twain이 대표적이다. 그는 통계에 관한 유명한 말을 많이 남겼다. 예컨대 이런 말이다. "세상에는 세 종류의 거짓말이 있다. 그냥 거짓말, 새빨간 거짓말, 그리고 통계." 또 이런 말도 남겼다. "사실facts은 흔들 수 없지만 통계는 구부릴 수 있다."

마크 트웨인은 대체 왜 이토록 통계를 싫어했을까. 통계라는 말의 유래를 찾아가다 보면 어느 정도 이해가 간다. 통계를 의미하는 영어 단어 '스터티스틱스statistics'는 국가에 의한 통치 상태를 의미하는 라틴어 '스타투스status'와 이탈리아어로 정치가를 의미하는 '스타티스타statista'에서 유래했다고 전해진다. 단어 자체에 국가와 정치에 의해 만들어진 숫자라는 좋지 않은 냄새가 풍긴다. 게다가 마크 트웨인은 정치인을 끔찍하게 싫어했다고 한다. 한 신문사 칼럼에서 "모든 정치가는 개자식이다"라고 대놓고 썼다가 고소를 당할 처지에 직면하자 "어떤 정치가들은 개자식이다"라고 살짝 바꾼 일화는 지금도 전설처럼 전해질 정도다.

'국가에 의한 통치 상태'와 '정치인'을 뜻하는 단어를 오늘날 '통계학'의 의미로 처음 사용한 사람은 18세기 독일의 정치학자이자 '통계학의 아버지'라고 불리는 고트프리트 아헨발Gottfried Achenwall이다. 그는 1749년 자신의 저서에 독일어로 '통계학Statistik'이라는 명칭을 쓰며 '국가를 운영하는 데 필요한 정치산술'이라고 설명했다. 즉, 통계학은 18세기까지 철저하게 사회나 국가를 운영할

목적으로 발전한 학문이었던 것이다.

통계학이 국가를 통치하는 기초 자료 수집을 위한 것이라는 맥락은 인류 최초의 사회조사가 인구조사, 즉 '센서스census'라는 점에서도 잘 드러난다. 동서양을 막론하고 국가를 통치하는 자들은 국가 안에 살고 있는 사람 모두를 대상으로 하는 인구조사를 아주 중요하게 생각했다. 인구를 파악해야만 군역이나 조세 의무를 지울 수 있었기 때문이다. 실제 인구조사의 시작은 기원전 3600년경에 설립된 고대 바빌로니아와 기원전 3000년께의 고대 이집트 시대까지 거슬러간다. 예컨대 고대 이집트에서는 피라미드 건설에 차출할 인력을 확인하기 위해 인구조사가 시행됐다고 한다. 고대 국가들 중 가장 대대적이면서도 규칙적으로 인구조사를 실시했던 곳은 로마제국이었다. 로마는 과세와 징병을 목적으로 2~3년에 한 번씩 시민의 수와 재산을 조사했다고 하는데, 이 업무를 수행하는 고위 관직까지 있었다. 라틴어로 '켄소르censor'라고 불리는 이들은 로마 시민들의 재정 상태 전반을 조사할 뿐 아니라, 자신의 재정 상태를 정직하게 신고하지 않고 숨긴 사람을 직권으로 고발하는 감찰관 역할까지 했다. '센서스'는 바로 이 '켄소르'의 직함에서 유래했다. 우리나라에서는 삼한 시대부터 삼국시대, 고려·조선 시대에 이르기까지 '호구조사戶口調査'라는 이름으로 인구조사가 실시됐다.

20세기에 들어서기 전까지 세계 모든 국가의 인구조사는 담당자들이 모든 집을 가가호호 방문하는 '전수조사全數調査' 방식으로 이뤄졌다. 20세기 이후 표본조사를 통한 통계적 추론 기법들이 개발됐고, 이로써 국가 조사 담당자들은 전수조사의 고통에서 벗어나게 된다. 우리나라에서 근대적 기법을 갖춘 인구총조사가 처음으로 실시된 것은 100여 년 전인 1925년이며, 인터넷 조사 방식이 도입된 것은 2005년이다.

#마트 트웨인 #고트프리트 아헨발 #통계학 #센서스 #인구조사 #호구조사

120

굴비

비굴하게 굴하지 않겠다는 생선의 진실

홍제천, 피맛골 등 지명과 마을, 냇물 이름에 다 나름의 역사가 있듯, 우리가 흔히 먹는 생선 이름에도 알고 보면 재미있는 의미가 담겨 있다. 대표적인 게 굴비다. 명절 때 최고의 선물로 각광 받는 굴비는 조기를 소금에 절여 말린 생선이다. 말리다 보면 등이 구부러지는데, 이 모양새에서 따 '구비仇非'라고 했던 것이 굴비로 변했다는 말이 정설이다. 하지만 굴비로 유명한 전라남도 영광군 법성포 지역에는 다른 유래가 전해진다.

고려 중기에 문벌 귀족이었던 이자겸의 얘기에서 유래됐다. 스스로 왕이 되고자 반란을 일으켰던 이자겸은 반란이 평정된 후 법성포에 유배됐다. 유배 생활 중 그곳에서 해풍海風에 말린 조기를 먹어보고 맛이 너무 좋아 임금께 선물로 진상했다고 전해진다. 왕을 제거하는 쿠데타를 일으켰던 자가 선물을 보내니 당연히 비굴하게 보일 수밖에 없었을 터. 그게 싫었던 이자겸은 말린 조기를 진상품으로 올리면서 선물은 보내도 비굴하게 굴한 것은 아니라며 '굴할 굴屈', '아닐 비非' 자를 써서 '굴비屈非'라고 적어 보냈는데, 그것이 영광 굴비의 유래가 됐다고 한다.

이자겸으로부터 굴비를 진상받은 인종仁宗은 그 맛에 반해 영광 굴비를 매년 진상하도록 명했고, 이때부터 영광 굴비는 임금께 진상되는 생선이라며 더욱 유명해졌다고 한다. 이 굴비의 주산지가 법성포인 만큼 영광 굴비보다는 법성포 굴비라고 해야 정확한 표현이라는 게 법성포 지역 주민들의 말이다.

조기 역시 그 자체로 맛이 좋아 한자로 '물고기 중 으뜸가는 물고기'라는 뜻의 '종어宗魚'에서 유래됐다고 한다. 그런데 '종어'라는 말이 급하게 발음되면서

'조기'로 변했다는 것이다. 조기라 부르게 된 뒤에는 '사람의 기氣를 돕는 생선'이라는 뜻으로 '조기助氣'라고 했다고 한다. 조기가 제사상에 오르는 것도 생선 중 으뜸으로 치기 때문이라고 한다.

말리는 상태, 크기, 색깔에 따라 각기 다른 이름으로 불리는 생선은 명태明太만 한 게 없다. 명태는 함경북도 명천에 사는 어부 태씨가 잡은 고기라고 해서 생겨난 말이다. 명천의 '명明'과 어부의 성 '태太'를 딴 말로, 함경도 관찰사가 명천군을 방문했을 때 밥상에 올라온 생선의 맛이 유달라 사람들에게 생선 이름을 물었더니 모른다고 해서 그렇게 지었다는 것이다.

그 명태를 잡아서 바로 얼린 것은 동태, 반쯤 말린 것은 코다리, 얼리거나 말리지 않고 그대로 신선한 것은 생태, 그냥 딱딱하게 말린 것은 북어 또는 건태라고 한다. 또 추운 곳에서 얼렸다 녹였다 반복하며 말려 살이 연하고 노랗게 된 것은 황태, 맥주 안주로 사랑받는 노가리는 명태의 새끼다. 이외에도 잘못 말려 딱딱해진 것을 골태라 부르고, 황태를 만들다 날씨가 풀려 색이 거무스름하게 변한 것을 먹태라 하기도 한다. 그 이름이 족히 30개가 넘는다. 이 중 코다리는 코에 실을 꿰어 말렸다고 해서 붙여진 이름이고, 북어포는 배를 가른 상태로 완전 말렸다는 의미다. 북어채는 북어포를 뜯어 만든 것이다.

#고려 #이자겸 #법성포 #굴비 #조기 #종어 #명천 #태씨 #명태 #동태 #코다리 #생태 #북어 #건태 #황태 #노가리 #골태 #먹태

121

붉은 여왕 효과
아무리 뛰고 또 뛰어도 제자리

"돼지도 날 수 있다." 샤오미小米科技의 창립자 레이쥔雷軍이 입버릇처럼 하는 얘기다. 그는 "태풍의 길목에 서면 돼지도 날 수 있다"라며 "기회는 누구에게나 오며 스스로 갈고닦으면 태풍이 오는 순간 거뜬히 날아오를 수 있다"라고 말한다. 다가오는 절호의 기회를 놓치지 않으려면 부단히 노력하라는 의미다.

인터넷·재생 에너지 등이 이끄는 3차 산업혁명 시대에 접어드는가 싶더니 어느덧 4차 산업혁명에 대한 논의가 활발하다. 3차 산업혁명은 어느 순간 지나간 화두가 돼버렸다. 우리 앞에 펼쳐지고 있는 변화가 빛의 속도처럼 빠르다. 이런 속도에 맞추려면 기업은 물론이고 개개인도 죽을힘을 다해 뛰어야 한다. 그렇지 않으면 뒤처지고 도태된다. 이를 잘 설명해주는 게 '레드 퀸 효과Red queen effect', 즉 '붉은 여왕 효과'다. 영국의 수학자이자 아동문학가인 루이스 캐럴Lewis Carroll이 《이상한 나라의 앨리스Alice's Adventures in Wonderland》로 성공한 이후 1871년 속편으로 내놓은 《거울 나라의 앨리스Through the Looking-Glass and What Alice Found There》에 나오는 내용이다.

이 동화에서 앨리스는 붉은 여왕을 만나 그녀에게 손목을 붙잡힌 채 정신없이 숲속을 달린다. 그러나 아무리 빨리 달려도 나무를 벗어나지 못하고 제자리걸음을 할 뿐이다. 의아해하는 앨리스에게 붉은 여왕이 말한다. "이곳에서는 있는 힘을 다해 달려야만 제자리에 머물 수 있다. 나무를 벗어나려면 지금보다 두 배는 더 빨리 달려야 해." 가만히 보니 앨리스와 여왕 주변 풍경도 똑같은 속도로 앞으로 나가고 있었으니 뛰고 또 뛰어도 항상 제자리였던 것이다. 여기서 유래된 말이 '붉은 여왕 효과'다. 어떤 대상이 변화하려고 해도 주변 환경과 경쟁 대상 역시 끊임없이 변화하기 때문에 상대적으로 뒤처지거나 제자리에 머무는 현상이다.

　이런 현상은 인간 세계에서만 나타나는 게 아니다. 동물의 세계도 마찬가지다. 아프리카 초원에서 영양의 천적은 치타다. 영양은 사자를 따돌릴 수 있는 능력을 지녔지만, 치타에겐 역부족이다. 시속 110킬로미터의 속력으로 달리니 웬만한 거리에선 꼼짝 못한다. 치타가 처음부터 잘 달렸던 것은 아니다. 영양을 사냥하려고 부단히 노력한 결과다. 하지만 성공률은 생각만큼 높지 않다. 영양이 살기 위해 죽어라 도망치는 탓에 허탕을 칠 때도 많다.

　'붉은 여왕 효과'라는 말을 만들어낸 미국의 진화생물학자 리 밴 베일런 Leigh Van Valen은 지금까지 지구 상에 존재했던 생명체 가운데 적게는 90퍼센트, 많게는 99퍼센트가 다른 생명체에 비해 상대적으로 진화가 더뎌 소멸했다고 주장한다. 즉, 거울 나라의 이치와 같이 적자생존 適者生存의 자연환경 속에서 다른 생명체에 비해 상대적으로 진화가 더딘 생명체가 결국 멸종한다는 것이다. 소멸되지 않으려면 계속 발전하는 경쟁 상대에 맞서 끊임없이 변화해야 한다는 얘기다. 《이상한 나라의 앨리스》에 등장해 특유의 근엄한 모습으로 웃음 짓게 만들었던 도도새 Dodo bird는 지금은 멸종해 아쉽게도 소설 속에서만 만날 수 있는 새가 됐다.

#붉은 여왕 효과 #루이스 캐럴 #거울 나라의 앨리스 #리 밴 베일런 #적자생존

122

메기 효과

메기를 넣으면 왜 강해지는 거지?

영국의 역사가 아널드 토인비 Arnold Joseph Toynbee 는 "좋은 환경보다는 가혹한 환경이 문명을 낳고 인류를 발전시키는 원동력"이라고 설파했다. 이런 신념에서 나온 그의 역사관이 바로 '도전과 응전'이다. 조직이나 국가는 물론이고 개인도 끊임없이 다양한 문제에 직면한다. 알게 모르게 엄습한 문제를 해결하려는 방법에 따라 그 운명도 갈린다. 만약 이집트에 나일강이 없었다면 이집트 문명을 꽃피울 수 없었다는 논리가 제기되는 것도 그래서다. 나일강이 수없이 범람했기에 태양학, 기하학, 건축술, 천문학 등이 발달할 수 있었다는 얘기다. 반면 잉카 문명과 마야 문명은 이런 도전을 받지 않았기에 도도새처럼 스스로 멸망했다는 것이다. 물론 잉카나 마야 문명의 멸망이 가뭄이나 지진 등의 천재지변 때문이라는 설도 있지만 토인비는 '도도새의 법칙'을 들어 도전 없는 환경의 위험을 꼬집었다.

'도도dodo'는 포르투갈어로 '바보, 멍청이'라는 뜻이다. 이런 이름이 붙은 도도새는 인도양의 작은 섬 모리셔스에서 서식했다. 이곳에서는 날지 않아도 과일을 구할 수 있고 천적도 없어 도도새는 땅에 둥지를 틀고 나무에서 떨어진 과일만 먹으면 됐다. 그러다 보니 살만 찌고 날개는 무용지물이 되고 말았다. 하지만 인간과 포유류가 유입되면서 상황이 달라진다. 날지도 못하고 살이 쪄 느려터지기만 한 도도새는 인간과 포유류에겐 너무도 잡기 쉬운 먹잇감이었다. 위험에 무방비로 노출된 도도새는 그 많던 개체 수가 급격히 줄어 끝내 멸종의 운명을 맞는다.

토인비가 도도새의 반대 논리로 제시한 사례는 정어리와 메기 이야기다. 여기서 '메기 효과catfish effect'가 탄생했다. 유럽 북쪽 먼바다에서 정어리를 잡는 어부들은 어떻게 하면 멀리 런던까지 정어리를 산 채로 운반할까 고민했다. 살아 있는 정어리가 식감도 좋아 높은 가격에 팔리는데, 대부분 항구에 도착하기 전에 죽으니 이 지역 어부들에겐 정어리를 살려서 갖고 오는 게 큰 고민거리였다. 그런데 한 어부만이 정어리를 활어 상태로 운반하고 있어 모두들 그 비법을 궁금해했다. 하지만 그 어부는 끝까지 비법을 공개하지 않아 그가 죽은 후에야 겨우 알려진다. 그 비법은 알고 보니 황당했고 단순했다. 정어리를 담아놓은 수조에 천적인 메기를 집어넣는 것이었다. 정어리가 가득 담긴 수조에 메기를 넣으면 정어리들이 다 잡아먹힐 것 같지만, 한두 마리가 죽더라도 대부분 살기 위해 이리저리 도망치면서 항구에 도착할 때까지 살아남는다는 것이다.

물론 토인비의 이런 논리에 대한 반론도 적잖다. 약자에 대한 강자의 억압을 합리화하는 측면이 강하고 과학적으로도 설득력이 떨어진다는 것이다. 과밀한 수조에 메기를 넣으면 당장은 정어리에게 생기를 불어넣을 수 있을지 모르지만 머지않아 산소와 에너지 고갈로 사망률이 높아질 것이라는 얘기다. 또 포식자가 곁에 있다는 사실만으로도 정어리는 스트레스에 먹이 찾기를 꺼려 결국 죽게 된다는 의견도 있다.

하지만 이런 반론에도 불구하고 인류 문명은 강력한 경쟁자의 등장과 이에 따른 응전을 통해 발전을 거듭했다. 세월이 흘러도 '메기 효과'가 여전히 유효한 이유다. 우리는 메기가 나타나면 '위기危機'의 '위危'만 보고 두려워하지만, 그 안에는 늘 새로운 활로를 열 수 있는 '기機'도 잠재해 있다.

#아널드 토인비 #도전과 응전 #도도새의 법칙 #메기 효과 #메기와 정어리

123

갈라파고스

시대착오와 동의어가 된 남미 적도의 섬

갈라파고스는 남미 에콰도르에서 서쪽으로 약 1,000킬로미터 떨어진 적도 부근 외딴 군도群島다. 비행기로 두 시간을 가야 닿는 이곳은 모두 19개의 화산 섬과 암초로 이뤄져 있다. 가장 큰 이사벨라섬이 제주도의 두 배, 전체 육지 면적은 제주도의 네 배가 넘는다. 1535년 에스파냐가 처음 이곳을 발견했을 때는 무인도였다. 에스파냐어로 거북을 '갈라파고galápago'라 하는데, 발견 당시 큰 거북이 많이 살고 있어서 붙여진 이름이다. 이 섬이 널리 알려진 것은 찰스 다윈Charles Robert Darwin이 《종의 기원On the Origin of Species》이라는 책을 펴내면서부터다. 다윈은 1835년 영국 군함 비글호의 동료들과 약 한 달간 머물면서 이곳 새들이 섬마다 조금씩 형태가 다른 것을 발견하고 진화론을 설명하는 토대를 만들었다.

이곳은 오랫동안 외부와 차단돼 있던 덕분에 거북, 펭귄, 이구아나 등 고유종이 살아가는 생태계 보고寶庫다. 태고의 신비가 그대로 깃들어 있다. 살아 있는 자연사박물관이라고 불리는 이유다. 이곳의 생물들은 사람이 다가가도 도망가지 않는다. 거북과 바다사자는 물론이고, 새들도 웬만해선 사람을 피하지 않는다. 사람이 위험한 동물이라는 것을 모르기 때문이다. 다른 곳에서 보기 힘든 특이한 종도 많다. 갈라파고스 가마우지는 현재 생존하고 있는 가마우지종 중에서는 유일하게 날 수 있는 능력을 잃어버린 조류다. 몸길이는 1미터에 가깝지만, 날개 길이는 25센티미터 정도밖에 되지 않는다. 몸무게도 다른 종이 수백 그램인 데 반해 이 종은 2.5~4킬로그램이나 된다. 이렇게 변한 것은 지상에 육식성 천적이 없는 데다 먹잇감도 풍부한데 굳이 날기 위해 고생을 하며 체중을 줄일 필요가 없었던 탓이다. 갈라파고스만의 이런 고유한 특성을 유지하기 위해 여행자들은 까다로운 규제를 감내해야 한다. 입도入島 인원이 제한돼 있어 반드시 예약을 해야 하고, 비행기를 타기 전엔 특별 검역을 받아야 한다. 도착해서도 서약서를 쓰고 정해진 길로만 다녀야 한다. 그래도 해마다 전 세계에서 20만 명가량이 이곳을 찾는다.

살아 있는 생태계의 보고인 갈라파고스는 여전히 태곳적 아름다움을 간직하고 있지만, 갈라파고스라는 말은 아이러니하게도 전혀 아름답지 않은 의미로 쓰인다. '시대착오'라는 말과 거의 동의어가 됐다. '고립', '외톨이'라는 부정적인 의미도 담겨 있다. 대표적인 것이 '갈라파고스 증후군Galapagos syndrome'이다. 전 세계적으로 쓸 수 있는 제품인데도 자국 등 일부 시장만을 염두에 두고 제품을 만들어 글로벌 경쟁에 뒤처지는 현상을 말한다. 일본 정보 기술IT 기업들이 1990년대부터 일본 시장에 특화한 독자적 기술과 서비스 및 제품을 발전시키면서 국제 표준과 세계시장의 흐름에서 벗어난 상황을 빗댄 표현이다.

최근에는 '갈라파고스 규제'라는 말이 자주 회자된다. 한마디로 시대착오적인 규제라는 얘기다. 특히 고립돼 있는 갈라파고스처럼 한국에만 있는 규제 또는 국제 기준보다 강한 규제를 이른바 갈라파고스 규제라고 비판한다. 수도권 규제, 중소기업 적합 업종, 금산 분리 등이 그런 비판 대상이다. 4차 산업혁명이 지구촌 화두가 된 뒤 갈라파고스라는 지명은 부정적 의미로 쓰이면서 다양한 파생어를 탄생시키고 있다.

#갈라파고스 #남미 에콰도르 #찰스 다윈 #종의 기원 #갈라파고스 증후군 #일본 정보 기술 #갈라파고스 규제 #시대착오

124

코브라 효과

코브라를 잡으려 했는데 더 많아졌다

영국이 인도를 식민 통치하던 시절 인도 델리에 맹독성 코브라가 창궐했다. 영국 총독부는 사람을 물어 죽이는 코브라를 퇴치하기 위해 코브라를 잡아오면 포상금을 지급하기로 결정했다. 시행 초기에는 총독부 의도대로 코브라 포획이 늘어 개체 수가 줄어들었다. 하지만 얼마 지나지 않아 이상한 현상이 벌어졌다. 길거리의 코브라는 거의 사라졌는데, 포상금 액수만 계속 늘어났던 것이다. 조사를 해보니 포상금을 받으려고 코브라를 사육하는 사람들이 대폭 늘어났다는 사실이 밝혀졌다. 심지어 코브라 농장까지 생겨났다. 총독부는 결국 포상금 제도를 없앴다. 그랬더니 델리 거리가 다시 코브라로 뒤덮이기 시작했다. 포상금을 목적으로 코브라를 사육하던 사람들이 쓸모없어진 코브라를 거리에 풀어버렸던 것이었다. 코브라 개체 수도 이전보다 늘었다. 결과적으로 포상금 제도는 안 하느니만 못한 정책이 돼버렸다.

이처럼 문제 해결을 위한 정책이 역효과를 부르는 현상을 '코브라 효과cobra effect'라고 부른다. 독일 경제학자 호르스트 지베르트Horst Siebert가 2001년 펴낸 동명의 저서를 통해 탄생시킨 용어다. 코브라 효과는 특히 사람들에게 어떤 행동을 이끌어내기 위해 시행한 보상 제도가 원래 취지와 다르게 악용될 경우를 설명할 때 자주 인용된다. 또 문제를 해결하겠다며 별다른 고민 없이 뚝딱 만들어낸 탁상행정이 현장에서 오히려 실패를 만들어내는 경우를 설명하는 데 활용되기도 한다.

후자의 대표적인 사례는 중국 마오쩌둥毛澤東이 1958년 실시한 '제사해 운동除四害運動'이다. 제사해는 '네 가지 해충을 제거한다'라는 뜻이다. 이때 네 가지 해충은 들쥐, 파리, 모기, 그리고 참새였다. 마오쩌둥은 중국의 곡식 생산량을 늘리고 인민들의 위생 수준을 높이기 위해 이 정책을 실시했다. 제사해 운동은 공산혁명 이후 수립된 중화인민공화국의 경제성장 정책인 '대약진 운동大躍進運動'의 첫 단계이기도 했다. 취지는 좋았지만 문제는 참새였다. 마오쩌둥은 참새가 인민이 노동으로 얻어낸 결실인 곡식을 도둑질하기에 해로운 동물이라고 생각했다. 그래서 공산당 지도부는 인민들을 동원해 조직적으로 참새잡이에 나섰고, 새를 많이 죽인 사람들에게는 각종 포상을 내리기도 했다. 당시 공산당 기록에 따르면, 이 참새 죽이기 운동, 속칭 '타마작 운동打麻雀運動'으로 인해 중국 전역에서 2억 마리의 참새가 죽었다.

하지만 참새는 곡식만 먹는 것이 아니라 대량의 해충을 잡아먹는 존재이기도 했다. 그래서 참새가 사라지자 해충이 창궐해서 쌀 생산량은 늘어나기는커녕 오히려 줄어들었다. 특히 메뚜기 개체 수가 폭발적으로 증가했다. 메뚜기 떼가 농지를 덮치며 작물을 초토화한 탓에 중국 인민은 쌀 수확량의 무려 50퍼센트를 잃었다. 2년 뒤인 1960년에야 마오쩌둥은 '네 가지 해충'에서 참새를 빼고 빈대를 넣었지만 이미 때는 늦었다. 참새의 멸종과 그로 인한 중국 생태계의 파괴는 3년에 걸쳐 4,000만 명 이상의 인민을 굶어 죽인 중국 대기근(1959~1961)을 촉발시킨다. 다시 참새가 필요해진 중국 공산당은 구舊소련에 애원해 20만 마리의 참새를 공수해서 중국 전역에 풀었다. 하지만 한번 무너진 생태계는 쉽사리 복원되지 않았다.

마오쩌둥의 제사해 운동은 시장 흐름과 현장 상황 등을 고려하지 않은 독단적 의사 결정이 얼마나 위험한지를 보여주는 사례로도 자주 인용된다. 어떤 정책이든 간에 시행 전에는 반드시 다양한 각도에서 비판 검토해야 한다는 교훈도 남겼다.

#인도 델리 #영국 총독부 #코브라 효과 #역효과 #호르스트 지베르트 #마오쩌둥 #제사해 운동
#참새

125

하얀 코끼리

미운 놈한테 하얀 코끼리를 선물한다

하얀색을 가진 동물은 예로부터 신성한 존재로 인식돼왔다. 유전적으로 멜라닌 색소가 부족해 생겨난 돌연변이라는 사실이 알려진 것은 과학이 발달된 최근의 일이다. 백호白虎, 하얀 까치, 하얀 제비, 흰 다람쥐 등이 그런 것들이다. 불교의 나라 태국에선 하얀 코끼리가 그런 존재였다. 석가모니釋迦牟尼의 어머니 마야부인摩耶夫人이 석가모니를 낳기 전 태몽으로 여섯 개의 상아가 달린 하얀 코끼리의 꿈을 꾸었다는 전설이 전해져 내려오기 때문이다. 그 덕에 하얀 코끼리는 국가의 상징이자 수호신 대접까지 받았다. 태국 국민에게 하얀 코끼리는 평화와 번영을 가져오는 축복의 영물이었다. 이런 이유로 태국 국기는 빨간색, 파란색, 흰색의 세 가지 색으로 이루어져 있는데, 빨간색은 국민, 파란색을 국왕을 의미하고, 그 사이의 흰색은 국왕과 국민을 연결해주는 하얀 코끼리, 즉 불교를 상징한다고 한다.

하지만 하얀 코끼리를 소유하는 데는 어마어마한 재력이 필요했다. 국왕이 아니고서는 키우기가 쉽지 않았다. 코끼리를 위한 별도의 커다란 궁전과 사원을 지어야 했고, 코끼리 전용 요리사도 둬야 했다. 죽이거나 학대하는 것은 법으로 금지돼 불가능했다. 더구나 코끼리는 하루에 200킬로그램 이상의 먹이를 먹고 70년이나 산다. 일반 사람들은 돈이 많이 들어 도저히 키울 수가 없었다. 그래서였을까. 고대의 태국 왕들은 마음에 들지 않는 신하에게 하얀 코끼리를 선물로 하사했다. 축복의 상징이니 외견상 선물로 그럴싸했다. 하지만 신하 입장에서는 집안을 거덜 내는 애물단지였다. 그렇다고 코끼리를 몰래 내다버리거나 죽일 수도 없었다. 잘못해서 죽이면 엄벌에 처해질 수 있기 때문이다. 어쩔 수 없이 코끼리를 열과 성을 다해 키우다가 끝내 패가망신하는 신세로 전락하고 만다. '하얀 코끼리 white elephant'는 이런 사연으로 인해 돈만 많이 들고 쓸모

없는 소유물을 뜻하는 상징어가 됐다. 겉보기만 그럴듯한 '빛 좋은 개살구'인 셈이다. 평창 올림픽 개최 이후 돈 먹는 하마가 된 올림픽 시설과 4대강 사업 등이 한국에선 대표적인 하얀 코끼리로 분류된다.

코끼리 때문에 골머리를 앓은 얘기는 조선 시대에도 있었다. 《조선왕조실록朝鮮王朝實錄》에 보면, 태종太宗 때 관리를 밟아 죽인 혐의로 전라도 섬으로 유배를 당한 기구한 운명의 코끼리가 있었다. 이 코끼리는 일본이 동남아 국가로부터 선물로 받은 것인데, 일본이 다시 조선에 바친 것이다. 태종은 섬에 유배된 코끼리가 날로 수척해지자 코끼리를 다시 육지로 보내 지방에서 돌아가며 보살피게 했는데, 문제가 전혀 해결되지 않았다. 1년에 수백 석의 콩을 먹는 엄청난 식성을 감당할 재간이 없어 코끼리가 해만 되고 이득이 없다는 상소문이 줄을 이었다. 세종世宗도 이 코끼리 때문에 골머리를 앓았다. 이때도 코끼리에 대한 지방의 상소가 이어져 세종은 "물과 풀이 좋은 곳을 가려서 이를 내어놓고 병들어 죽게 하지 말라"라고 당부했다는 기록이 남아 있다. 이 코끼리가 하얀색이었는지는 기록에 없지만 애물단지였던 것만은 분명하다.

또 방 안에 코끼리가 있다면 어떨까. 누구나 볼 수 있지만 처리하기가 쉽지 않다. '방 안의 코끼리'라는 용어가 생겨난 이유다. 누구나 알고 있지만 그 누구도 먼저 이야기를 꺼내지 못하는 크고 무거운 문제를 비유하는 말이다. 예나 지금이나 코끼리 처리 문제는 난제인 모양이다.

\# 태국 \# 하얀 코끼리 \# 태국 국기 \# 빨간색(국민) \# 파란색(국왕) \# 흰색(하얀 코끼리, 불교) \# 빛 좋은 개살구 \# 방 안의 코끼리

126

아르키메데스의 점

점 하나만 있으면 지구를 들어 올린다

3월 14일. 젊은이들은 바로 남자가 여자에게 사랑을 고백하는 날인 '화이트 데이'를 연상하겠지만, 서양에서는 이날을 '파이 데이'로 정해 행사를 하는 곳이 많다. 국내 한 제과회사가 이날을 초코파이의 마케팅 행사로 활용하기도 하지만 그 의미가 전혀 다르다. 무엇을 먹거나 선물하는 날이 아니라 수학에서 자주 등장하는 '파이π'를 기념하는 날이다. 파이는 원주율이고, 원주율은 원의 둘레를 지름으로 나눈 값을 말한다. 파이의 값이 대략 3.14여서 파이를 기억하고 기념하기 위해서 3월 14일을 '파이 데이'로 정해 다양한 학술적 행사를 연다. 미국 매사추세츠공과대학교MIT는 매년 합격자 발표를 3월 14일에 진행해 파이에 대한 인류의 존경심을 표현한다. 또 샌프란시스코 탐험박물관에서는 매년 이날에 3분 14초간 묵념을 한다. 파이와 수학에 대한 경이로움을 잊지 않기 위해서다.

'3.14159265358979……'로 이어지는 파이의 값을 구한 최초의 인물은 고대 그리스 수학자 아르키메데스Archimedes다. 그는 마땅한 계산기도 없던 기원전 3세기경 원을 그린 후 원의 안쪽과 바깥쪽으로 접하는 정다각형을 그려, 정다각형의 둘레를 이용한 방법으로 원주율을 계산했다. 당시 그가 손으로 계산한 원주율 값은 소수점 둘째 자리까지 정확했다. 그래서 파이를 '아르키메데스의 수'라고도 부른다.

그가 남긴 업적은 파이 외에도 많다. 지렛대 원리도 그중 하나다. 무거운 물체를 적은 힘으로 들어 올릴 수 있는 지렛대는 기원전 2500년께부터 사용돼왔지만, 그 원리는 아르키메데스에 의해 최초로 규명됐다. 그가 지렛대 원리를 이용해 개발한 투석기는 유효 거리가 200미터 이상으로 당시 로마군 투석기보다 두 배 이상 멀리 나갔고, 탄력을 얻기 위해 구부려 만든 다연발 활은 참호나 성

안에서도 멀리 있는 적을 향해 쏠 수 있었다.

그는 "충분히 긴 지렛대와 이를 받칠 수 있는 움직이지 않는 점만 있다면 지구를 들어 올려 보이겠다"라고 호언장담했다고 한다. 여기서 유래한 말이 '아르키메데스의 점'이다. 아르키메데스의 점은 움직일 수 없는 확실한 지식의 기초, 모든 지식을 떠받치고 있는 근본 등을 의미한다.

요즘도 자주 쓰이는 '유레카eureka'라는 말도 그와 관련된 일화를 통해 널리 알려졌다. 그리스어로 '찾았다' 또는 '알았다'라는 뜻의 '유레카'의 일화는 이렇다. 아르키메데스는 시라쿠사의 왕으로부터 새로 제작한 왕관이 순금으로 만들어졌는지 감정해줄 것을 요청받는다. 하지만 왕관을 손상시키지 않고 진위를 알아내기란 쉬운 일이 아니었다. 고민에 고민을 거듭하던 그는 잠시 휴식을 취하려고 욕조에 몸을 담갔다. 이때 욕조에 들어가자 물이 넘치는 것을 보고 왕관의 진위를 밝혀낼 묘책을 떠올렸다. 너무도 기쁜 나머지 벌거벗은 채 "유레카, 유레카"라고 외치며 욕탕에서 뛰어나온 게 전해지면서 '유레카'라는 말이 널리 퍼졌다고 한다. 아르키메데스는 왕관과 똑같은 무게의 순금을 물속에 담근 후 각기 넘쳐흐르는 물의 양을 비교함으로써 왕관이 가짜임을 밝혀냈다. 그가 발견한 '부력浮力의 원리'다.

죽음은 허망했지만 한편으로는 드라마틱하기도 했다. 로마군이 1년여의 공략 끝에 드디어 시라쿠사를 함락한 뒤 아르키메데스가 있는 곳으로 들이닥쳤다. 일흔다섯의 나이도 잊고 문제 풀기에 몰두하던 그는 장군을 만나러 함께 가자고 강요하는 로마 병사에게 "이 증명이나 좀 마칩시다"라고 대꾸했다가 단칼에 죽임을 당한다고 전해진다.

#3월 14일 #파이 데이 #원주율 #3.14 #아르키메데스 #지렛대 원리 #아르키메데스의 점 #유레카 #찾았다, 알았다 #부력의 원리

127

페르마의 마지막 정리

350년 동안 수학자들을 울린 문제

'증명할 수 없는 것은 수학이 아니다.' 이 명제를 풀어내기 위해 350년간 수학자들이 매달린 문제가 있다. 다름 아닌 '페르마의 마지막 정리Fermat's last theorem'다. 17세기 프랑스의 법률가 피에르 드 페르마Pierre de Fermat는 피타고라스의 정리($x^2 + y^2 = z^2$)를 약간 다르게 바꾼 식을 자신이 읽고 있던 책의 귀퉁이에 써놓았다.

"$x^n + y^n = z^n$, n이 3 이상의 정수일 때 이 방정식을 만족하는 정수 x, y, z는 존재하지 않는다."

수학을 취미로 삼았던 그는 수많은 정리를 만들고 증명해냈지만 이 문제만큼은 증명(설명)을 남기지 않았다. 이유도 허무맹랑하다. 그는 그 이유를 이렇게 적었다. "나는 이 정리에 대해 아름다운 증명을 발견했으나 책의 여백이 너무 좁아 적을 수가 없다."

그의 이 메모는 사후에 아들이 책으로 출간하면서 세상에 알려졌다. 각국의 수학자들이 증명 없이 남긴 이 글귀를 증명하기 위해 수없이 도전했지만 번번이 실패했다. 어느 하나의 가설을 만족하면 다른 곳에서 허점이 나오고, 또 다른 하나를 해결하면 또 다른 쪽에서 허점이 나와 누구도 퍼즐을 완벽하게 맞춰내지 못했다. 심지어 아르키메데스Archimedes, 뉴턴Isaac Newton과 함께 역사상 3대 수학자로 꼽히는 독일의 가우스Carl Friedrich Gauss조차 이 문제를 두고 "진위 여부를 증명할 수 없는 수학 정리"라며 증명을 포기했을 정도다.

전 세계 수학자들에게 이런 엄청난 난제를 던지고 사망한 페르마는 사실 '아마추어 수학자'였다. 단 한 편의 수학 논문도 발표하지 않았고, 스스로 발견한 내용도 세상에 공개하지 않았다. 그가 활동할 당시 법관들은 일반인과 자유롭게 만나는 것이 금지돼 있었다. 누구라도 법정에 나와 재판을 받을 수 있는 만큼 법관이 일반인과 만나면 판단에 영향을 받을 수 있다는 게 이유였다. 프랑스 툴루즈 지방법원의 법관이었던 그 역시 판결을 내리는 행위 외에는 사회로부터 고립될 수밖에 없었다. 그래서 밀려오는 고독과 외로움에서 벗어나기 위해 수학에 빠져든 것으로 전해진다. 그런 그가 사망하고 5년 뒤 그의 아들이 그의 메모를 모아 유고집을 내면서 법관이 아닌 수학자로서의 진가가 세상에 드러났다.

영원한 미스터리로 묻힐 것만 같았던 페르마의 마지막 정리는 무려 350년이 지난 20세기에 들어서 한 집념의 수학자에 의해 풀린다. 그 집념의 수학자는 앤드루 와일스Andrew Wiles 미국 프린스턴대학교 교수(현 영국 옥스퍼드대학교 교수)다. 1993년 6월 23일 그는 당시 40세의 나이로 케임브리지대학교 뉴턴 연구소에서 열린 학술 대회에서 페르마의 마지막 정리를 보기 좋게 증명해 참석자들로부터 빗발치는 박수갈채를 받았다. 이 소식이 전 세계에 긴급 뉴스로 타전된 것은 물론이다.

와일스 교수의 증명 과정은 한 편의 드라마였다. 열 살 때 도서관에서 "페르마의 마지막 정리는 보기에 간단하지만 300년 이상 풀리지 않고 있다"라는 내용을 수학책에서 보고, 이 정리를 푸는 것을 평생의 목표로 삼았다. 교수가 된 후 한동안 잊고 있다가 다시 본격적인 도전에 나서 7년 동안이나 다락방에 칩거하며 마침내 세기의 수학적 미스터리를 해결한다. 그는 이 공로를 인정받아 2016년 노르웨이가 수여하는 수학 분야의 노벨상인 '아벨상' 수상의 영광과 함께 8억 5,000만 원에 달하는 상금과 기사 작위까지 받았다.

#피에르 드 페르마 #법률가 #페르마의 마지막 정리 #앤드루 와일스 #아벨상

128

패러다임 시프트

뉴턴의 시대에서 아인슈타인의 시대로

1666년 뉴턴Isaac Newton이 사과가 땅에 떨어지는 것을 보고 착안했다는 중력의 법칙, 즉 만유인력의 법칙은 당시 자연계에서 일어나는 현상의 대부분을 설명해주며 고전물리학의 핵심 이론으로 자리매김했다. 만유인력의 법칙이란 모든 물체 사이에는 질량의 곱에 비례하고 물체 사이의 거리에 반비례하는 인력이 작용한다는 법칙이다. 하지만 속도가 빛만큼 빠르고 질량이 행성만큼이나 거대한 두 물체 사이에서는 뉴턴의 역학이 제대로 작용하지 않았다. 우주에 대한 관심이 높아지고 뉴턴의 법칙으로는 설명할 수 없는 것들이 점점 더 많아지던 그때 등장한 사람이 아인슈타인Albert Einstein이다.

아인슈타인은 빛의 속도는 결코 변하지 않고 빛보다 빠른 것은 없다는 광속 불변의 원리 아래에서는 관찰자의 속도에 따라 공간은 물론 시간 역시 상대적으로 변할 수 있다는 특수상대성이론을 1905년 발표했다. 그리고 1916년 시간과 공간은 서로 독립적인 것이 아니라 서로 영향을 주는 것이라는 시공간의 개념으로 중력의 작용을 밝힌 일반상대성이론도 발표했다. 일반상대성이론에 따르면 중력이라는 힘은 시공간의 곡률에 의해 발생하는데, 만약 질량이 행성만큼이나 커지면 시공간의 왜곡(중력)이 극심해진다. 시공간의 왜곡이 심해지면 시간마저 느리게 흘러갈 수 있다. 공상과학영화 등에서 나오듯 행성을 탐험하고 온 우주인의 시간이 지구인의 시간보다 느리게 흘러가는 일이 벌어질 수 있는 것이다. 아인슈타인은 이런 이론들을 이용해 수성의 공전 궤도나 별빛이 먼 곳에서 오다가 태양 부근을 지날 때 굴절되는 정도를 계산했는데, 실제 관측을 통해 계산이 모두 맞았다는 것을 증명해냈다. 즉, 뉴턴의 법칙은 지구 상의 현상들만 설명했지만 아인슈타인의 이론은 우주 전체의 운행까지 설명해냈다. 자연히 모든 과학자가 뉴턴의 이론을 대신해 아인슈타인의 이론을 채택하게 됐다.

고전물리학의 시대가 끝나고 현대물리학의 시대가 열린 것이다. 이런 혁명적인 과학적 변화를 패러다임의 전환, '패러다임 시프트paradigm shift'라고 한다.

패러다임 시프트는 미국의 과학철학자 토머스 쿤Thomas Samuel Kuhn이 1962년 저서 《과학혁명의 구조The Structure of Scientific Revolutions》에서 처음 소개한 말이다. 쿤에 따르면 패러다임paradigm이란 "어느 과학자 사회 구성원들이 공유하는 그 무엇"이다. 쿤은 과학의 발전이 패러다임에 기초해 이뤄진다고 주장했다. 패러다임이 전환되는 과정은 이렇다. 어떤 시대를 관통하는 이론(패러다임)이 있을 때 수많은 과학자가 그 이론에 기초해 여러 가지 문제를 푼다. 그런데 술술 풀렸던 문제들이 어느 순간 풀리지 않기 시작한다. 처음에는 이론을 의심하기보다 문제를 더 잘 해결하기 위해 노력하지만 해당 이론으로 해결되지 않는 문제가 계속 쌓이면 이론에 대한 의심이 싹튼다. 이때 기존 이론을 뛰어넘는 대안적 패러다임이 등장해 풀리지 않았던 문제를 아주 인상적으로 해결한다. 그러면 사람들은 대안적 패러다임에 더 큰 관심을 갖게 되고, 어느 순간 대안적 패러다임이 주류를 차지하게 된다. 즉, 낡은 패러다임이 과학혁명을 통해 새로운 패러다임으로 대체되는 것이다.

원래 쿤은 과학혁명의 과정을 설명하기 위해 패러다임이라는 개념을 도입했지만, 이 용어는 어느새 인문·사회학 분야 전반에서 두루 쓰이게 됐다. 지금 패러다임이라고 하면 과학자 사회뿐 아니라 한 시대를 관통하는 사람들의 견해나 사고를 지배하고 있는 개념의 집합체라는 의미로 해석된다. 사회를 지배하는 생각이나 정신이 혁명적으로 바뀔 때를 가리켜 패러다임 시프트라고 부르는 경우도 많다.

#뉴턴 #만유인력의 법칙 #고전물리학 #아인슈타인 #특수상대성이론 #일반상대성이론 #현대물리학 #패러다임 시프트 #토머스 쿤 #과학혁명의 구조

129

노벨 & 다이너마이트

규조토가 없었다면 다이너마이트도 노벨상도 없다?

어느 집이나 화장실, 욕실, 싱크대 앞에 놓여 있는 발 매트. 물기 흡수에 탁월할 뿐 아니라 악취 등 유해 물질까지 흡수하는 기능도 갖춰 가정의 생활필수품으로 자리 잡은 지 오래다. 여기에 사용되는 원료가 규조토diatomite인데, 수중에 사는 단세포생물인 규조류의 유해가 쌓여 이루어진 암석이나 퇴적물이다. 흡수력뿐 아니라 친환경 소재라는 장점 때문에 규조토는 여과보조제, 연마제, 첨가제, 살충제, 단열재, 흡착제 등 사용 범위가 갈수록 넓어지고 있다. 만약 이 규조토가 발견되지 않았다면 다이너마이트도 노벨상도 만들어지지 않았을 수 있다. 그 이유는 이렇다.

1833년 태어난 스웨덴의 발명가 겸 기업가 알프레드 노벨Alfred Bernhard Nobel은 군수업자인 아버지의 사업을 곁에서 보고 자라면서 니트로글리세린의 폭발력에 큰 관심을 갖는다. 이를 잘 활용하면 폭파가 필요한 건설 작업을 쉽게 할 방법이 될 수 있다는 판단 때문이었다. 아버지와 함께 니트로글리세린에 흑색화약을 섞어 만든 폭약의 특허도 냈다. 뛰어난 폭발력 때문에 폭약의 주문이 쇄도했지만 문제가 있었다. 니트로글리세린의 불안정성 탓에 폭발 사고가 잦았다. 동생도 폭발 사고로 잃었다. 기존에 사용하던 흑색화약에 비해 10배 이상의 폭발력을 가졌지만, 약한 충격에도 쉽게 폭발해 사람을 죽이는 사고가 끊이지 않는 게 노벨이 넘어야 할 난제였다.

하지만 그 해법은 너무도 우연히 다가왔다. 개인 실험실에서 니트로글리세린의 안정성을 확보하려고 고민하던 노벨은 실수로 니트로글리세린이 담긴 조그만 병을 바닥에 떨어뜨렸다. 폭발성이 높은 니트로글리세린이 터지면서 목숨을 잃을 수도 있는 절체절명의 순간이었다. 그런데 놀랍게도 아무 일도 일어나지 않았다. 왜 터지지 않았을까? 노벨은 곧 병이 깨진 자리에 규조토가 있었다는 사실을 알아차렸다. 니트로글리세린이 담긴 병이 규조토 위에 떨어져 깨진 순간 규조토에 닿은 니트로글리세린이 밀가루 반죽과 같은 물질로 바뀌어버린 것이다. 여기서 그리스어로 '힘'을 뜻하는 '디나미스dynamis'에서 이름을 딴 '다이너마이트dynamite'가 탄생한다. 노벨은 규조토를 섞은 니트로글리세린을 막대기 모양으로 만든 뒤 종이로 감쌌다. 니트로글리세린의 폭발성을 유지하면서 불안정성까지 해결한 것이다. 이후 노벨의 다이너마이트 사업은 탄탄대로였다. 20개국 90여 개가 넘는 지역에 다이너마이트 생산 공장과 실험실을 세워 막대한 부를 축적한다.

그러면 노벨은 왜 전 재산을 헌납해 노벨상을 만들었을까. 여기에는 두 가지 얘기가 나온다. 다이너마이트를 건설 현장에 활용하려고 만들었는데 전쟁에 쓰이면서 그 책임감으로 노벨상을 만들었다는 게 그 하나. 이와 관련해 노벨은 다이너마이트가 살상용으로 악용되는 데 끊임없이 반대했다는 이야기도 전해진다. 다른 하나는 무시무시한 파괴력을 가진 다이너마이트를 보유하면 상대방이 전쟁을 할 엄두를 내지 못할 것으로 판단해 군수용도 개발했는데, 오히려 사상자가 더 늘고 전쟁도 참혹해지자 죄책감에 노벨상을 만들었다는 것이다. 노벨상을 만든 진짜 이유로 이 내용이 정설로 받아들여지고 있다.

노벨은 전 재산을 헌납하며 노벨 화학상, 노벨 물리학상, 노벨 생리·의학상, 노벨 문학상, 노벨 평화상 등 총 다섯 개의 노벨상을 만들 것을 유언으로 남겼다. 노벨 경제학상은 노벨의 유지가 아니다. 노벨 경제학상은 스웨덴 중앙은행이 창립 300주년 기념사업으로 1969년 제정했다.

#스웨덴 #알프레드 노벨 #니트로글리세린 #규조토 #다이너마이트 #노벨상

130

쓰나미

신의 분노가 몰고 오는 지진해일

고대 로마 사람들은 화산 폭발로 사라진 폼페이가 '신의 분노'를 샀다고 생각했다. 영어로 '화산'을 뜻하는 '볼케이노volcano'는 로마 신화 속 불의 신 '불카누스Vulcanus'에서 유래됐다. 화산 밑에 산다는 의미의 라틴어 '불카노수스vulcanósus'도 마찬가지다. 불카누스는 그리스 신화에서는 불과 대장장이의 신 헤파이스토스다. 고대 로마 사람들은 불카누스가 쾌락에 빠져 허우적대는 폼페이 사람들에게 화가 나 화산을 폭발시켜 도시 전체를 불과 화산재로 덮어버렸다고 생각했다.

이런 화산과 지진이 빈번히 발생할 수 있는 곳을 '불의 고리ring of fire'라고 부른다. 환태평양 조산대를 칭하는 말이다. 태평양을 둥글게 감싼 모양이라고 해서 환태평양環太平洋이라고 하고, 지진과 화산 발생이 빈번하고 산맥을 형성하고 있다고 해서 조산대造山帶라는 말을 썼다. 전 세계 활화산과 휴화산의 75퍼센트가 이 불의 고리 지역에 위치해 있으며 전 세계 지진의 80~90퍼센트가 이곳에서 일어난다. 이 불의 고리로 불리는 환태평양 조산대를 따라 지진이 도미노처럼 이어지면서 곧 초대형 강진이 밀려오는데, 이로 인해 '쓰나미', 즉 지진해일이 발생한다. 쓰나미는 지진, 해저화산 폭발 등 급격한 지각변동의 여파로 바닷물이 사방으로 퍼져나가 해안까지 밀려드는 해일이다. 일본어로 '항구'를 뜻하는 '쓰津'와 '파도'를 가리키는 '나미波'가 합쳐진 말이다. 글자 그대로 번역하면 '항구의 파도'라는 뜻이다.

그러면 왜 지진해일을 쓰나미라고 부르게 된 것일까. 그 유래는 1946년으로 거슬러 올라간다. 1946년 4월 1일 알래스카 근처의 우니마크섬에서 리히터 규모 7.2의 강진이 발생했다. 이로 인해 생성된 거대한 해일이 하와이를 덮치면서 165명이 사망하는 참사가 벌어졌는데, 이 사건을 보도한 현지 일본계 신문이 '쓰나미'라고 쓴 것이 계기가 됐다고 전해진다. 그로부터 2년 후 미국 정부는 하와이에 지진해일 경보 센터를 설립하면서 이 센터의 명칭에 영자로 '쓰나미Tsunami'를 포함시켰고, 이후 1968년 국제해양회의에서 '쓰나미'를 학술 용어로 정식 채택했다고 한다.

높은 파도를 의미하는 해일에는 지진해일 외에도 폭풍해일이 있는데, 발생원인에 따른 분류다. 우리나라에서 자주 관찰되는 것이 바로 폭풍해일이다. 여름철마다 발생하는 태풍의 영향을 받는다. 저기압으로 높아진 해수면에서 강한 바람으로 인해 높은 파도가 형성되고, 이 파도가 육지로 진입하면서 피해를 입힌다. 반면 지진해일, 즉 쓰나미는 지층이 끊어지는 단층에 의해 발생한다. 바닷속 지층이 끊어지며 많은 양의 에너지가 방출되고 주변의 바다에 큰 파동을 만들어낸다. 이 파동은 물속에서 진행될 때는 큰 변화가 없어 보이지만, 해안에 가까워지면서 막대한 양의 에너지가 수면 위로 올라오며 엄청난 높이의 파도를 만들어낸다. 이 파도의 위력은 실로 엄청나다. 상상을 초월한 인명 피해와 재산 손실을 불러일으키며 해안 지역을 초토화시킨다.

대표적인 게 2011년 발생한 동일본 대지진이다. 일본 관측 사상 최대인 리히터 규모 9.0의 지진이 발생한 여파로 일본 해안 지역에 최고 높이 20미터가 넘는 쓰나미가 밀려왔다. 이 해일로 후쿠시마현에 위치한 원전의 가동이 중지되면서 방사능 누출 사고까지 발생했다. 일본 정부가 공식 집계한 사망자는 1만 5,899명이다. 여기에 실종자 2,529명과 15만 명 이상의 이재민이 발생했다. 후쿠시마 지역에는 여전히 사람의 발길이 끊겨 있다. 쓰나미는 '항구의 파도'라는 낭만적인 이름과 달리 순식간에 모든 것을 쓸어버리는 파도다.

#볼케이노 #불카누스 #불의 고리 #환태평양 조산대 #쓰나미 #항구의 파도 #지진해일 #폭풍해일 #동일본 대지진

빅뱅

대폭발이 탄생시킨 우주, 지금도 관찰되는 태초의 빛

'빅뱅Big Bang' 이론은 이름이 가진 유명세에 비해 내용을 잘 알고 있는 사람이 많지 않다. 빅뱅 이론은 '우주는 어떻게 탄생했는가'라는 자못 장대하고 심오한 질문에 대한 답을 담고 있는 이론이다. 이름에서만 유추해보면, 태초에 대폭발(빅뱅)이 일어났고 우주가 탄생했다는 정도다. 하지만 실제 우주가 태어나는 과정에 우리의 상상처럼 '쾅쾅' 소리를 울리는 대폭발은 없었다. 아무것도 없던, 무無의 공간에서 이뤄진 우주의 탄생은 폭발이라기보다 폭발에 가까운 팽창이었기 때문이다. 소리를 전달할 매질조차 없기에 소리가 났을 리 없지만, 소리로 비유하더라도 '쾅'보다는 '쑥'이나 '훅'에 가깝지 않았을까.

빅뱅 이론에 따르면, 너무 작아서 크기를 표현하기도 어려울 만큼 작았던 우주는 너무 짧아 시간을 표현하기도 어려울 만큼 짧은 순간 정신없이 팽창하기 시작해 상상하기도 어려울 만큼 거대한 크기가 되었다. 팽창 후 1초도 안 되는 짧은 시간 안에 중력을 비롯해 물리학을 지배하는 각종 힘들이 출현했고, 아무것도 없던 공간에는 셀 수 없이 많은 광자·양성자·전자·중성자 등을 포함한 갖가지 소립자素粒子들이 생겨났다. 1분도 채 지나지 않아 우주의 지름은 수천조 킬로미터에 이르며, 약 3분 만에 우주에 존재할 모든 물질의 98퍼센트가 만들어졌다. 우리가 사는 우주의 탄생이다.

학자들의 격렬한 논쟁 결과, 이런 일이 일어난 것은 약 137억 9,900만 년 전으로 합의가 이뤄졌다. 우주의 시작점이자 시간의 시작점이다. 우리가 사는 우주는 그때부터 꾸준히 팽창해 지금도 팽창하고 있다. 현재 관측되는 우주의 팽창 속도는 1메가파섹당 초속 68킬로미터다. 관찰자로부터 1메가파섹, 약 326만 광년 떨어져 있는 물체는 초속 68킬로미터의 속도로 멀어지는 듯 보인다는 의미다. 바람을 불어 넣어 부풀어 오르는 풍선처럼 우주는 계속 팽창하고 있고, 은하들 사이의 거리는 점점 더 멀어지고 있다. 빅뱅 이론이 허무맹랑한 소리가 아니라 과학적 진실이라는 권위를 획득하게 된 것은 바로 이 '팽창우주론'의 증거를 발견한 덕분이다.

1946년 천체물리학자 조지 가모프George Gamow는 우주가 오래전 지금보다 훨씬 더 작은 크기에서 출발해 지금까지 팽창해온 것이 확실하다면 과거 수천 도에 달할 정도로 뜨거웠던 우주는 팽창한 우주 전역에 골고루 에너지를 나눠주며 아주 차갑게 식어가고 있을 것이라고 생각했다. 또 그는 태초의 빅뱅에 의해 만들어진 빛이 우주를 가로질러 지구에 도달할 것이므로 우리가 관찰할 수 있으리라 주장했다. 그의 가설이 사실로 드러난 것은 약 20년 후다. 전파천문학자였던 아노 앨런 펜지어스Arno Allan Penzias와 로버트 윌슨Robert Woodrow Wilson은 1964년 벨 연구소Nokia Bell Labs 소유의 대형 통신 안테나를 활용할 방법을 찾다가 매우 성가신 미세 잡음을 발견한다. 이 잡음은 하늘의 전역에서 쏟아지고 있었고 낮과 밤, 계절에 상관없이 끊임없이 들려왔다. 게다가 잡음의 온도는 아주 차가워 절대온도 3K(영하 273.15도)에 가까웠다. 이 잡음은 가모프가 추측했던 그것, 즉 '우주배경복사cosmic microwave background radiation'였다. 이들은 우연히 우주에서 가장 오래된 빛, 빅뱅이 우주에 남긴 최초의 흔적을 만난 것이다. 사실 펜지어스와 윌슨은 이 잡음이 무엇인지도 몰랐고 잡음의 원인을 설명하지도 못했지만, '최초의 빛The first light'을 발견한 공로를 인정받아 1978년 노벨 물리학상을 수상했다.

빅뱅 직후 새어 나오기 시작한 빛은 지금도 우리 주변을 맴돈다. 심지어 거실의 텔레비전을 통해서도 미세하게나마 관측할 수 있다. 매일 밤 모든 방송이 끝난 후 만날 수 있는 무질서한 무늬와 소음 속에는 빅뱅 직후 탄생한 우주의 앳된 모습이 아주 조금은 섞여 있다고 한다.

#빅뱅 #우주의 탄생 #팽창우주론 #조지 가모프 #우주배경복사 #최초의 빛

블랙홀

빛조차 빠져나올 수 없는 우주의 신비로운 공간

블랙홀black hole이라는 이름을 들으면 뻥 뚫린 구멍부터 떠오른다. 다들 비슷했는지 과거의 공상과학영화 등을 보면 블랙홀을 통과해 다른 차원으로 가는 장면이 많이 나온다. 하지만 사실 블랙홀은 구멍이라기보다는 깊고 좁은 구덩이에 가깝다. 안쪽에서 어마어마하게 강력한 중력이 당기기에 무엇도 빠져나오지 못한다. 이곳에서 빠져나오려면 탈출 속도가 빛의 속도를 넘어야 한다고 하는데, 빛보다 빠른 것은 세상에 없으니 빛조차 빠져나오지 못한다. 그래서 우주에서 이곳을 본다면 마치 검은 구멍처럼 보이는 것이다. 이런 특징 탓에 이 공간은 1962년 블랙홀이라는 이름을 얻었다. 이름은 20세기에 얻었지만 블랙홀의 개념은 18세기 말부터 존재했다. 뉴턴Isaac Newton의 중력 법칙이 대세였던 고전물리학의 시대에도 과학자들은 물체의 질량이 극대화하거나 중력을 엄청나게 키우면 어떤 일이 벌어질지에 대해 논의했다. 그리고 우주 어딘가에는 중력이 빛조차 잡아채는 블랙홀 같은 천체가 있으리라는 아이디어를 냈다. 이런 천체는 영국 등 서유럽에서는 '암흑성dark star', 구소련 등에서는 '얼어붙은 별frozen star'이라고 불렸다. 빛을 반사하지 않고 삼켜버리는 천체이니 어둡고 추우리라 생각했던 모양이다.

블랙홀에 대한 본격적인 논의가 이뤄진 것은 아인슈타인Albert Einstein의 일반상대성이론이 등장한 후부터다. 중력의 작용을 시공간의 왜곡으로 설명한 아인슈타인의 이론은 블랙홀의 탄생 비밀을 밝혀낸다. 블랙홀은 수명이 다한 별, 이른바 별의 사체에서 탄생한다고 볼 수 있다. 거대한 크기와 무게를 가진 별은 무거운 질량만큼이나 강한 중력의 힘을 받지만, 내부에서 밖으로 밀어내는 핵융합과 같은 압력도 존재한다. 하지만 서로 균형을 이루는 힘 중 압력이 사라진다면 어떨까. 중력만이 강하게 작용하기에 별을 이루고 있던 모든 것이 중력에

빨려 들어가며 별은 점점 수축할 것이다. 이렇게 중력 수축을 받아 별이 계속 작아지면 크기는 사라지고 엄청난 질량이 압축된 한 점이 되는데, 이게 바로 블랙홀이다. 아인슈타인의 이론에 매달려 우주의 현상과 씨름한 이론물리학자들은 블랙홀의 구조 등에 대해 이렇게 예측했다. 중심에는 시공간의 왜곡이 무한대로 커지는 이른바 '특이점特異點, singularity'이 있고, 특이점을 둘러싼 일종의 경계로 '사건의 지평선Event horizon'이 존재한다. 특이점은 시공간의 휘어짐이 무한대로 커지는 공간이기에 다가갈수록 빛은 물론 시간마저 느려지다 아예 멈춰버리고 말 것이다. 그렇기에 관찰자들은 특이점에 대해서는 아무것도 볼 수가 없다. 그 대신 우리는 '관측 가능한 현상이 일어나는 경계'를 의미하는 '사건의 지평선'만 겨우 볼 수 있을 것이다.

과학자들의 상상은 아인슈타인의 상대성이론이 탄생한 지 100여 년 만인 2019년 4월 실제 블랙홀의 모습을 최초로 촬영한 영상을 통해 입증됐다. 여덟 개의 대형 전파망원경을 동원한 '사건의 지평선 망원경Event Horizon Telescope: EHT' 프로젝트를 통해서였다. 전 세계 13개 연구 기관이 참여한 이 국제 공동 프로젝트는 지구로부터 5,500만 광년 떨어진 처녀자리 은하단 M87 중심부에 있는 블랙홀을 관측하는 데 성공한다. 캄캄한 블랙홀 주변이 밝은 빛의 고리로 둘러싸여 있는 모습은 상상 속 블랙홀과 꼭 닮아 있었다. 이 경이로운 발견을 기리기 위해 스위스 왕립 과학원 노벨 위원회는 2020년 노벨 물리학상 수상자로 영국, 독일, 미국의 물리학자 세 명을 선정한다. 실제 우주에 블랙홀이 존재할 수 있다는 가능성을 이론적으로 입증해낸 영국의 물리학자 로저 펜로즈Roger Penrose와 우주에 블랙홀이 있다는 가능성을 믿고 실제 관측을 성공시킨 독일의 라인하르트 겐첼Reinhard Genzel, 미국의 앤드리아 게즈Andrea Ghez가 바로 그 주인공들이다.

#블랙홀 #중력 #아인슈타인 #일반상대성이론 #별의 사체 #특이점 #사건의 지평선

힉스 입자

'신의 입자'에 대한 오해와 진실

과학의 세계에는 '신神의 입자'라고 불리는 것이 있다. 만물의 근원이 되는 모든 소립자素粒子에 질량을 부여하고 사라지는 입자다. 지극히 작은 데다 금세 사라져버리기에 쉽사리 찾을 수도 없다. 그래서 존재가 예측된 후로도 50년 가까운 시간 동안 실제 존재하는지조차 확인하지 못했다. 1964년 영국 물리학자 피터 힉스Peter Higgs에 의해 처음 제안된 이래 긴 시간 가설로만 존재했던 입자. 세계 80개국 9,000여 명의 물리학자들이 참여한 사상 최대의 실험을 통해 2012년에야 마침내 존재가 확인된 입자. 바로 '힉스', 정식 명칭 '힉스 보손higgs boson'이 그 주인공이다.

인류는 꽤 오래전부터 세상 모든 물질의 근원이 무엇인지를 궁금해했다. 물질의 근원에 대해 최초로 아이디어를 낸 사람은 기원전 5세기 말부터 활약한 고대 그리스의 사상가 데모크리토스Democritos다. 그는 "물질은 더 이상 쪼갤 수 없는 입자"로 이루어져 있다는 '원자설'을 처음으로 제안했다. 그는 이 입자를 더 나눌 수 없다는 뜻에서 '아토모스atomos'라고 불렀는데, 원자atom의 어원이 됐다.

하지만 데모크리토스의 주장은 약 2,000년 후인 1803년에야 재조명된다. 영국 물리학자인 존 돌턴John Dalton이 질량 보존의 법칙 등을 설명하며 모든 물질은 더 이상 쪼개지지 않는 원자로 이뤄졌다는 '원자 이론'을 발표한 것이다. 돌턴의 이론은 오랜 기간 해온 실험을 토대로 한 것이었고, 세상의 많은 현상을 설명하는 데도 유용했다. 그래서 혁명적인 내용을 담고 있음에도 불구하고 빠르게 사람들에게 받아들여졌다.

하지만 더 쪼갤 수 없다고 믿었던 원자를 더 쪼갤 수도 있다는 사실이 계속 밝혀졌다. 1897년 영국 물리학자 조지프 존 톰슨Joseph John Thomson이 원자의 '부품'인 전자電子를 발견했고, 1908년 역시 영국 물리학자인 어니스트 러더퍼드Ernest Rutherford가 원자핵을 찾아냈다. 양성자·중성자 등의 존재도 차례차례 밝혀졌다. 이처럼 원자 구조를 구성하는 입자들을 '아원자 입자亞原子粒子'라고 불렀는데, 과학자들은 마침내 이 아원자 입자마저 더 잘게 쪼개진다는 사실을 알아낸다. 즉, 우주의 모든 공간을 채우고 있는 최소 단위의 물질, 소립자들을 발견한 것이다. 그중 하나가 바로 물질에 질량을 부여하고 중력의 영향을 받게 하는 힉스다.

그런데 엄밀히 말해 입자에 질량을 주는 건 힉스가 아니다. 과학자들은 물질이 질량을 가지는 과정에 관해 다음과 같은 가설을 세웠다. 우주에는 힉스 입자로 가득 채워진 '힉스 장field'이라는 게 있는데, 입자가 힉스 장을 통과하면서 어떤 상호작용을 한 결과 질량을 부여받는다는 것이다.

한편 힉스가 '신의 입자'라는 별명을 가지게 된 데는 재미있는 사연도 있다. 미국 실험물리학자인 리언 레더먼Leon Max Lederman은 과학 저널리스트 딕 테레시Dick Teresi와 함께 1993년 입자물리학의 역사와 힉스 입자에 관한 책을 출판했는데, 두 사람이 생각한 원래 제목은 '빌어먹을 입자Goddamn Particle'였다. 아무리 애를 써도 도무지 발견되지 않는 힉스에 대한 애증을 담은 제목이었다. 하지만 출판사가 그래도 욕은 너무하다고 생각해 'damn'을 빼버렸다. 그렇게 해서 힉스는 '신의 입자God Particle'라는 아름다운 별명을 얻게 됐다.

신의 입자 # 피터 힉스 # 힉스 보손 # 데모크리토스 # 원자설 # 아모토스 # 존 돌턴 # 원자 이론 # 아원자 입자 # 힉스 장

행성 & 신

행성마다 왜 신화 속 신의 이름이?

고대 그리스 시대에도 컴퓨터가 있었다? 믿기 힘든 얘기지만 그 비슷한 장치가 발견됐다. 세계 최초의 아날로그 컴퓨터로 알려지고 있는 '안티키테라 메커니즘Antikythera Mechanism'이다. 이 놀라운 장치는 1900년 그리스령인 안티키테라섬 앞바다의 고대 난파선에서 발견됐는데, 기원전 1~2세기에 만들어진 것으로 추정된다. 누가 만들었는지 알 수 없지만, 이 장치는 태양과 달의 위치, 그리고 다른 행성의 궤도까지 정확하게 계산할 수 있었다고 한다.

이런 발달된 기계 덕분인지 서양 천문학의 기초는 고대 그리스·로마 시대에 다져졌다. 영어로 행성을 의미하는 '플래닛Planet'은 이 시절 천문학자들이 일정한 빛이 하늘을 가로질러 이동하는 것에 주목해 '플라네타이planetai'라고 부른 데서 유래됐다고 한다. 그리스어로 '방랑자'라는 의미다. 당시 행성을 수성, 금성, 화성, 목성, 토성, 그리고 태양과 달 등 총 일곱 개로 봤는데, 모두 육안으로 볼 수 있었기 때문이다. 태양이 행성이 아니라 별(항성)이고 지구가 행성이라는 사실이 밝혀진 것은 16세기 코페르니쿠스Nicolaus Copernicus에 의해서다. 이런 이유로 일주일이 월화수목금토일 7일이 되고, 이 행성들에 신화 속 신들의 이름이 붙여졌다. 행성 이름에 유독 로마 신화의 신이 많은 것은 이 시대에 천문학이 더욱 빛을 발했기 때문이다.

당시 천문학자들은 행성에 이름을 붙이면서 나름의 의미를 부여했다. 빠른 속도로 태양 둘레를 도는 수성Mercury은 로마 신들 중 전령 역할을 한 날개 날린 메르쿠리우스Mercurius에서 따왔다. 수성이 1초에 48킬로미터의 속도로 공전할 정도로 행성 중에 가장 빨라 태양의 심부름을 하는 것처럼 보이는 데서 착안한 이름이다. 금성Venus에 미의 여신 베누스Venus의 이름이 붙여진 것은 새벽이나 초저녁 하늘에서 아름답게 빛나기 때문이다. 화성Mars에 마르스Mars라는 이름이 붙여진 것은 색깔 탓이다. 화성은 산화철로 이루어져 있어 육안으로 보면 항상 붉게 보인다. 로마인들은 이런 붉은색이 불타오르는 전쟁을 연상케 한다면서 전쟁 신 마르스의 이름을 붙였다. 목성Jupiter은 최고신 유피테르Jupiter에서 따왔는데, 크기에서 착안한 이름이다. 목성은 행성 중 가장 크다. 그래서 제왕의 이름을 갖다 붙였다. 유피테르는 그리스 신화에서는 제우스에 해당하는 신들의 제왕이다. 목성이 다른 행성에 비해 특별히 밝은 것도 아니고 당시만 해도 가장 큰 행성이라는 사실이 알려지지도 않았는데 어떻게 이런 이름을 붙였는지는 여전히 미스터리다. 토성Saturn은 농업의 신 사투르누스Saturnus에서 유래됐는데, 토성에 고리가 있다는 것은 오래전부터 알려진 사실이었다.

그리스·로마인들은 토성까지 울타리가 쳐진 이 태양계가 우주의 전부인 줄 알았다. 하지만 이후 망원경이 발견되면서 천왕성, 해왕성, 명왕성 등 세 개의 행성이 더 있다는 사실을 알게 된다. 이 행성들은 나중에 발견됐지만 여전히 신화 속 이름이 붙여진 것은 현대 천문학자들도 그리스·로마 시대의 작명 방식을 그대로 따르기로 했기 때문이다. 천왕성Uranus에 하늘의 신 우라노스Ouranos, 해왕성Neptune에 바다의 신 넵투누스Neptunus, 명왕성Pluto에 지하세계의 신 플루톤Pluton의 이름이 붙여진 이유다. 이 중 달은 지구의 위성이라는 이유로, 명왕성은 크기가 작고 일정 궤도를 갖고 있지 않다는 이유로 행성 지위에서 탈락하면서 현재까지 태양계 행성은 여덟 개다.

\# 안티키테라 메커니즘 \# 플래닛 \# 행성 \# 플라네타이 \# 방랑자 \# 코페르니쿠스 \# 로마 신화 \# 수성
\# 메르쿠리우스 \# 금성 \# 베누스 \# 화성 \# 마르스 \# 목성 \# 유피테르 \# 토성 \# 사투르누스 \# 천왕성
\# 우라노스 \# 해왕성 \# 넵투누스 \# 명왕성 \# 플루톤

이슬람 & 초승달

초승달은 언제부터 이슬람을 상징하게 됐을까?

기독교의 상징은 십자가다. 예수 그리스도가 인류의 죄를 짊어지고 십자가에 못 박혀 죽고 다시 부활한 사건이 계기가 됐다고 보는 게 보편적인 시각이다. 로마제국 시절에는 범죄자를 매달아 올리던, 고통의 상징이었던 십자가가 예수를 만나면서 성스러운 구원을 의미하게 됐다고 볼 수 있다.

불교의 상징인 만자卍字는 기원을 아리아인에게서 찾는다. 아리아인은 중앙아시아 초원 지대의 유목민 출신으로, 인더스문명이 번성한 갠지스강 유역에 정착해 현대 인도인의 뿌리가 된 민족이다. 그래서인지 만자는 힌두교와 자이나교 등 인도 계통의 종교에서 상징으로 두루 쓰인다. 아리아인은 태양을 숭배했다고 전해지는데, 만자는 태양이 빛나는 모양을 표현한다. 인도에서는 특히 만자가 행운과 윤회를 상징한다고 여겨져 널리 사용돼 왔다. 또 유명한 '만자'로는 악명 높은 독일 나치의 상징 '하켄크로이츠Hakenkreuz'가 있는데, 사실 불교와 기원이 같다. 히틀러가 아리아인의 순수성을 회복하겠다며 직접 만든 상징인 것이다. 불교와 나치의 문양을 구분하자면 불교는 갈고리가 왼쪽으로 꺾인 '좌만자'이고 하켄크로이츠는 '우만자'다. 둘 중 우만자가 원형이라고 하는데, 만자가 불경과 함께 중국으로 전해지며 위치가 바뀌었다는 것이 정설이다. 중국에서는 왼쪽을 더 귀한 자리로 봤기 때문이다.

3대 종교의 상징 중 가장 뜬금없게 느껴지는 것이 이슬람교의 상징 초승달이다. 터키·파키스탄·알제리·튀니지 등 이슬람을 믿는 대부분 국가의 국기에 초승달이 그려져 있고, 이슬람 사원 첨탑에도 어김없이 초승달이 걸려 있다. 십자가나 만자는 기독교·불교뿐 아니라 세계 여러 지역에서 민족·종교 등에 두루 쓰였지만 초승달은 그렇지 않다. 그나마 발견되는 기록이 그리스 신화에서 달의 여신 아르테미스의 상징으로 여겨졌다는 것 정도다. 여담으로 16세기 평생 결혼하지 않았던 영국의 엘리자베스 1세Elizabeth I를 아르테미스에 빗대어 숭배하는 일이 유행했는데, 당시 여왕의 상징물로 초승달을 썼다고 한다.

오늘날 초승달이 이슬람의 상징이 된 것도 아르테미스와 관련이 있다. 학계는 초승달이 이슬람의 상징이 된 계기를 1453년 5월 29일 오스만제국이 동로마제국의 수도 콘스탄티노플을 함락한 사건에서 찾는다. 유럽인들에게는 330년 5월 도시 이름을 비잔티움에서 콘스탄티노플로 바꾸며 탄생한 동로마제국의 천년 역사가 끝을 맺은 비극적인 날로 기억되겠지만, 오스만튀르크에는 이보다 더 기쁜 날이 없었다. 콘스탄티노플 시내로 몰려들어 마음껏 기쁨을 누리던 오스만튀르크군의 눈에 띈 것은 바로 도시 곳곳을 장식하고 있는 초승달 문양들이었다. 이 도시는 달의 여신 아르테미스를 수호신으로 삼아 초승달을 상징으로 하고 있었다. 오스만제국은 초승달을 그대로 가져와 제국의 위대한 승리를 기념하는 상징으로 채택했다. 이후 초승달은 널리 퍼져 오스만제국과 이슬람교 전체의 상징으로 자리 잡는다.

또 다른 설도 있다. 610년 무함마드Muhammad가 알라로부터 최초의 계시를 받던 때 초승달과 샛별이 어우러져 떠 있었던 사건에서 유래했다는 것이다. 사실 이슬람이 자리 잡은 메소포타미아 지역에는 과거부터 달을 숭배하는 문화가 있었다고 한다. 이슬람교가 창시되기 전부터 수메르, 우르, 바빌론 등지에서는 달의 신을 주신으로 삼아 생활했고, 그런 지역적인 풍습이 이슬람에 그대로 녹아들었다는 말이다. 실제로 초승달은 이슬람에서 신성하게 여기는 기간인 '라마단Ramaḍān'과도 관계가 깊다. 라마단은 이슬람력으로 아홉 번째 달 내내 해가 떠 있는 낮 시간에는 음식과 물, 술 등을 먹지 않는 속죄 기간을 말한다. 라마단은 초승달이 뜨는 시기에 시작해 다음 초승달이 뜨는 시기에 끝난다.

#기독교 #십자가 #불교 #만자 #이슬람교 #초승달 #아르테미스 #달의 여신 #달 숭배

야수파 & 입체파
현대미술의 혁명

"지금 파리는 마티스와 피카소 패거리, 두 진영이 지배한다." 지금으로부터 100년여 년 전인 20세기 초 현대미술의 용광로였던 파리는 야수파Fauvism와 입체파Cubism로 들끓었다. 미술계에 '다른 세계'를 열어젖혔기 때문이다.

하지만 처음부터 창대했던 것은 아니다. 먼저 터져 나온 것은 조롱과 비아냥거림이었다. 야수파라는 말도 앙리 마티스Henri Matisse, 모리스 드 블라맹크Maurice de Vlaminck 등 당시 젊은 작가들의 작품을 보고 경악한 비평가가 "야수들Fauves"이라고 혹평한 데서 탄생됐다. 야수파는 본래 사물이 가지고 있는 자연색을 무시하고 작가가 느낀 주관적 감정에 따라 색을 마음대로 썼다. 앙리 마티스가 자신의 아내를 그린 초상화의 경우 얼굴은 녹색·연보라색·파란색으로, 목은 빨강과 주황색으로, 모자 밑으로 보이는 머리카락은 한쪽은 빨강, 다른 한쪽은 녹색이었다. 지금이야 '색채의 마술사'로 평가받지만, 당시 평론가들은 마티스의 야수 같은 짓에 분노했다.

야수파는 확고한 이념을 가지고 출발한 유파라기보다 인상파나 신인상파의 타성적인 화풍에 반기를 든 젊은 작가들의 실험주의에서 시작됐다. 그래서 그 흐름도 오래가지 않았다. 야수파의 조류는 1900년경에 시작돼 1910년 이후까지도 지속됐지만, 실제 활동은 1905년부터 1907년까지 약 3년 동안 세 차례의 전시회를 가진 게 전부였다. 더구나 앙리 마티스만 야수파의 화풍을 이어갔을 뿐, 앙드레 드랭André Derain은 전통적인 양식으로 회귀했고, 블라맹크는 새로운 사실주의 작품을 그렸다. 그러나 야수파는 '하늘은 늘 푸르다'라고 인식해온 일상의 관념을 파괴하고 원색적이며 강한 감성적 색채로 자연을 표현함으로써 사물을 보는 시각에 혁명을 가져오며 입체파가 생겨나는 데 토대가 된다. 마티스 작품을 처음 접한 뒤 내놓은 파블로 피카소Pablo Picasso의 평가는 충격이 어느 정도였는지를 절감케 한다. "밑그림이 초보 수준이야. 원근에 깊이도 없고, 구름은 노랗고 피부는 보라색이야. 그래 다 틀렸어. 그런데 말이야, 너무도 훌륭해. 말이 안 되지만 생명력이 넘쳐. 게다가 이들은 재능이 아니라 통찰력을 보여주고 있잖아."

그런 감동을 받은 피카소는 한 단계 더 나아가 폴 세잔Paul Cézanne과 함께 입체파라는 새로운 조류를 탄생시킨다. 재미있는 것은 입체파라는 말 역시 비아냥조에서 시작됐다. 그 말을 처음 쓴 사람은 공교롭게도 마티스였다. 야수파 화가였던 조르주 브라크Georges Braque가 입체적인 풍경화를 그려 진보적 화가들의 전시회에 출품했는데, 당시 심사 위원이 마티스였다. 마티스는 브라크를 낙선시키며 그의 작품에 대해 '작은 입방체들petit cubes'이라고 비판했는데, 그게 큐비즘의 유래가 됐다. 하지만 마티스를 뛰어넘으려고 부단히 노력했던 피카소에 의해 입체파는 만개한다. 피카소는 "무릇 화가라면 단순한 색깔로만 변화를 주는 게 아니라 형태적인 면에서도 새로운 시각을 표현할 수 있어야 한다"라며 사실적 모사模寫를 과감히 파괴하는 데 앞장섰다. 그러면서 공간 분할과 색채 구성을 획기적으로 바꿨다. 물론 그 역시 순탄하지 않았다. 1907년 〈아비뇽의 아가씨들Les Demoiselles d'Avignon〉을 세상에 내놓았을 때 '그림의 암살자'라는 비난에 시달려야 했다.

야수파와 입체파는 모두 '미치광이의 반란'이라고 비판도 받았지만, 그들의 실험 정신은 현대미술 사조를 낳았고 마티스와 피카소는 20세기를 대표하는 미술계의 거장으로 남았다.

#파리 #야수파 #앙리 마티스 #모리스 드 블라맹크 #야수들 #입체파 #파블로 피카소 #폴 세잔 #작은 입방체들

137

개념미술

소변기에 서명을 하니 예술이 됐다

1917년 4월 미국 뉴욕의 한 전시에 화장실 소변기가 출품돼 눈길을 끌었다. 어떤 예술가든 6달러만 내면 작품을 전시할 수 있는 독립미술가협회전에서 벌어진 일이었다. 검정 물감으로 'R. 머트R. Mutt'라고 서명된 것 외에는 시판되던 소변기와 다를 바 없는 이 물건을 두고 작가는 '작품'이라고 우겼다. 소변기에는 〈샘Fountain〉이라는 이름까지 있었다. 작가가 직접 제작하지도 않은 이 물건을 과연 작품으로 봐야 하나. 전시 감독들 사이에서 난상 토론이 벌어졌다. 소변기를 전시할 것인가를 두고 결국 투표까지 진행했다. 그 결과 감독들은 "이것은 전혀 미술이 아니다"라는 결론을 내렸고, 전시장에서 〈샘〉을 치워버렸다.

〈샘〉은 끝내 대중에게 공개되지 못했지만, 오늘날의 평가는 다르다. 〈샘〉은 현대미술사의 판도를 뒤바꾼 역사상 가장 위대한 미술품 중 하나로 거론되는 작품이다. 훗날 밝혀진 〈샘〉의 작가는 미술계의 이단아로 유명세를 떨친 마르셀 뒤샹Marcel Duchamp이었다. 뒤샹은 "작품을 손으로 만들었느냐 아니냐보다 작가가 선택했다는 것이 더 중요하다"라고 주장했다. 즉, 평범한 소변기에 불과할지라도 작가가 의미를 담아 선택하고 이름과 관점을 부여해 새로운 이미지를 창조한다면 그것은 미술이라고 부르기에 충분하다는 것이다. 뒤샹의 예술은 실용적이고 대량생산된 제품을 소재로 하는 기성품의 미술, 즉 '레디메이드ready-made'로 불렸다.

하지만 이게 무슨 말장난이란 말인가. 당시 뉴욕의 미술가들도 비슷한 생각을 했기에 〈샘〉의 혁명성은 1960년대까지 제대로 인정받지 못했다. 전시장에서 치워진 소변기가 다시 주목받은 것은 당시 뉴욕 미술계를 주름잡았던 컬렉터이자 뒤샹의 든든한 후원자인 아렌스버그Arensberg 부부 덕분이었다. 아렌스버그 부부는 뒤샹의 아이디어를 존중해 작품을 사들이며 계속 지원했는데, 심지어 사들인 〈샘〉을 한 번 잃어버려 다시 구입하기도 했다. 이때 뒤샹은 소변기를 다시 구해 새로 서명을 해서 아렌스버그 부부에게 제공했다. 그러니까 아렌스버그 부부가 가진 〈샘〉은 '레디메이드의 레디메이드 복제품'이었다. 원본이 아닌 복제품이라면 가치가 떨어져야 하는 것 아닐까. 다빈치Leonardo da Vinci의 〈모나리자Mona Lisa〉 같은 고전 미술품이라면 원본이 지닌 가치를 복제품이 흉내 낼 수 없다고 봤겠지만, 뒤샹의 작품은 달랐다. 애당초 평범한 소변기에 불과했던 물건이 뒤샹의 선택을 받아 서명되고 〈샘〉이라는 이름을 부여받은 후에야 하나의 미술품으로 탄생했기 때문이다. 만약 다른 평범한 소변기 역시 같은 과정을 거친다면 같은 가치를 지닌 작품으로 인정받을 수 있다. 바로 이런 생각에서 현대미술계의 주류로 여겨지는 '개념미술conceptual art'이 시작됐다.

개념미술이란 완성된 작품 그 자체보다 작품을 창조한 아이디어나 창조 과정 자체를 예술로 여기는 사조다. 개념미술의 관점에서는 슈퍼마켓에서 판매하던 세제를 담은 박스를 똑같이 흉내 내는 작업이나 방부제 속에 죽은 상어를 담아두는 일도 예술이 된다. 전자는 미국의 팝아티스트 앤디 워홀Andy Warhol의 〈브릴로 박스Brillo box〉이고, 후자는 영국 작가 데이미언 허스트Damien Hirst의 〈살아 있는 자의 마음속에 있는 죽음의 육체적 불가능성 The Physical Impossibility of Death in the Mind of Someone Living〉이다. 개념미술은 오늘날 가장 비싸게 팔리는 장르이기도 하다. 워홀의 〈브릴로 박스〉 중 하나는 2010년 경매에서 300만 달러에, 허스트의 상어는 2005년 무려 700만 파운드에 팔렸다. 최초 출품 당시 쓰레기 취급을 받았던 뒤샹의 소변기 역시 1999년 뉴욕 소더비Sotheby's 경매에서 무려 1,700만 달러의 몸값을 인정받았다. 이 작품은 1917년 제작된 원본이 아니라 1964년에 새로 만들어진 여덟 번째 복제품이었다고 한다.

#마르셀 뒤샹 #샘 #레디메이드 #아렌스버그 부부 #개념미술 #앤디 워홀 #데이미언 허스트

138

바로크 & 로코코
찌그러진 진주와 조개껍데기

찌그러진 진주. 예술의 한 양식인 바로크Baroque의 어원이다. 포르투갈어 '페롤라 바로카perola barroca', 즉 '찌그러진 진주'라는 말에서 나왔는데, '진주'보다는 '찌그러진'을 더 강조한다. 프랑스어인 '바로크baroque'라는 말 자체도 '이상한', '괴상야릇한'이라는 부정적인 뜻을 담고 있다. 당대 사람들이 바로크 양식를 경멸하면서 붙여진 이름이다. 어떤 예술 양식이나 사조도 처음부터 환영을 받으면서 정착된 적은 없지만 바로크 양식은 그 정도가 심했다. 초기에는 아예 퇴폐적인 예술로까지 치부됐다. 바로 전 시기가 그리스·로마 미술 등 고전 세계의 예술과 철학을 재발견하는 르네상스Renaissance 시기였던 탓이 크다. 르네상스 때에는 균형과 조화의 예술이 강조됐다. 그런데 강렬한 감각에다 기묘한 이미지를 강조하는 예술이 등장했으니 전통을 중시했던 사람들로선 바로크 양식이 좋아 보일 리 없었다. 여기에 정치적 색깔까지 덧씌워져 반발심이 더 컸다.

왜 바로크라는 부정적 이름이 붙게 됐는지는 당시 역사를 돌아보면 쉽게 이해할 수 있다. 당시는 종교개혁 시기였다. 15세기부터 시작된 종교개혁을 한 단어로 표현하면 '우상 파괴'다. 종교라는 이름으로 강조돼온 교회에 대한 다양한 표현들이 우상으로 폄하돼 개혁의 대상이 됐다. 자연스럽게 교회의 권위가 약화되고 왕권이 강화됐다. 그동안 교회에 눌린 왕권을 회복할 수 있는 절호의 시기였다. 권력의 헤게모니에서 큰 축을 차지하던 교회의 반대편에 있던 군주들은 어떻게든 자신의 지배를 정당화하려고 예술도 활용하는데, 이것이 바로 바로크 양식이었다. 장엄하면서도 화려한 건축과 미술로 자신의 권위를 알리려했다. 군주들만 그랬던 게 아니다. 교회도 화려한 건축물과 예술품으로 교회 권위의 회복을 도모했다. 군주와 교회는 경쟁적으로 건축물과 예술 작품을 화려하게 장식한다. 로마의 성 바오로 대성당과 프랑스의 베르사유 궁전 등 바로크 양식의 건축물과 비발디Antonio Vivaldi, 바흐Johann Sebastian Bach, 헨델Georg Friedrich Händel 등으로 대표되는 바로크 음악이 웅장하면서도 화려한 특징을 갖게 된 이유다.

이런 바로크 양식에서 파생된 게 로코코Rococo 양식이다. 바로크의 변종이라고도 볼 수 있다. 로코코는 '조개껍데기 모양의 장식'이라는 뜻의 프랑스어 '로카유rocaille'에서 나온 말이다. 화려하고 섬세하면서도 때로는 조악하게 느껴지기까지 하는 장식성 꽃무늬 따위의 곡선 무늬에 붉은색, 금색 등을 함께 사용한 게 특징이다. 건축물의 경우 가장자리에 작은 조약돌이나 조개껍데기로 장식하는 것이 일반적이었다. 바로크의 주인공이 왕가였다면, 로코코는 그 아래의 귀족에 의해 확산됐다. 정치적 이해보다는 허영심의 표출이었다. 자신을 드러내고 싶은 욕망이 왕가에서 귀족으로 내려오면서 확산됐다. 귀족들이 높아진 영향력과 권위를 과시하기 위해 새 저택을 짓고 실내를 꾸미는 데 열중하면서 로코코 양식이 바로크에 이어 화려하게 꽃을 피우게 됐다. 하지만 서민들의 시선에 특권층의 이런 행태가 곱게 보일 리가 없었다. 그래서 예술품이라기보다는 조개껍데기 모양의 장식이라는 부정적 의미에서 로코코라는 명칭이 붙었다.

그러나 바로크와 로코코 양식이 현대 예술 양식에도 적용되면서 경멸적인 의미는 사라지고 예술 양식에서 한 시대를 대표하는 용어가 됐다. 아이러니한 것은, 바로크와 로코코 양식이 퇴조하면서 등장한 사조가 다름 아닌 고전주의와 신고전주의라는 점이다. 역사가 반복되듯 예술 양식과 사조도 다시 과거로 돌아간 셈이다.

#페롤라 바로카 #찌그러진 진주 #르네상스 #바로크 양식 #성 바오로 대성당 #베르사유 궁전 #바흐 #헨델 #로코코 양식 #귀족

반달리즘

반달족, 단 한 번의 약탈로 오명을 뒤집어쓰다

로마 성 베드로 대성당에 있는 미켈란젤로Michelangelo Buonarroti의 피에타상은 1972년 망치를 든 남자로부터 15차례에 걸친 공격을 받아 왼팔과 코가 부러지는 수모를 겪었다. 1년에 걸쳐 겨우 복원된 피에타상은 이제 방탄유리 벽 너머로만 만날 수 있다. 밀레Jean-François Millet의 유명한 그림 〈만종L'Angélus〉도 1930년대 한 정신이상자로부터 무참히 칼질을 당한 적이 있으며, 세계문화유산인 아프가니스탄의 바미안 석불은 2001년 이슬람교도의 포탄에 산산조각 나고 말았다. 이처럼 문화유산이나 예술품, 공공시설 등을 야만적으로 파괴하는 행위를 반달리즘Vandalism이라고 한다. 이 단어는 고대 게르만족의 여러 갈래 중 하나인 반달족Vandals에서 비롯됐다. 5세기 초 반달족이 로마를 침략해 유적지에 대한 광포한 파괴 행위를 했다는 데서 유래한 것이다. 하지만 실제 역사는 반달족이 오히려 로마의 문화를 인정해 라틴어 등을 적극적으로 받아들이려 했다고 기록하고 있다. 그런데 왜 반달족이 예술품 파괴자라는 누명을 쓰게 된 걸까.

반달족은 오늘날 기준으로 독일 북서부 지방인 중부 유럽에 살다 4세기 중반 동방에서 온 훈족의 침입에 밀려 남하해 에스파냐 지방에 정착했던 민족이다. 이들은 바이킹처럼 해상 세력으로 성장해 북아프리카로 진출했고, 439년에는 오늘날 튀니지에 해당하는 카르타고를 수도로 삼아 반달 왕국까지 세웠다. 지중해 섬들을 하나씩 점령하며 세력을 키워간 반달 왕국은 마침내 로마제국을 공격하기에 이르는데, 그때가 바로 455년 6월이다. 국왕 가이세리크Gaiseric가 이끄는 반달의 군대는 로마를 함락한 후 약 2주에 걸쳐 도시 곳곳을 탈탈 털었다. 이때 로마에 있던 예루살렘 성전의 황금 식탁과 일곱 개의 촛대가 달린 황금 촛대 등 많은 보물이 약탈당했다. 화려한 조각상이나 장식품은 물론 신전 지붕에 입힌 금박까지 벗겨내 북아프리카 카르타고로 실어갔다. 이 당시의 약탈에서 반달리즘이 유래된 셈이다.

그러나 반달족이 단 한 번의 약탈로 반달리즘의 악명을 뒤집어쓴 것은 과도한 측면이 없지 않다. 반달족은 로마의 예술품과 문화재를 약탈해 자기네 나라로 가져갔을 뿐 고의적이고 야만적으로 파괴한 일은 없다는 게 학계의 중론이다. 당시 가이세리크 왕은 로마 교황인 레오 1세 Leo I와 협상한 후 열린 성문으로 당당히 들어갔는데, 이때 협상 내용은 저항하지 않는 시민은 죽이지 않고, 숨긴 재물을 찾아내려고 고문하지 않으며, 도시에 불을 내지 않겠다는 약속 등이었다. 가이세리크는 반달족 군대에 약속을 지킬 것을 엄히 명령했다고 한다. 게다가 반달족이 감행했던 약탈도 당시 국가들 사이에서 분쟁이 일어났을 때 흔히 발생하는 일이었다. 반달족만 유별나게 악랄했던 것은 결코 아니었다. 로마는 반달족 침략 이전인 410년에도 게르만의 일족인 서고트족으로부터 공격을 당했는데, 함락된 6일 동안 교회만 빼고 모든 것이 파괴되고 불탔다고 전해진다. 더욱이 반달족이 자기네 나라로 가져간 예루살렘 성전의 황금 식탁 등의 보물은 로마가 유대 전쟁에서 승리한 후 약탈해온 전리품이었다.

결국 역사가들은 반달족에게 덧씌워진 악명이 이민족에 대한 편견에서 비롯된 것으로 보고 있다. 반달리즘이 현재와 같은 의미로 처음 사용된 것은 18세기 프랑스 대혁명 때다. 당시 혁명군이 구체제의 예술품을 파괴하는 것을 보고 성직자인 앙리 그레구아르 Henri Grégoire가 반달족에 빗대어 표현한 것이다. 앙리 그레구아르는 혁명에 적극 참여하며 노예제와 유대인 차별 폐지 등을 주장하기도 했지만, 반달족이 야만인이며 서구 문명의 파괴자라는 편견에서 벗어나지 못했던 것 같다.

#반달리즘 #예술품 파괴 #반달족 #반달 왕국 #로마 침략 #이민족에 대한 편견

140

재즈

미국 뉴올리언스에서 재즈가 탄생한 배경

세계 각국에서 모여든 사람들로 급속히 성장한 미국은 20세기로 접어들며 영화, 광고, 자동차, 햄버거 등을 차례로 탄생시키고 유행시켰다. 재즈jazz도 미국이 탄생시킨 세계적인 유행 상품 중 하나다. 재즈는 음악적 구성 요소로 따져보면, 아프리카계 미국 흑인들의 노동요와 흑인 영가, 블루스, 관악기 밴드의 행진곡, 유럽에서 유행한 클래식 등 각종 장르가 섞인 일종의 '혼혈 음악'이다. 다양한 인종과 문화가 결합했다는 점이 미국이라는 나라와 닮았다.

재즈의 탄생지는 미국 남부 루이지애나주의 뉴올리언스다. 재즈가 하필 뉴올리언스에서 탄생했던 계기는 복잡한 역사에서 찾아볼 수 있다. 뉴올리언스는 1718년 프랑스가 건설해 프랑스 식민지가 됐다가 1764년 에스파냐 영토로 편입됐고, 1803년 나폴레옹이 되찾아 미국에 팔면서 미국 영토가 된다. 강대국들의 식민지 전쟁을 겪으며 프랑스인·에스파냐인·영국인은 물론 이들의 혼혈까지 뒤섞인 지역이 된 것이다. 게다가 뉴올리언스는 뉴욕 다음으로 큰 무역항으로, 세계 각국과 무역 교류가 활발했다. 이런 환경 덕분인지 뉴올리언스는 미국의 다른 남부 도시들에 비해 인종 문제에서 비교적 관용적인 도시가 됐다. 특히 영향을 준 건 프랑스였다. 프랑스는 유색인종에 관대한 편이었는데, 루이지애나주를 미국에 팔면서 조건을 하나 걸었다. 바로 루이지애나주에서 프랑스인과 에스파냐인을 조상으로 둔 흑인은 백인과 같은 신분을 보장하도록 한 것이다. 이로 인해 이 도시에서 태어난 흑인과 백인의 혼혈은 백인의 신분을 보장받게 됐는데, 이들을 '크레올Creole'이라고 불렀다.

크레올은 어려서부터 바이올린이나 피아노를 배울 수 있었고, 음악적 재능이 돋보이는 경우 유럽으로 떠나 체계적인 음악 교육을 받기도 했다. 크레올의 음악적 재능이 대중에게 알려진 건 1865년 남북전쟁이 끝난 후부터다. 이전까지는 신분을 보장받아 농장 경영 등에 참여했던 크레올들이 노예제 폐지와 함께 특권을 잃었고, 일자리를 찾아 클럽 등에서 음악을 연주하기 시작한 것이다. 물론 이들이 처음 연주한 음악은 지금의 재즈와는 달랐다. 클래식을 주로 연주했는데, 시간이 흐르며 유럽 클래식에 아프리카계 특유의 독특한 리듬을 가미하는 변주를 시작했다. 박자를 불규칙하게 놓고 당김음을 사용해 멜로디를 좀 더 경쾌하고 풍부하게 표현하는 이런 연주 스타일을 '래그타임 ragtime'이라고 부르는데, 이는 재즈의 형성에 가장 큰 영향을 미친 요소다. 자칭 '재즈의 창시자'인 젤리 롤 모턴 Jelly Roll Morton 역시 래그타임으로 한 획을 그은 연주자다.

이들이 활동한 곳은 항구 인근 홍등가인 스토리빌의 댄스홀이었다. 스토리빌이 재즈의 발상지로 기록되고 재즈 팬들이 반드시 방문해야 하는 성지로 평가받는 것도 그래서다. 하지만 스토리빌의 명성은 1917년 느닷없이 끝난다. 제1차 세계대전이 발발하면서 뉴올리언스는 병사들이 출정하는 군항으로 탈바꿈하고, 군항 근처에 홍등가가 있는 것이 바람직하지 않다고 여긴 정부의 명령으로 그해 11월 문을 닫는다. 졸지에 실업자가 된 재즈 아티스트들은 일자리를 찾아 북부의 대도시 시카고로 이동했고, 시카고는 이후 10년간 재즈의 부흥기를 이끌었다. 시카고에서 매년 여름 재즈 페스티벌이 열리는 것도 이런 배경에서다.

그런데 대체 재즈라는 이름은 어디에서 나왔을까. 이 음악이 재즈라고 불리기 시작한 건 음악이 탄생하고도 한참 지난 1910~1920년 무렵으로 추정된다. 유래에 대한 의견이 분분하지만, '흥분된다'라는 의미의 흑인 노동자 속어에서 유래했다는 설이 가장 유력하다. 시카고에서 한 밴드의 공연을 보던 손님이 흥에 겨워 "재즈 잇 업 Jazz it up"이라며 환호했고, 이 단어가 마음에 들었던 연주자가 자신의 밴드명에 재즈라는 단어를 넣어 유명세를 타면서 일반화됐다고 한다.

#뉴올리언스 #프랑스 식민지 #크레올 #래그타임 #스토리빌 #시카고

141

고르디아스의 매듭

단칼에 잘려나간 매듭

중국 남북조시대 북제北齊의 창시자 고환高歡은 아들을 여럿 두었는데, 하루는 이들의 재주를 시험하기 위해 뒤얽힌 삼실 한 뭉치씩을 나눠줬다. 그러고는 삼실 뭉치를 추려내 보도록 했다. 예상대로 모두 뒤얽힌 삼실 뭉치에서 한 올 한 올 뽑느라 진땀을 흘렸는데, 양洋이라는 아들만 달랐다. 양은 잘 드는 칼 한 자루를 들고 와서는 헝클어진 삼실을 싹둑 자르며 "어지러운 것은 한 번에 베어버려야 합니다"라고 아버지 앞에서 당당히 말했다. 그가 남북조시대 북제의 초대 황제가 된 문선제文宣帝다. 여기서 유래한 고사성어가 '쾌도난마快刀亂麻'다. 잘 드는 칼로 마구 헝클어진 삼 가닥을 자른다는 뜻으로, 어지럽게 뒤얽힌 사물을 강력한 힘으로 명쾌하게 처리함을 이르는 말이다.

서양에도 이와 비슷한 전설이 전해진다. '고르디아스의 매듭Gordian knot' 얘기다. 풀지 못하는 매듭이라는 의미를 담고 있다. 그리스 신화에서 유래된 이 매듭의 내용은 이렇다. 왕이 없던 고대 소아시아의 프리기아 왕국에 어느 날 신탁을 통해 "텔미소스성에 이륜마차를 타고 오는 첫 번째 사람이 왕이 될 것"이라는 얘기가 전해졌다. 그리고 얼마 뒤 시골 농부였던 고르디아스Gordias가 그의 아들 미다스와 함께 마차를 타고 텔미소스성으로 들어왔다. 그를 본 사람들은 기뻐하며 고르디아스를 왕으로 추대했다. 왕이 된 고르디아스는 타고 온 마차를 신전에 바치면서 굵고 단단한 줄로 아주 복잡한 매듭을 지어 신전 기둥에 묶었다. 그러면서 "이 매듭을 푸는 사람이 아시아의 지배자가 되리라"라는 예언을 했다. 이후 수많은 사람이 도전에 나섰지만 아무도 성공하지 못했고, 이 매듭은 영원히 풀지 못할 '고르디아스의 매듭'으로 불렸다.

그러면 이 매듭은 끝내 안 풀렸을까. 수백 년 뒤 알렉산드로스 대왕Alexandros

the Great이 풀어냈다. 아시아 원정에 나선 알렉산드로스는 고르디아스의 매듭에 얽힌 이야기를 듣고 신전을 찾아간다. 그 역시 다른 도전자들처럼 매듭을 풀려고 노력했지만 도저히 풀어낼 수가 없었다. 하지만 그는 끝내 매듭을 풀고 아시아를 정복한다. 신탁의 예언처럼 인더스강까지 진출해 그리스의 50배가 넘는 거대한 제국을 건설했다. 그러면 알렉산드로스 대왕은 어떻게 그 매듭을 풀어냈을까. 그는 매듭이 정상적으로 풀리지 않자 칼로 매듭을 잘라버렸다. 이 얘기는 알렉산드로스 대왕 측 구술가들이 알렉산드로스의 치적을 퍼뜨리려고 만들어낸 것이라는 주장이 많지만, 진실 여부를 떠나 우리에게 시사하는 바는 크다. 엉클어진 실타래처럼 풀어내기 쉽지 않은 문제를 접했을 땐 기존과는 다른 발상의 전환이 필요하기 때문이다. 달걀을 깨뜨려 세우는 '콜럼버스의 달걀Egg of Columbus' 일화도 이와 다를 바 없다.

신대륙 항해를 마치고 돌아온 콜럼버스Christopher Columbus를 축하하기 위한 파티에서 그를 시기한 몇몇 사람이 그의 업적에 대해 누구나 할 수 있는 일이라며 깎아내리려자 콜럼버스가 달걀을 세워볼 것을 요구한다. 그런데 아무도 달걀을 세우지 못하자 콜럼버스는 달걀을 살짝 깨뜨려 탁자 위에 세웠다. 사람들은 어이없어하며 이 역시 누구나 할 수 있는 일이라며 폄하했다. 그러자 콜럼버스는 "누군가를 따라 하는 것은 쉬운 일이나 무슨 일이든 처음 하는 것은 결코 쉽지 않다"라고 반박한다. 여기서 만들어진 일화가 '콜럼버스의 달걀'이다. 보기에는 쉬워 보여도 쉽게 떠오르지 않는 게 발상의 전환이다.

#남북조시대 #문선제 #쾌도난마 #고르디아스의 매듭 #알렉산드로스 대왕 #콜럼버스의 달걀
#발상의 전환

142

오컴의 면도날

쾌도난마식 해법의 대명사

필요 없는 물건을 버리고 적게 소비하는 삶, '미니멀 라이프minimal life'다. 장기 불황, 1인 가구의 증가, 급등하는 아파트 가격, 노후 불안 등은 미니멀 라이프를 현대사회의 새로운 트렌드로 뿌리내리게 하고 있다. 한마디로 미니멀 라이프가 뉴 노멀new normal이 된 시대다. 이런 조류는 꽤 오래전부터 패션, 예술, 문화계에 널리 퍼져 있었다. 미국에서는 이미 1960년대부터 크게 유행했다. 이른바 미니멀리즘minimalism이다. 기본적인 요소만 남기고 불필요한 요소들을 없애 극도의 절제와 단순미를 부각시킨 예술이다. '덜한 것이 더한 것이다Less is more', '적을수록 좋다Less is better' 등의 표현이 미니멀리즘의 본질을 단적으로 보여준다.

14세기 이런 미니멀리즘을 추구해 유명해진 철학자가 있었다. 영국의 신학자이면서 철학자인 오컴William of Ockham이다. 영국의 작은 도시 오컴 마을의 윌리엄이라는 이름을 가졌지만 오컴으로 더 잘 알려져 있다. 그는 형이상학적 미니멀리즘을 주장했다. 오컴은 "더 적은 수의 논리로 설명이 가능한 경우 많은 수의 논리를 세우지 마라"라고 했다. 쉬운 말로 옮기자면 같은 현상을 설명하는 두 개의 주장이 있다면, 간단한 쪽을 선택하라는 뜻이다. '오컴의 면도날Ockham's razor'이라는 말이 생겨난 배경이다. 그는 전통적 교황의 권위를 공격하고 당대 주류 신학을 위태롭게 하는 과감한 주장을 펴 이단으로 고발되기도 했지만, 중세 철학자 중 가장 위대한 논리학자라는 평을 받는다. 그의 '면도날 사유'는 훗날 코페르니쿠스Nicolaus Copernicus와 갈릴레이Galileo Galilei의 지동설을 비롯해 마르틴 루터Martin Luther의 종교개혁, 데카르트René Descartes의 근대 철학에도 영향을 미쳤다. 여기서 면도날은 "불필요한 가정은 면도날로 잘라버려라"라는 주장에서 붙여졌다.

이런 단순함으로 성공한 게 애플 신화다. 2012년 애플Apple Inc. 창업자 스티브 잡스Steve Jobs의 오랜 동료이자 애플의 성장과 부활을 이끈 주역인 켄 시걸Ken Segall은《미친듯이 심플Insanely Simple》이라는 저서를 통해 잡스와 공유했던 심플함의 철학을 소개한 바 있다. 애플의 성공적인 혁신은 아이러니하게도 복잡하고 일반인이 알기 힘든 전문가적 접근이 아니라 사용자의 편리함에 가치를 둔 단순함에서 시작됐다는 것이다.

하지만 오컴의 면도날처럼 쾌도난마식으로 풀 수 있는 문제만 있는 게 아니다. 검증하기 어렵고 설명하기 힘든 일도 많다. 여기서 필요한 것은 오컴의 면도날이 아니라 '브레너의 빗자루Brenner's broom' 이론인데, 노벨 생리·의학상 수상자인 시드니 브레너Sydney Brenner가 주창했다. 그가 전공한 분자생물학은 워낙 전인미답의 신천지여서 연구가 진행될 때마다 설명하고 검증해야 할 게 너무 많아 좀체 앞으로 나가기 힘들었다. 그 과정이 너무 지루하고 힘들어서 사람들의 기가 꺾이기 십상이었다. 여기서 필요한 게 빗자루라는 게 그의 설명이다. 브레너는 자신이 탁월한 아이디어나 명쾌한 통찰을 지녔다고 믿는 사람은 일단 그것을 용감하게 발표하라고 한다. 그러고 나서 아직 해결되지 않았거나 제대로 이해되지 못한 내용은 빗자루를 가지고 양탄자 밑으로 쓸어 넣어버리라고 한다. 그런 다음 자신이 양탄자 위에 제대로 서 있을 수 있는지, 서 있을 마음이 계속 드는지 검토하라고 한다. 만약 그렇다면 큰 문제가 없는 것이고, 어느 순간 양탄자가 불룩해져 제대로 설 수 없으면 그 문제를 다시 꺼내 풀면 된다는 것이다. 혹여 스스로 해결하지 못해 미해결 난제가 많아지면 불룩해진 양탄자의 모습이 세상에 알려지면서 그냥 넘어갈 문제가 아니라는 사실을 알게 된다는 얘기다. '오컴의 면도날'이 통쾌하기는 하지만 '브레너의 빗자루'도 필요한 게 우리네 인간사다.

#미니멀리즘 #오컴 #오컴의 면도날 #시드니 브레너 #브레너의 빗자루

단위

단위에 이름을 남긴 과학자들

라디오와 무선통신의 주파수 표시 단위인 '헤르츠Hz'. 이는 전자기파를 최초로 발견한 독일 물리학자 하인리히 헤르츠Heinrich Hertz의 이름에서 나온 것이다. 1857년 독일 함부르크에서 태어난 헤르츠는 베를린대학교에서 물리학 박사학위를 받은 뒤 1885년부터 독일 본대학교 공과대학 교수로 근무했다. 그는 그곳에서 "빛은 전자기파의 일종으로, 전자기파는 존재한다"라고 주장한 영국의 물리학자 제임스 맥스웰James Clerk Maxwell의 이론을 실험으로 증명해내는 데 몰두하고 있었다. 1888년 실험에 실험을 거듭한 끝에 드디어 전자기파를 만들어 내고 그 길이와 속도를 측정하는 데도 성공한다. 반사와 굴절 등 전자기파의 특성도 확인했다. 이론에만 머물던 전자기파가 증명 가능한 과학의 영역으로 들어온 것이다.

하지만 그 위대한 발견이 라디오, 텔레비전 등에 활용되는 통신 기술 및 통신 사업 발전의 초석이 될 줄은 그 역시 꿈에도 알지 못했다. 단지 맥스웰의 이론을 증명해냈다는 데 보람을 느꼈다. 재미있는 일화가 있다. 헤르츠가 전자기파를 발견했을 때 제자들이 그것을 어디에 쓸 수 있느냐고 물었다. 그러자 헤르츠는 "단지 맥스웰의 이론을 증명했을 뿐 아무짝에도 쓸모없다"라고 말했다고 한다. 전자기파를 발견한 이후 병마에 시달린 헤르츠는 1894년 패혈증으로 36살의 젊은 나이에 세상을 떠났다. 그러나 그의 공헌은 이후 '무전의 시대'가 열리며 본격적으로 꽃을 피운다. 헤르츠가 전자기파를 발견한 것을 보고 영감을 받은 이탈리아 발명가 굴리엘모 마르코니Guglielmo Marconi가 1906년 무선전신기를 발명하고 세계 최초로 장거리 무선통신에 성공하면서 개인 간 통신 수준을 넘어 함선 간 통신, 방송국 전파 등으로 사용 영역이 급속도로 확산된다. 특히 1920년 미국에서 라디오 방송국이 개국하며 1 대 1에 머물던 통신의 영역을 불특정

다수로 넓혔고, 1936년에는 영국 BBC가 텔레비전 전파를 썼다. 헤르츠는 자신이 발견한 전자기파가 이렇게 활용될지 몰랐지만, 후대는 그의 공헌을 기려 주파수 단위를 사이클에서 헤르츠로 바꾸고 영원히 이름을 기억할 수 있게 했다.

헤르츠 외에도 국제단위에 이름을 남긴 과학자가 많다. 전력 단위인 와트W는 증기기관을 발명한 것으로 알려져 있는 제임스 와트James Watt에서 나온 단위다. 사실 증기기관은 와트 이전에도 존재했지만, 와트가 이를 개선해 강력한 증기기관을 만들고 이를 계기로 산업혁명이 본격화됐기에 그를 발명자로 추앙하고 있다. 와트와 함께 전기의 단위로 많이 쓰이는 볼트V는 이탈리아 물리학자 알레산드로 볼타Alessandro Volta의 이름에서 유래됐다. 그는 1799년 세계 최초의 전지인 '볼타의 전지'를 개발하는 데 성공해 나폴레옹Napoléon으로부터 백작 칭호까지 받았다. 볼타 백작의 이름이 붙은 V는 쉽게 말해 전기를 밀어내는 힘이고, W는 밀어낼 수 있는 양을 의미한다.

이 밖에 전류의 기본단위인 암페어A는 프랑스 물리학자 앙드레 마리 앙페르André Marie Ampère에서, 섭씨온도℃는 스웨덴 천문학자 안데르스 셀시우스Anders Celsius에서, 온도의 기본단위 켈빈K은 영국 과학자 켈빈William Thomson, 1st Baron Kelvin에서 이름을 땄다. 또 힘의 단위 뉴턴N은 만유인력의 법칙을 발견한 영국의 물리학자 겸 천문학자 아이작 뉴턴Isaac Newton에서, 압력의 단위인 파스칼Pa은 "인간은 생각하는 갈대다"라는 명언이 담긴 명상집《팡세Pensées》로 유명한 프랑스의 천재 과학자 겸 철학자 블레즈 파스칼Blaise Pascal의 이름에서 유래됐다. 이 과학자들은 사망한 지 오래됐지만, 여전히 우리의 일상에서 살아 숨 쉬고 있다.

#헤르츠 #주파수 단위 #하인리히 헤르츠 #제임스 맥스웰 #굴리엘모 마르코니 #제임스 와트 #알레산드로 볼타 #앙드레 마리 앙페르 #안데르스 셀시우스 #아이작 뉴턴 #블레즈 파스칼

144

의학 & 신

의학 용어에도 넘쳐나는 고대 신의 이름

진통 효과가 매우 강력하지만 중독성과 같은 부작용이 심해 말기 암 환자 등 극단적 통증에만 제한적으로 사용되는 '모르핀morphine'. 마약성 진통제인 모르핀이라는 용어는 그리스 신화에 나오는 꿈의 신 '모르페우스Morpheus'에서 나왔다. 고대 그리스에서 양귀비 씨앗은 흔히 수면제로 사용됐는데, 모르페우스는 이 양귀비 씨앗을 사람들에게 뿌려 잠을 재웠다고 한다. 그리스어로 '형상' 또는 '모양'을 뜻하는 '모르파이morphai'에서 파생한 말로 '형상을 빚는 자'라는 뜻이다. 소리 나지 않는 날개를 달고 있는 모르페우스는 사람의 형상을 한 뒤 몰래 사람들의 꿈속에 나타나 진실을 알려준다. 여기서 수면과 진정 등의 효과를 발휘하는 '모르핀'이라는 단어가 만들어졌다.

모르핀처럼 의학 용어에는 고대 신의 이름이 많이 나온다. 발뒤축의 중요한 힘줄 '아킬레스건Achilles腱'이 트로이 전쟁에서 발뒤꿈치에 화살을 맞아 죽은 그리스 신화의 영웅 아킬레우스Achilleus에서 유래됐다는 것은 많은 사람이 알고 있다. 머리를 직접 이고 있는 1번 목뼈 '아틀라스'는 평생 동안 지구의 서쪽 끝에서 손과 어깨로 하늘을 떠받치고 있는 형벌을 받은 티탄 신족의 거신 아틀라스Atlas에서 따온 말이다. 떠받치고 있는 머리나 천구의 모습이 비슷하기 때문이다.

전염병의 세계적 대유행을 알리는 '팬데믹pandemic'의 유래도 그리스·로마 신화다. 팬데믹은 그리스어 '판pan'과 '데모스demos'의 합성어에서 유래됐는데, '모든 사람'이라는 뜻이다. 여기서 판은 갑자기 소리를 질러 사람을 놀라게 하는 목양의 신 '판Pan'에서 나온 말이다. 상체는 인간이고 하체는 염소인 이 신이 인간과 동물의 모습을 모두 가졌다고 해서 '모두'라는 뜻을 갖게 됐다. 비이성적 공포인 '패닉panic'도 판의 파생어이고, 공황장애는 영어로 '패닉 디스오더panic disorder'다. 전 세계를 강타한 대표적인 팬데믹은 흑사병과 스페인 독감, 그리고 그다음이 코로나19다. 1300년대에 발생한 흑사병으로 7,500만 명이 목숨을 잃었고, 1918년부터 시작된 스페인 독감은 약 5,000만 명을 사망에 이르게 했다.

반사회적 정신장애를 나타내는 '사이코psycho'라는 말은 그리스 신화에 나오는 여신 '프시케Psyche'에서 나왔다. 프시케는 사랑의 신 에로스의 연인이다. 지나친 호기심으로 에로스와의 사랑이 파국을 맞고 죽음과 같은 잠에 빠졌으나 에로스가 제우스에게 빌어 잠에서 깨어나 불멸의 여신이 된다. 프시케는 '나비'라는 뜻이다. 프시케가 왜 '정신'이나 '영적 존재'로 쓰이게 됐는지 짧게 소개하면 이렇다. 인간에게 불을 훔쳐다 준 프로메테우스가 진흙 인형을 만든 뒤 생명을 불어넣으려는 순간 지혜의 여신 아테나가 지나다 나비 한 마리를 날려 보낸다. 이 나비가 진흙 인형의 콧구멍에 들어가 생긴 것이 바로 인간의 영혼이라는 것이다. 프시케를 영어로 읽으면 '사이키'가 돼고, 여기서 '사이코', 심리학을 의미하는 '사이콜로지psychology' 등이 만들어졌다.

또 사람의 귓속은 구조가 매우 복잡해 그리스 신화에 나오는 '라비린토스Labyrinthos(미로)'라는 이름이 붙여졌고, 간경변으로 배에 복수가 차면 배꼽 주위의 정맥들이 성난 듯 붉게 팽창되는데, 의학계에서는 이를 '메두사의 머리Caput Medusae'라고 칭한다. 정맥들의 모양이 마치 뱀의 머리카락을 가진 메두사와 비슷하다고 해서 붙여진 용어다.

#모르핀 #모르페우스 #아킬레스건 #아킬레우스 #1번 목뼈 #아틀라스 #팬데믹 #패닉 #판 #사이코 #프시케

145

편작

반복되는 위기와 편작 삼형제

중국 전국시대에 죽은 사람도 살려낸다는 편작扁鵲이라는 명의가 있었다. 그 위로 형이 둘 있었는데, 그들 역시 의술이 뛰어났지만 편작만큼 이름을 알리지 못했다. 하루는 위魏나라 문왕文王이 편작을 불러 삼형제 중 누가 의술이 뛰어난지를 물었다. 편작이 대답했다. "큰형님의 의술이 가장 뛰어나고, 그다음은 작은형님입니다. 저는 형님들에 비하면 많이 뒤떨어집니다." 왕이 왜 그러냐고 문자 편작이 말한다. "큰형님은 환자가 아픔을 느끼기 전에 얼굴빛으로 환자에게 닥칠 병을 미리 압니다. 그래서 환자가 병에 걸리기 전에 병의 원인을 제거해줍니다. 환자들은 큰형님이 병을 치료해준 것을 알지 못합니다. 큰형님이 명의로 소문나지 않은 이유가 여기에 있습니다." 편작은 작은형님에 대해서도 설명했다. "작은형님은 환자의 병세가 미미할 때 병을 알아보고 치료에 들어갑니다. 환자들은 작은형님이 큰 병을 낫게 해주었다고 생각하지 않습니다." 그런 다음 편작은 자신이 명의로 이름을 날리게 된 이유를 설명했다. "저는 환자의 병이 커지면 비로소 병을 알아내고 고쳐줍니다. 환자들은 저의 그러한 행위만 보고 자신의 병을 고쳐주었다고 믿습니다. 그래서 환자들은 제가 명의라고 말하지만, 진짜 의술이 뛰어난 명의는 병이 나기도 전에 병의 원인을 제거해주는 큰형님입니다."

중국 고전에 나오는 명의 편작의 이야기다. 문제를 해결하는 데에서 제일은 사후적 치료가 아니라 사전적 예방에 있다는 것을 일깨워주는 일화다.

그런데 큰 화를 자초하는 경우는 정작 사후적 치료도 제대로 하지 않을 때다. 제齊나라 환공桓公이 그랬다. 편작의 의술이 뛰어나다는 소문을 들은 환공은 편작이 제나라를 지날 때 그를 불렀다. 편작은 환공을 알현하며 질병이 피부 바로 밑에 있으니 즉시 치료할 것을 권했다. 지금은 질병이 가볍지만 치료하지 않으면 병이 깊어질 것을 알아차렸기 때문이다. 하지만 환공은 "나처럼 건강한 사람을 보고 무슨 당찮은 소리냐" 하며 편작의 충고를 무시했다. 오히려 "명의라는 자들은 병이 없는 사람에게 병이 있다고 겁을 줘 치료한다면서 명성을 판다"라고 힐난까지 했다. 닷새 후 편작은 다시 환공을 알현해 당장 치료해야 한다고 말했지만, 또다시 충고를 새겨듣지 않았다. 또 닷새 후 편작이 다시 입궐해서는 아무 말 없이 인사만 하고 물러갔다. 환공이 신하를 보내 까닭을 묻자 "병이 피부에 있을 땐 고약으로 치료할 수 있고, 혈맥에 있을 때에는 침으로 치료할 수 있으며, 위장에 있을 때에는 탕약으로 잡을 수 있는데, 골수에 이르러 이젠 어쩔 수가 없습니다"라며 말없이 인사만 하고 나온 이유를 설명했다. 그로부터 닷새가 지나 환공의 병이 정말로 깊어지자 부랴부랴 신하를 보내 편작을 찾았으나 그는 이미 멀리 도망친 뒤였다. 그 며칠 뒤 환공은 끝내 병을 고치지 못하고 고통 속에 죽음을 맞았다.

위기가 오기 전에 사전 예방을 하는 게 상책上策이지만 그것이 안 되면 사후 처리라도 제대로 해야 하는데, 환공은 그마저도 무시하다 저세상 사람이 됐다.

#중국 #전국시대 #편작 #삼형제 #명의 #제나라 환공

146

뫼비우스의 띠

철학 용어로 확장된 수학 용어

#1. "닭이 먼저냐, 달걀이 먼저냐?" 2010년 7월 영국의 세필드대학교와 워릭대학교 연구 팀이 닭과 달걀의 선후 관계를 입증했다고 주장했다. 슈퍼컴퓨터로 달걀 형성 과정을 시뮬레이션했더니 닭의 난소에 있는 단백질이 달걀 껍데기 형성을 촉진하는 역할을 했다는 것이다. 그러니 닭이 달걀보다 먼저라는 게 증명됐다는 주장이다. 하지만 여기서 사람들은 또 질문을 던진다. "그러니까 그 닭은 어디서 나왔느냐고?" 질문의 답이 뫼비우스의 띠처럼 다시 질문으로 돌아온다.

#2. 서울 신도림동에 집이 있는 60세의 이 모 씨는 주중엔 경기도 안양시 비산동에서 산다. 시집간 딸의 집이다. 손주를 봐주기 위해서다. 맞벌이하는 딸과 사위가 직장에 가면 손주를 돌봐줄 사람이 없기 때문이다. 주말에는 집에 오지만 그렇다고 쉴 수 있는 처지가 아니다. 남편과 함께 팔순을 훨씬 넘긴 시부모님 댁에 들러 반찬 등을 만들어줘야 한다. 여기에 취직 못 한 성인 자녀까지 있다. 이 씨의 삶은 뫼비우스의 띠처럼 부모와 자식에 이어 손주까지 돌보는 황혼 육아로 이어지고 있다.

두 사례 모두 신문 기사 내용이다. '뫼비우스의 띠'라는 말을 응용해 끊임없이 반복되는 질문과 늙어서까지 계속되는 육아의 고통을 설명한다. 도대체 그 의미가 무엇일까.

'뫼비우스의 띠'는 원래 수학 용어다. 테이프를 한 번 꼬아 양 끝을 붙이면 뫼비우스의 띠가 된다. 쉽게 만들 수 있지만 그 성질이 간단치 않다. 어느 지점에서나 띠의 중심을 따라 이동하면 출발한 곳과 정반대 면에 도달할 수 있고, 두 바퀴를 돌면 처음 위치로 돌아오게 된다. 한 면을 따라 색칠을 하면 양면이 다 칠해진다. 즉, 안과 밖이 구별되지 않는다는 뜻으로, 모든 것에 안과 밖이 있다는 고정관념을 깨뜨렸다. 1865년 독일의 수학자이면서 천문학자인 아우구스트 페르디난트 뫼비우스August Ferdinand Möbius가 이 같은 성질을 발견하고 수학 방정식으로도 풀어내 후세에 이름을 남겼다.

안팎이 구별되지 않는 특성 때문에 뫼비우스의 띠는 산업·과학 분야에 널리 활용된다. 대표적인 게 컨베이어 벨트다. 기계를 돌리는 벨트를 뫼비우스의 띠처럼 한 번 꼬아 사용하면 양쪽 면이 고르게 닳아 수명이 길어진다. 컨베이어 벨트 대부분에 이 원리가 적용되고, 원자력과 천문학 등 첨단 과학 분야에도 응용되고 있다. 우리가 쉽게 접할 수 있는 것은 놀이동산의 롤러코스터다. 빠른 속도로 달리면서 위아래가 바뀌는 선로 때문에 스릴과 두려움에 사로잡히지만 곧 출발점에 도착하게 되는데, 뫼비우스의 띠가 갖는 특성을 응용한 것이다. 재활용 마크도 뫼비우스의 띠를 상징화했다. 끊임없이 순환하는 자원의 구조를 뫼비우스의 띠만큼 제대로 표현할 만한 게 없는 탓이다.

이런 특성을 가진 뫼비우스의 띠가 철학적 용어로까지 확장되고 있는 것은 이 띠가 던지는 메시지가 묵직하기 때문이다. 우선 가위로 끊기 전에 끝나지 않는 이 띠의 성격이 끝이 보이지 않는 우리네 삶의 모습과 닮아 있다. 특히 탈출구가 보이지 않는 빈곤의 악순환과 쳇바퀴만 돌고 있는 듯한 인생사를 설명하는 데 이보다 더 적절한 표현이 없다. 그뿐만 아니라 안과 밖의 경계가 없고 2차원이면서도 3차원의 성격을 가진 구조는 진보와 보수, 선과 악 등 이분법적으로만 나누려는 고정관념에 새로운 사고의 틀을 제시한다. 뫼비우스의 띠가 수학적 차원을 넘어 철학적 용어로 더 많이 활용되는 이유다.

#뫼비우스의 띠 #안과 밖이 구별되지 않는다 #아우구스트 페르디난트 뫼비우스 #컨베이어 벨트 #롤러코스터 #2차원 #3차원

147

밈

인류의 몸은 유전자를 통해, 인류의 정신은 밈을 통해

인터넷 공간에서 어떤 메시지를 불특정 다수에게 최대한 많이 전달하려면 어떻게 해야 할까. 단순히 좋은 메시지를 만드는 것만으로는 부족하다. 그보다는 웃기는 사진이나 요즘 유행한다는 동영상, 입에 착 달라붙는 신조어 등을 메시지 곳곳에 삽입해 사람들이 클릭을 할 수 있도록 유도해야 한다. 애초부터 요즘 유행 중인 영상이나 이미지에다 내가 전달하고자 하는 메시지를 흥미롭게 삽입하는 방법을 연구한다면 더 좋다. 여기에 중독성 있는 멜로디나 누구나 따라 하고 싶은 재미있는 춤동작을 개발하거나 사회 주요 인사들이 참여할 만한 의미 있는 캠페인을 기획한다면 더 바랄 게 없다. 다시 말해 어떤 메시지를 널리 확산시키려면 인터넷 유행의 물결에 올라타거나 아니면 아예 메시지 자체가 인터넷 유행이 될 수 있도록 해야 한다. 만약 그 시도가 성공한다면 당신의 메시지는 소셜 미디어social media의 거대한 파도를 타고 온라인 세상을 언제까지나 맴돌게 될 것이다. 그리고 당신의 시도는 '밈meme'이라는 이름을 얻을지도 모른다.

이처럼 인터넷에서 유행되는 어떤 문화적 코드나 현상을 '밈' 혹은 '인터넷 밈'이라고 부른다. 밈은 '유행어'나 '신드롬' 등으로 번역되기도 하지만 차이가 있다. 유행어는 언어에 한정되지만, 밈은 이미지·언어·음악 등의 요소를 모두 포함한다는 점에서 범주가 더 크다. 또 신드롬보다는 구체적이며 생명력도 길다. 세계적으로 유명한 밈 중 하나인 '슬픈 개구리 페페Pepe the frog'가 대표적이다. 이 한 장짜리 개구리 이미지는 2008년부터 지금까지 세계를 넘나들며 젊은 층의 짠하고도 다소 지질한 감정을 대변해주는 밈으로 활용되고 있다.

밈이라는 단어가 탄생한 시점을 거슬러 올라가면 무려 약 45년 전에 이른다. 시작은 심지어 학술 용어였다. 영국의 진화생물학자 리처드 도킨스Richard

Dawkins가 저서 《이기적 유전자 The Selfish Gene》에서 창조한 단어다. 도킨스는 인간의 육체를 매개로 생물학적 자신을 오랫동안 보존 · 전파하려 하는 본능을 지닌 존재가 유전자라면, 인간의 관념 · 지식 · 정신 등을 보존 · 전파하려는 존재도 있을 것이라고 생각했다. 후자가 바로 밈이다. 즉, 밈은 일종의 '문화적 유전자'다. 도킨스는 "밈은 넓은 의미에서 '모방'이라고 볼 수 있는 과정을 거쳐 두뇌에서 두뇌로 건너뛰면서 자신을 번식시킨다"라고 했다. 그래서 밈이라는 이름을 그리스어로 모방을 의미하는 '미메메 Mimeme'에서 따왔다.

도킨스가 제시한 밈은 민요나 동요 같은 음악, 캐치프레이즈, 패션, 예술 등이었다. 특히 종교나 사상을 강력한 밈으로 봤다. 도킨스에 따르면, 밈은 자기복제와 보존에 있어 이기적 유전자만큼이나 이기적이다. 밈은 사람의 마음으로 전염돼 그들의 태도를 밈을 더 많이 퍼뜨리게끔 바꾼다. 그런 과정에서 밈을 퍼뜨리는 개체는 사라져도 밈은 끝까지 살아남는다는 것이다. 예컨대 〈아리랑〉이라는 민요를 보면, 작자 미상인 이 노래는 분명 창작자를 중심으로 주변 사람들에게 퍼져나가며 전파됐을 것이다. 하지만 오늘날 처음 〈아리랑〉을 만든 사람은 사라져도 노래는 남았다. 세대를 뛰어넘어 자신을 보존하는 데 성공한 셈이다. 강력한 밈인 종교나 사상은 더욱 극단적인 방식으로 보존 · 전파를 추구한다. 도킨스에 따르면, 종교 · 사상은 자신을 복제해 살아남는 것만이 지상 과제인 유전자에 유일하게 대항할 수 있는 것이다. 세상의 모든 종種 가운데 인간만이 이러한 밈을 위해 자신의 목숨까지 바친다.

밈은 도킨스로부터 탄생한 단어이지만, 인터넷이라는 세상을 만나며 일종의 돌연변이를 일으켰다. 그래서 '밈'과 '인터넷 밈'을 구분하기도 한다. 도킨스는 밈은 유전자와 마찬가지로 자연선택에 따른 무작위한 돌연변이를 일으키지만 인터넷 밈은 인간의 창조성에 의해 의도적으로 돌연변이가 일어난다는 점에서 자신의 아이디어와 구별된다고 말했다.

#리처드 도킨스 #이기적 유전자 #밈 #문화적 유전자 #종교 #사상

148

에토스, 파토스, 로고스
설득의 3대 요소

그리스의 철학자 아리스토텔레스Aristoteles는 인간을 '정치적 동물zoon politikon'이라고 평했다. 인간은 개인으로서 존재하지만, 그 개인이 홀로 존재하는 것이 아니라 끊임없이 타인과의 관계 속에서 존재한다는 것이다. 한마디로 인간은 사회 속에 존재한다는 얘기다. 그 사회의 구성원이 되려면 타인과 대화를 해야 하고, 대화를 풀어가려면 반드시 필요한 게 '설득'이다. 아리스토텔레스가 설득의 중요성을 설파한 것도 그래서다.

그가 《수사학Ars Rhetorica》에서 강조한 설득의 3대 요소는 에토스Ethos(인품·인격), 파토스Pathos(감성), 로고스Logos(이성)다. 이 중 가장 중요한 것은 에토스다. 화자話者가 아무리 말을 잘한들 화자가 전하는 메시지의 신뢰성이 떨어지면 아무도 믿지 않는다. 오히려 거부감이 든다. 무엇보다 중요한 것이 화자의 인격이고 신뢰감이다. 에토스가 '윤리학ethics'의 어원이 된 이유이기도 하다. 그다음은 파토스다. 청중의 감정이나 욕구에 호소해 마음을 움직이는 설득 수단이다. 먼저 청중의 심리적 상태나 욕구 등을 고려해 설득해야 한다는 얘기다. 영어로는 '페이소스pathos'다. 파토스가 오늘에 와서 일시적인 감정적 흥분 외에 무엇에 대한 지속적인 정열과 정념 등의 뜻도 갖게 됐지만, 문자 자체로는 '고통'이라는 의미이며 '병病'을 나타내는 '패스path-'의 어원이기도 하다.

에토스와 파토스를 잘 이용한 대표적 인물은 아돌프 히틀러Adolf Hitler다. 그는 나치 정권의 선전 장관이었던 파울 괴벨스Paul Joseph Goebbels를 등에 업고 독일인의 전폭적인 신뢰를 이끌어냈다. 괴벨스는 예술과 뉴미디어를 통해 독일 대중이 히틀러를 사랑하게 만들었고, 독일 대중이 스스로 나치가 되어 전쟁에 자발적으로 참여하게 만들었다. 그는 최후까지 히틀러에게 충성했으며, 히틀러가 자살한 다음 날 총리 관저 대피호에서 부인과 함께 자살했다. 히틀러 스스로도 명연설가였다. 어떤 집회에서나 청중이 듣고 싶어 하는 말을 했다. 본능적으로 이들의 동경과 욕구를 파악해 자신에게 유리하게 이끌어냈다. 그 결과 청중은 광기에 가까운 충성심을 보인다. "지성은 2류, 기질은 1류"라고 평가받던 프랭클린 루스벨트Franklin Roosevelt가 미국 대통령에 당선된 이유 역시 친근감으로 무장한 그의 감성 능력 덕분이라는 분석이 나온다.

에토스와 파토스에 이어 필요한 요소가 로고스다. 논리적이고 이성적으로 자신의 주장을 설득하는 방법이다. 객관에 바탕을 두고 있어야 한다. 로고스가 '논리학logic'과 학문을 의미하는 '로지-logy'의 어원이 된 것도 그래서다. 병을 연구하는 학문인 '병리학pathology'은 병을 의미하는 파토스와 학문을 의미하는 로고스가 합쳐진 말이다. 아리스토텔레스는 로고스가 파토스를 이길 수 없다고 생각했다. 인간은 입증된 사실보다 믿고 싶어 하는 사실에 더 이끌리기 때문이다. 그래서 사람을 설득함에 있어 그 중요성을 에토스 60, 파토스 30, 로고스 10의 비중으로 봤다. "국민의, 국민에 의한, 국민을 위한 정치"로 대표되는 에이브러햄 링컨Abraham Lincoln의 게티즈버그 연설이나 "나에게는 꿈이 있습니다"로 유명한 마틴 루서 킹Martin Luther King Jr. 목사의 연설이 지금도 회자되는 것은 에토스, 파토스, 로고스를 잘 활용해 청중의 감동을 이끌어내고 뇌리에 남게 했기 때문이다.

#아리스토텔레스 #수사학 #에토스 #인격 #파토스 #감성 #로고스 #이성 #아돌프 히틀러 #파울 괴벨스 #프랭클린 루스벨트 #에이브러햄 링컨 #마틴 루서 킹

149

니체

히틀러에게 악용당한 철학자의 초인

아돌프 히틀러Adolf Hitler는 총으로만 세계를 지배하려 했던 단순 무식한 전쟁광이 아니었다. 머리로도 세계를 지배하려 했다. 스스로를 '철학자 총통'이라고 여겼을 정도였다. 감옥에서 히틀러가 구술하고 그의 수하가 받아쓴 책《나의 투쟁Mein Kampf》은 뒤틀린 사상이긴 하지만 역사, 정치, 예술, 철학 등 폭넓은 분야에 대해 자신의 의견을 담고 있다. 그는 한때 화가를 꿈꾸기도 했고, 음악과 문학, 철학 등도 좋아했다. 히틀러가 등장하는 곳에서는 베토벤Ludwig van Beethoven과 바그너Wilhelm Richard Wagner의 음악이 빠지지 않았다. 유대인 탄압과 대량 학살이 자행되던 당시 클래식에 대한 독일 국민들의 관심이 높아진 것은 아이러니하기까지 하다.

히틀러는 이를 권력을 유지하고 독재를 강화하는 운영 철학으로 철저히 이용했다. 이에 이용당한 대표적인 철학자가 프리드리히 니체Friedrich Wilhelm Nietzsche였다. 히틀러는 수시로 니체 기념관을 방문했고, 함께 세계 정복을 꿈꿨던 이탈리아의 독재자 베니토 무솔리니Benito Amilcare Andrea Mussolini에게 니체 전집을 선물할 정도로 니체 사상에 흠뻑 빠져 있었다. 그가 니체를 이용한 것은 니체만큼 다양한 해석, 수많은 오해와 논란을 불러일으킨 철학자도 드물었던 탓이다. 특히 니체가 주장한 초인超人 사상은 히틀러와 나치를 우상화하기에 유용했다. 니체의 저서《차라투스트라는 이렇게 말했다Also sprach Zarathustra》에 나오는 초인은 자신을 뛰어넘는 사람이라는 의미였다. 한마디로 자기완성과 양심의 순수성을 지닌 존재였다. 초인을 흔히 '슈퍼맨superman'의 의미로 해석하기 쉽지만, 니체가 주장했던 의미는 '오버맨overman'이었다. 그러나 히틀러는 초인을 슈퍼맨의 이미지로 각색해 자신과 게르만 민족의 우월성을 강조하는 데 활용했다. "지도자가 되려고 하는 자는 최고 제약 없는 권위를 가지면서 궁극적인 가장 중대한 책임도 짊어진다. 영웅만이 지도자에 알맞다." 히틀러는 《나의 투쟁》에서 니체의 초인을 이렇게 변색시켰다. 하지만 니체는 민족주의자도 인종차별주의자도 아니었다. 오히려 자신이 태어난 독일을 싫어했고 어설픈 민족주의를 혐오했다. 지인들에게 보낸 편지에서 "나는 순수한 폴란드 귀족의 후손"이라고 썼을 정도였다.

니체의 니힐리즘nihilism 역시 마찬가지다. 니힐리즘은 무無를 의미하는 라틴어 '니힐nihil'이 어원으로, 허무주의를 이르는 말이다. "신은 죽었다"라고 주장했지만, 그는 일체의 주의나 주장을 부정하고 인생에 어떠한 의미도 없다고 보는 절망적 니힐리즘이 아니었다. 무를 무로서 받아들임으로써 자유로운 삶을 모색하는 긍정적 니힐리즘이었다. 니체는 허무를 극복하고 새로운 사회가 오기를 고대했다. 그는 이미 역사적 소명이 끝난 봉건주의와 기독교적 위선 대신 인간 본래의 능력을 극대화한 초인이 나타나 인류를 이끌어야 한다고 보았다. 단지 히틀러가 이를 악용했을 뿐이다. 니체의 긍정적 니힐리즘의 대표 사례가 바로 우리에게도 유명한 아모르 파티amor fati, 즉 운명애運命愛다. 그는 "고통뿐인 삶이여, 얼마든지 다시 오라"라며 삶이 만족스럽지 않거나 힘들더라도 자신의 운명을 받아들여야 한다고 주장했다. 니체가 실존주의와 포스트모더니즘에 지대한 영향을 준 철학자로 남은 것도 그래서다. 하지만 말년은 우울했다. 1879년 건강이 나빠져 35세의 나이에 바젤대학교에서 퇴직하고 1889년 정신병원에 들어간 뒤 10년을 병적인 상태로 있다가 1900년 56세의 나이로 숨을 거뒀다.

#아돌프 히틀러 #나의 투쟁 #프리드리히 니체 #초인 사상 #차라투스트라는 이렇게 말했다 #자신을 뛰어넘는 사람 #니힐리즘 #아모르 파티 #운명애

150

메멘토 모리
죽음을 기억하라

2005년, 지금은 고인이 된 애플Apple Inc. 창업자 스티브 잡스Steve Jobs가 스탠 퍼드대학교 졸업식 연단에 섰다. 당시 췌장암 진단을 받은 상태였다. "항상 갈 망하라stay hungry, 우직하게 나아가라stay foolish"로 잘 알려진 이 연설에서 잡스 는 죽음에 대해서도 언급한다. 그 내용은 이렇다. "제가 언젠가 죽는다는 것을 기억하는 것은, 인생에 큰 선택을 맞닥뜨렸을 때 저를 도운 중요한 수단이었습 니다. 왜냐하면 외부적인 기대, 자존심, 실패에 대한 두려움 등 거의 모든 것이 죽음을 직면하는 두려움과는 아주 다른 것이기 때문입니다. …… 여러분 시간 은 제한적입니다. 그러니 다른 사람의 인생을 살기 위해 낭비하지 마세요. 가장 중요한 것은 여러분의 직관과 심장을 따르는 용기를 가지는 것입니다."

잡스의 이 말은 '메멘토 모리Memento mori'라는 경구를 떠올리게 하며 졸업생 들의 가슴에 큰 울림을 줬다. 메멘토 모리는 '죽음을 기억하라' 또는 '너는 반드 시 죽는다는 것을 기억하라'라는 의미를 가진 라틴어다. 로마제국이 번성할 때 수많은 전투에서 승리한 전쟁 영웅들의 개선 행진 전통에서 비롯됐다. 영웅들 이 개선을 환영하는 시민들의 함성 속에 교만해지거나 다른 마음을 품지 않도 록 소리꾼이나 노예로 하여금 개선장군의 바로 뒤에서 "메멘토 모리"를 외치도 록 했다는 것이다. 개선장군에게 이 외침을 듣게 한 것은 당신도 언젠가 죽임을 당한 적들과 같은 처지가 될지 모르니 항상 경계하고 겸손하라는 뜻이었다고 한다.

이 말이 널리 알려진 것은 미국의 칼럼니스트 미치 앨봄Mitch Albom의 베스트 셀러 《모리와 함께한 화요일Tuesdays with Morrie》 덕분이다. 앨봄의 은사 모리 슈 워츠Morrie Schwartz 브랜다이스대학교 교수는 "매일 아침 어깨에 작은 새가 있다고 상상하고, 그 새에게 '오늘 생이 끝나느냐'라고 물어봐라"라고 권했다고 한다. 삶이 영원하지 않다는 것을 깨달아야만 삶을 소중히 여겨 매 순간 최선을 다해 살게 된다는 것이다.

메멘토 모리와 의미가 비슷한 말은 '카르페 디엠Carpe diem'이다. 철학자 니체 Friedrich Wilhelm Nietzsche의 운명관 '아모르 파티Amor fati'와도 의미가 닿아 있다. 모두 라틴어인데, 카르페 디엠은 '오늘을 즐겨라', 아모르 파티는 '운명을 사랑 하라'라는 말이다. 죽음을 기억해 하루하루 최선을 다하라는 메멘토 모리의 교훈과 절묘하게 어우러진다.

카르페 디엠은 로마 시인 호라티우스Horatius가 처음 쓴 말로 전해진다. 이 집트와의 전쟁에서 승리한 후 아우구스투스Augustus 치세하에 '팍스 로마나Pax Romana(로마의 평화)'를 구가할 때, 그간 고통을 겪은 로마 시민들이 이제 마음 편 히 오늘을 즐기며 살라는 의미로 자신의 시집에 이 말을 썼다고 한다. 이 말이 유명해진 것은 영화 〈죽은 시인의 사회Dead Poets Society〉 때문이다. 로빈 윌리엄 스Robin Williams가 열연한 존 키팅 선생이 학생들에게 "의학, 법률, 경제 따위는 삶을 유지하는 데 필요하지. 하지만 시와 아름다움, 낭만, 사랑이 우리가 살아 가는 목적인 거야. 카르페 디엠, 시즈 더 데이"라고 외친다. 카르페 디엠의 영어 버전이 '시즈 더 데이Seize the day'다. '오늘을 잡아라', '오늘을 즐겨라'로 해석되 지만 "이 순간에 충실하라"가 더 맞는다.

'인생은 한 번뿐이다'라는 뜻의 욜로YOLO: You Only Live Once와도 통하지만, 욜로가 자신의 현재 행복만을 중시해 미래 또는 남을 위해 희생하지 않는 행태 를 보인다는 점에서 그 속에 담겨 있는 철학적 의미는 전혀 다르다.

#메멘토 모리 #죽는다는 것을 기억하라 #로마제국 #개선장군 #카르페 디엠 #이 순간에 충실하라 #아모르 파티 #운명을 사랑하라

강준만, 《교양 영어 사전 1, 2》, 인물과사상사, 2012/2013

강준만, 《선샤인 논술사전》, 인물과사상사, 2007

고영건, 《인디언 기우제》, 정신세계원, 2007

궤도, 《궤도의 과학 허세》, 동아시아, 2018

그레이엄 앨리슨, 《예정된 전쟁》, 정혜윤 옮김, 세종서적, 2018

김경원, 《어원으로 배우는 경제 이야기》, 세종서적, 2018

김민구, 《경제상식사전》, 길벗, 2019

김상준, 《심리학으로 읽는 그리스 신화》, 보아스, 2016

김종영, 《히틀러의 수사학》, 커뮤니케이션북스, 2010

남무성, 《재즈 잇 업!》, 고려원북스, 2004

디트리히 슈바니츠, 《사람이 알아야 할 모든 것: 교양》, 인성기 옮김, 들녘, 2004

라파엘 슈브리에, 《우연과 과학이 만난 놀라운 순간》, 손윤지 옮김, 북스힐, 2019

로버트 로젠탈, 《피그말리온 효과》, 심재관 옮김, 이끌리오, 2003

로버트 쉴러, 《비이성적 과열》, 이강국 옮김, 알에이치코리아, 2014

로빈 스턴, 《그것은 사랑이 아니다》, 신준영 옮김, 알에이치코리아, 2018

로스 킹, 《미켈란젤로와 교황의 천장》, 신영화 옮김, 다다북스, 2007

마이클 우드·피터 퍼타도, 《죽기 전에 꼭 알아야 할 세계 역사 1001 Days》, 박누리·김희진 옮김, 마로니에북스, 2009

마크 쿨란스키, 《소금》, 이창식 옮김, 세종서적, 2003

만프레드 마이, 《종교 탓이 아니에요》, 이수영 옮김, 위즈덤하우스, 2017

박영택, 《메디치 가문이 꽃피운 르네상스》, 스푼북, 2019

빌 브라이슨, 《발칙한 영어 산책》, 정경옥 옮김, 살림, 2009

샘 리스, 《레토릭》, 정미나 옮김, 청어람미디어, 2014

세계역사연구회, 《세계인물사》, 오상출판사, 1997

세스 고딘, 《이카루스 이야기》, 박세연 옮김, 한국경제신문사, 2014

송창호, 《아틀라스 인체해부학》, 의학교육, 2017

에드거 윌리엄스, 《달 - 낭만의 달, 광기의 달》, 이재경 옮김, 반니, 2015

에른스트 페터 피셔, 《슈뢰딩거의 고양이》, 박규호 옮김, 들녘, 2009

에밀 졸라, 《나는 고발한다》, 유기환 옮김, 책세상, 2020

이기우, 《매혹과 환멸의 20세기 인물 이야기》, 황금가지, 2006

이윤기, 《신화 거꾸로 읽기》, 작가정신, 2018

이재운, 《뜻도 모르고 자주 쓰는 우리 한자어 100가지》, 위즈덤하우스, 2008

이재운·유동숙·박숙희, 《뜻도 모르고 자주 쓰는 우리말 어원 500가지》, 위즈덤하우스, 2008

이현주, 《신화, 그림을 거닐다》, 엔트리, 2019

전요섭·황미선, 《생활 속의 심리효과》, 좋은나무, 2007

정성훈, 《사람을 움직이는 100가지 심리법칙》, 케이앤제이, 2011

정진호, 《위대하고 위험한 약 이야기》, 푸른숲, 2017

조셉 피어시, 《상징》, 임상훈 옮김, 새터, 2014

조승연, 《비즈니스 인문학》, 김영사, 2015

진중권, 《이미지 인문학 2》, 천년의상상, 2014

찰스 A. 이스트먼, 《바람이 전하는 인디언 이야기》, 김지은 옮김, 책읽는귀족, 2016

폴 호프만, 《우리 수학자 모두는 약간 미친 겁니다》, 신현용 옮김, 승산, 1999

표학렬, 《에피소드 세계사(상, 하)》, 앨피, 2016

현공숙, 《인물세계사》, 청아출판사, 1999

홍세화, 《쎄느강은 좌우를 나누고 한강은 남북을 가른다》, 한겨레출판, 2008

홍춘욱, 《7대 이슈로 보는 돈의 역사 2》, 로크미디어, 2020

황부영, 《마케터의 생각법》, 갈라북스, 2018

황선도, 《멸치 머리엔 블랙박스가 있다》, 부키, 2013

Memo

Memo